Ted Andrews

Mit Engelkräften
göttliches Bewußtsein entfalten

Ted Andrews

Mit Engelkräften
göttliches Bewußtsein entfalten

Christliche Mysterien
in neuem Licht

Verlag Hermann Bauer
Freiburg im Breisgau

Die Deutsche Bibliothek – CIP-Einheitsaufnahme

Andrews, Ted:
Mit Engelkräften göttliches Bewußtsein entfalten :
christliche Mysterien in neuem Licht / Ted Andrews.
[Aus dem Amerikan. von Helga Schenk]. –
1. Aufl. – Freiburg im Breisgau : Bauer, 1997
Einheitssacht.: The occult Christ 〈dt.〉
ISBN 3-7626-0559-9

Mit vier Zeichnungen

Die amerikanische Originalausgabe erschien 1996 bei
Llewellyn Publications, St. Paul, Minnesota, unter dem Titel
The Occult Christ. Angelic Mysteries and the Divine Feminine.
© 1993 by Ted Andrews

Aus dem Amerikanischen von Helga Schenk

Einband: Markus Nies-Lamott, Freiburg im Breisgau, unter
Verwendung einer Vorlage von © Archiv für Kunst und Geschichte.
Satz: Fotosetzerei G. Scheydecker, Freiburg im Breisgau
Druck und Bindung:
Wiener Verlag, Druck- und Verlags-GmbH, Himberg
Printed in Austria

Für Mardell und Clyde Wilson in Liebe
und für den einen, der keine Arglist kannte.

Die Geburt des
»heiligen Kindes« in dir

Dieses Buch enthält Rituale und Meditationen, die in einer engen Beziehung zu den alten Traditionen und ihren Feiern des Jahreszeitenwechsels stehen, denn der Übergang von einer Jahreszeit zur anderen ist die Zeit, in der der Schleier zwischen der materiellen und der spirituellen Welt am dünnsten ist.

Des weiteren werden dir in diesem Buch Möglichkeiten aufgezeigt, wie du mit den Engeln Kontakt aufnehmen und die zwölf Naturgesetze der Manifestation verstehen kannst, die die esoterische Grundlage für die Astrologie und viele Heilmethoden bilden.

Dir wird die Rolle der paranormalen Phänomene und der metaphysischen Wissenschaften erklärt, die die Grundlage für die wahren Christus-Mysterien bilden. Darüber hinaus wird hier offenbart, daß das Weiblich-Göttliche den geheimen Schlüssel zum Verständnis der esoterischen Lehren der Heiligen Schrift und der Erfahrung von Mystiszismus, Macht und dem göttlichen Bewußtsein auf einer ganz persönlichen Ebene darstellt.

Mit diesem Buch werden wir dazu angehalten, unseren Körper und Geist durch spirituelle Übungen und Meditationen zu erwecken und ins Gleichgewicht zu bringen. Sie folgen dem jahreszeitlichen Zyklus der männlichen Energien und dem monatlichen Zyklus der weiblichen Energien. Durch die rituelle Vereinigung der sieben weiblichen und sieben männlichen Einweihungsmysterien wirst du langsam anfangen, eine kosmische Wiedergeburt zu erfahren – der Geburt des heiligen Kindes in dir.

Inhalt

ZWEITER TEIL
Die Initiationsriten der Jahreszeiten

Einleitung

Die verborgene Seite
des Christentums

Esoterik ist die Suche nach dem Verborgenen, die Suche nach dem verborgenen Göttlichen im Menschen, in unserem Planeten, unserem Sonnensystem und sogar dem Kosmos. Es ist die Suche nach Ursachen, Bedeutungen und dem Sinn aller Lebensbereiche und nicht beschränkt auf irgendein spezielles Studien- oder Interessengebiet.

Das Wort »Esoterik« geht auf das Griechische *esotericos* zurück, was soviel heißt wie »geheim, verborgen«.

In der Metaphysik wird damit das geheime Wissen über die Wahrheiten Gottes und des Lebens bezeichnet. Es handelt sich also um ein geheimes Wissen – ein Wissen, das den meisten Menschen zumindest für gewisse Zeit verborgen bleibt.

Manche sind der Meinung, daß es deshalb »verborgen« ist, weil Gott nicht wollte, daß wir Menschen es entdecken. Wenn dem so wäre, müßte auch Elektrizität, Mathematik oder sogar das Alphabet als etwas »Sündiges« angesehen werden, waren doch auch sie einmal unbekannt und verborgen. Elektrizität wird nur von ganz wenigen bis ins letzte

Detail verstanden, doch auch diese wenigen würden nie be-
streiten, daß es sie tatsächlich gibt oder daß sie darüber hinaus nützlich ist. Und genauso müssen wir vorgehen, wenn
wir mehr über die metaphysische und mystische Seite von
uns und unserem Leben herausfinden wollen.

Viele Menschen haben Angst vor dem Erforschen oder
dem Sich-Öffnen für alles, was anders und nicht konform ist.
Noch vehementer weigern sie sich, die Möglichkeit in Betracht zu ziehen, daß es Geheimlehren innerhalb ihrer eigenen Glaubenssysteme geben könnte – Lehren, die anderes
vermitteln als das normalerweise Anerkannte. Es ist schade,
daß dieser Begriff nicht immer in seiner wahren Bedeutung
verstanden wird, denn das wirklich Esoterische bleibt uns
nur deshalb verborgen, weil wir Menschen uns weigern,
die Disziplin und Hingabe aufzubringen, die nötig ist, um
zu ihm vorzustoßen. Alles ist nur so lange »geheim«, bis es
jemand zum Wohle der Menschen anwendet – bis es uns
vertraut wird.

Dies gilt insbesondere für die geheimen Lehren des Glaubenssystems jedes einzelnen – seine eigene Religion. Alle
Religionen, alle Geheimlehren und alle metaphysischen Phi-
losophien sind nichts anderes als Krücken, die dazu dienen,
den Geist und das Bewußtsein des einzelnen zu stützen, bis
sie sich auf eine höhere Entwicklung vorbereitet haben und
bereit sind, hinauszutreten und die tieferen und verborgeneren Aspekte des göttlichen Lebens zu erforschen.

Jedem Menschen sind die wesentlichen Eigenschaften zur
Beschleunigung seines Wachstums und seiner spirituellen
Entwicklung angeboren und doch brauchen die meisten
Leute, auch wenn sie diese erkannt haben, ein System, um
sie freizusetzen. Dieses System sollte so geartet sein, daß es
ein wachsendes Verständnis ermöglicht. Es sollte ein System
sein, das sich dem einzelnen anpaßt und das Erwecken und
Erfahren von göttlichen Kräften ermöglicht, ohne ihn dabei
zu überwältigen. Das war die Aufgabe der alten Mysterienschulen, und das war auch die ursprüngliche Aufgabe des

Christentums. Wie wir sehen werden, war das Christentum eigentlich als moderne Mysterienschule gedacht.

Laut Dion Fortune, der bekannten englischen Esoterikerin, hat es zu allen Zeitaltern und bei allen Rassen eine Tradition bestimmter esoterischer Schulen oder Bruderschaften gegeben, in denen ein geheimes Wissen, das der Allgemeinheit unbekannt war, erlernt werden konnte und zu dem man durch Initiation, die aus Prüfungen und Ritualen bestand, Zugang bekam. Auch heute noch lebt dieser Glaube laut Dion Fortune in den Zentren der zivilisierten Welt fort, und obwohl er von den Strenggläubigen lächerlich gemacht wird, kann ein unvoreingenommener Beobachter nicht umhin zu bemerken, daß einige der edelsten Menschen zu seinen Verfechtern gehörten und daß die größten kreativen Geister sich fast ausnahmslos auf eine Quelle der Inspiration in der Geisterwelt beriefen.[*]

Der wahre christliche Glaube hat einen mystischen Ursprung, der nur wenigen bekannt ist. Diese verborgene Seite des Christentums befaßt sich mit dem geheimen Wissen und den geheimen Lehren – dem spirituellen Geheimwissen – von Christus, dem höchsten und erhabensten der Sonnenwesen der Erzengel. Es ist das Wissen, von dem es in der Bibel heißt: »Da kamen die Jünger zu ihm und sagten: ›Warum redest du zu ihnen in Gleichnissen?‹ Er antwortete: ›Euch ist es gegeben, die Geheimnisse des Himmelreichs zu erkennen; ihnen aber ist es nicht gegeben‹« (Matthäus 13,10–11).

In allen Gesellschaften waren die alten Lehren voll von Allegorien und Symbolen, so daß jeder einzelne das herausziehen konnte, was er in der Lage war zu verstehen. Jeder Mensch hatte die Möglichkeit und die Verantwortung, die Bedeutung der Lehre aufzudecken, wie sie sich ihm ganz persönlich offenbarte – und von diesem Punkt aus auszubauen.

---

[*] Fortune, Dion: *The Esoteric Orders and Their Work.* Northamptonshire: Aquarian Press, 1982, S. IX.

In den meisten der alten Mysterienschulen war es üblich, mit verschlüsselten Lehrsätzen zu arbeiten. Deshalb wurden auch die meisten Meister und Eingeweihten im Erzählen von Mythen und Sagen sowie in der Macht des Wortes geschult. Sie lernten, Geschichten zu erfinden und zu verwenden, die die tieferen Mysterien verschleierten. Dies geschah, um zu verhindern, daß sie entweiht wurden, und um sie gleichzeitig denjenigen zugänglich zu machen, die dazu befähigt waren, sie zu verstehen. Gleichnisse und Allegorien waren gängige Unterrichtsmittel. Sie verbargen tiefe Wahrheiten der alten universellen Mystik häufig unter dem Deckmantel moralischer Wahrheiten, die auf verständliche Weise dargelegt wurden. Die geschickte Verschlüsselung eines Gleichnisses ließ sieben Interpretationsmöglichkeiten zu, wobei die siebte Auslegung die höchste und umfassendste war. Die anderen sechs enthüllten jeweils nur einen Teilaspekt des verborgenen Mysteriums.

Viel von dem, was wir über die Lehre und das Erlernen von verschlüsselten Botschaften wissen, wurde uns durch die alten Barden-Traditionen vermittelt. So wissen wir z. B., daß die griechischen Eingeweihten einen umfangreichen Schatz an Geschichten lernen mußten, und zwar mußten sie lernen, sie vorzutragen und gleichzeitig auf Musikinstrumenten zu begleiten. Die irischen Dichter und Barden mußten 15 Jahre lang in die Lehre gehen und neben anderen Geheimwissenschaften, wie Philosophie, Astronomie und Magie, mindestens die 250 wichtigsten Sagen und Gleichnisse und etwa 100 weitere kennen und aufsagen können. Die irischen Barden verschleierten ihre Mysterien durch historische Sagen. Die Sänger der Navajo-Indianer rezitierten Schöpfungsgeschichten, die zwei bis drei Tage dauerten.*

Zu jeder größeren Zeremonie gehörte immer dieselbe Geschichte, die die Mysterien des Volkes gleichzeitig verhüllte

---

* Yolen, Jane: *Favorite Folktales from Around the World.* New York: Pantheon Books, 1986, S. 11–12.

und enthüllte. Ob es sich nun um die irischen Barden, afrikanischen Grioten, altnordischen Skalden, deutschen Meistersinger, französischen Troubadoure, angelsächsischen Gleemen (Spielmänner), normannischen Minstrels oder irgendeinen anderen Eingeweihten der Mysterien handelte – alle alten Mysterienschulen hatten eines gemein: die Verwendung von Sagen, Mythen und Allegorien als Unterrichtsmittel und zum Ansprechen jedes einzelnen in dem Maße, wie es für ihn am besten war. Die christliche Lehre machte hier keine Ausnahme, wie leicht an den Gleichnissen zu erkennen ist, die uns durch die Heilige Schrift überliefert wurden.

Das moderne Christentum steht in vieler Hinsicht im Widerspruch zu diesen ursprünglichen Lehren. Vieles von diesem Widerspruch ist auf die zahlreichen Neuinterpretationen und Reformationen zurückzuführen, die es in den letzten 20 Jahrhunderten erfahren hat. Wir müssen anfangen zu erkennen, daß jede volkstümliche Tradition Elemente der Wahrheit enthält, nur ist diese Wahrheit meist verzerrt. Die wesentlichen Züge mögen ja richtig sein, aber die Einzelheiten stimmen meistens nicht. Außerdem müssen wir uns daran erinnern, daß jeder von uns ganz individuell auf die Lehren reagieren sollte. Wenn uns diese Lehren in Form von Geschichten unterbreitet werden, dürfen wir nicht nur auf die historischen Aspekte achten, sondern müssen uns auch vor Augen führen, daß jeder Mythos, jede Geschichte und jedes Gleichnis seine ganz spezielle Bedeutung und Einheit besitzt, auf die nur die Seele des einzelnen Menschen reagieren kann.

Die christliche Mysterienschule des esoterischen Christentums hat die Wiederherstellung der mystischen Kohärenz und Kosmologie unseres Lebens und des Universums zum Ziel. Sie gibt uns Gelegenheit dazu, eine mystische Seite, Kraft und Verantwortung in uns zu spüren, die uns in einen Zusammenhang mit Zeit und Raum in seiner ganzen Ausdehnung stellt. Die moderne christliche Theologie ist zu rationalistisch und unsensibel geworden, um die menschliche Seele in irgendeiner Form berühren zu können. Wir nähern uns einer Zeit, in der es nötig wird, die geheimen Lehren des Christentums wieder an den Tag zu bringen und sie im Lichte eines neuen Verständnisses und einer neuen Weisheit zu betrachten – damit eine neue Erfahrung von christlichem Gnostizismus möglich wird.

Im Folgenden wollen wir weder versuchen, alle Aspekte der Geheimlehren des Christentums aufzuzeigen, noch das Christentum aus einem rein geschichtlichen oder orthodox-religiösen Blickwinkel zu interpretieren. Das würde den Rahmen dieses Werks bei weitem sprengen. Des weiteren ist es kein Versuch, Verwirrung in strenggläubige christliche Gemeinschaften zu bringen und ihren Glauben zu erschüttern. Es ist viel eher ein Versuch, den Sinn christlicher Geheimlehren und ihre Auswirkungen auf jede einzelne Person auf diesem Planeten aufzuzeigen. Es ist ein Versuch, zwischen der Erfahrung von Spiritualität des einzelnen und dem göttlichen Leben des Universums wieder einen Zusammenhang herzustellen. Und darüber hinaus ist es ein Versuch, zu zeigen, wie jeder von uns die Zeit um die Übergänge von einer Jahreszeit zur anderen, wenn die Schleier zwischen der materiellen und der geistigen Welt am dünnsten sind, dazu benutzen kann, einen Prozeß individueller Initiation zu beginnen, der die wahre Gnosis oder das wahre Wissen um die Bedeutung der christlichen Mysterien für alle Lebensformen auf dieser Erde wiederherstellen wird.

Theologen mögen darüber spotten, strenge Traditionalisten mögen sich darüber empören, doch wahre Gnosis ist eine ganz besondere Art des Wissens – ein Wissen, in dessen Mittelpunkt persönliche Transformation durch persönliche Erfahrung steht. Die christliche Gnosis ist die Art des Wissens, die das Verborgene in den christlichen Lehren erkennt. Es ist ein Wissen, das nicht durch die Traditionen der Wissenschaft oder der Religion erworben wird. Es braucht dazu eine tatsächliche Erfahrung – eine »Urerfahrung« wie Carl

Gustav Jung es nennt. Es ist dazu eine Öffnung für die Welt
der Schatten nötig und ein Erwachen der transzendenten
Energien des Herzens. Der einzelne muß lernen, auf dem
Pfad der Schatten zu wandeln, auf dem das geheime Wissen
der Seele zu finden ist.
Das ist die Suche nach der verborgenen christlichen Gnostik. Sie kann bedeuten, daß man gegen den Strom der Welt
und ihre Vorstellung von vernünftigem Handeln anschwim-
men muß. Sie ist verbunden mit der Entdeckung, daß das
Unwahrscheinliche nicht außerhalb unserer Reichweite
liegt. Sie ist verbunden mit einem Sich-Öffnen für die gött-
liche Weisheit und einem direkten Erfahren dieser Weisheit,
ohne sich darin zu verlieren.
Die Geheimlehre der christlichen Mysterienschule legt die
Verantwortung für das spirituelle Wachstum der Menschheit
wieder in die Hände, in die sie gehört, nämlich nicht in die
Hände des Priesters, Pastors oder Predigers – sondern in die
Hände jedes *einzelnen* von uns. Das ist das Aufregende, die
Freude und das Abenteuer am menschlichen Leben. Um
Kraft aus unserer eigenen Entwicklung zu ziehen und Spaß
daran zu haben, sind neues Wissen, neue Wahrnehmungen,
neue Ehrlichkeit und neue Opfer nötig, die unsere Reife auf
die Probe stellen. Laut Dion Fortune ist die Ausbildung in
den Mysterienschulen darauf ausgerichtet, einen Adepten
hervorzubringen, ein menschliches Wesen, das sich durch
intensives Üben über die durchschnittliche Entwicklungsstufe der Menschen erhoben und sich ganz dem Dienst an
Gott verschrieben hat.*
Die christliche Geheimwissenschaft stellt die Religion
wieder auf die Grundlage von Erfahrung – und nicht auf
blinden Glauben oder stellvertretend für andere vollbrachte
Sühneopfer. Sie ist die Suche nach der Wahrheit und Erleuchtung, die sich in vielen Dingen widerspiegelt – und die
an vielen Orten gefunden werden kann. Wahrheit ist immer

---

* Fortune, Dion, S. XII.

Wahrheit, ob sie nun im Tarot zum Ausdruck kommt oder in der Bibel steht. Die Entdeckung der Wahrheit kann durch den Koran inspiriert oder in den Upanishaden enthüllt werden. Die christlichen Mysterien befreien uns von dem Schleier des Aberglaubens, der die Menschen blind macht. Sie legen die Möglichkeit zu wachsen wieder in unsere eigenen Hände. Sie geben uns den christlichen Glauben zurück, den wir verdienen. Es ist nichts Schlimmes dabei, ein Christ zu sein, der sich mit den Geheimlehren seines eigenen Glaubenssystems beschäftigt. In Wirklichkeit werden wir dadurch noch mehr zu Christen. Es ist die Entwicklung des Christus im Menschen!

»Er sagte zu ihnen: ›Zündet man etwa ein Licht an und stülpt ein Gefäß darüber oder stellt es unter das Bett? Stellt man es nicht auf den Leuchter? Es gibt nichts Verborgenes, das nicht offenbar wird, und nichts Geheimes, das nicht an den Tag kommt. Wenn einer Ohren hat zum Hören, so höre er!« (Markus 4,21–23)

ERSTER TEIL

Die christliche Geheimlehre

Jenseits ist die Sonne, und Wahrheit ist ihr Feuer.

Vedische Hymne

Die wahre esoterische christliche Lehre ist bisher noch nicht öffentlich verbreitet worden, noch wird sie es werden, solange die Menschen nicht ihr gegenwärtiges materialistisches Stadium hinter sich gelassen haben und bereit werden, sie zu empfangen. (zitiert nach *Max Heindel*)

Das wahre Licht, das jeden Menschen erleuchtet, kam in die Welt. Er war in der Welt, und die Welt ist durch ihn geworden, aber die Welt erkannte ihn nicht. *Johannes 1,9–10*

ERSTES KAPITEL

Das große Werk

Noch ehe Abraham wurde, bin ich.   *Johannes 8,58*

Man kann immer tiefer und tiefer in das Mysterium von
Palästina eindringen, denn dahinter liegt ... die Unendlichkeit!   (zitiert nach *Rudolf Steiner*)

Wenn die Metaphysik und die Esoterik den Menschen irgend
etwas zu lehren haben, dann ist es die Tatsache, daß alle
Dinge zusammenhängen und miteinander verbunden sind.
Sie sollten uns lehren, daß da jenseits des scheinbar Sicht-
baren Prozesse am Laufen sind, die alles Leben in Zeit und
Raum miteinander verbinden und zu einem Ganzen vereinen. Nichts in unserem Leben ist unbedeutend. Alles ist
von Belang, und mögen die Verbindungsfäden auch nicht
immer offensichtlich sein, so können sie doch von jedem entdeckt werden, der bereit ist, mit Disziplin und Hingabe danach zu suchen.

Unsere Verbindungen zu den Lebensenergien anderer
erstrecken sich weit über den Kreis unserer unmittelbaren

Familie hinaus, und obwohl die Gesellschaft dem Rassen-, Geschlechter-, Glaubens- und Parteienschranken usw. entgegensetzt, arbeiten alle, die sich mit Esoterik befassen, daran mit, diese Schranken niederzureißen. Sie bemühen sich, daß die Verbindung zwischen allen und allem wiederhergestellt wird und daß alle Handlungen und Taten auf alles in der Welt und auf alles Leben im Universum Auswirkungen haben.

Diese Aufwirkungen mögen vielen als geringfügig oder gar nicht existent vorkommen, doch es ist die Aufgabe der Schüler des »Neuen Zeitalters«, die Wahrnehmungen immer auf die Bedeutung von allem und jedem auszudehnen. Das führt uns zu wahrer spiritueller Verantwortung.

Je mehr wir uns der Entsprechungen und Zusammenhänge aller Lebensbereiche bewußt werden – vergangener und gegenwärtiger, körperlicher und geistiger –, desto bewußter können wir unsere vielfältigen Energien und Kräfte einsetzen, um unser Leben neu zu erschaffen. Wir lernen, zu einer *Quelle* zu werden – einer Quelle der Schönheit, Güte und Wahrheit. Wir lernen, unsere Energien auf die Gesetze und Ziele des Göttlichen einzustimmen. Wir verwachsen mit der Unendlichkeit.

Alle Lektionen, alle Lehren und Geheimnisse des Lebens offenbaren sich im natürlichen Verlauf unseres eigenen Daseins. Wir erreichen kein höheres Bewußtsein und keine höhere Spiritualität durch künstlich erzeugte Situationen, sondern durch die Anwendung unserer eigenen Erkenntnisse auf die alltäglichen Lebensumstände, denen wir uns gegenübersehen. Wenn wir lernen, das Leben aus einer universellen statt aus einer persönlichen Sicht zu betrachten, hilft uns dies, die in jedem von uns schlummernde Schöpferkraft zum Ausdruck zu bringen. Als Schüler der Mysterien ist es unsere Aufgabe, diese Beziehungen zu erkennen und dann den Prozeß in Gang zu setzen, neue Beziehungen herzustellen – und zwar solche, die mehr mit Gott in Einklang sind.

Die wichtigste Aufgabe des vorliegenden Buches besteht darin, einen ersten Schritt in Richtung dieser Enthüllung der kosmischen Prozesse zu machen, an denen wir alle teilhaben. Ungeachtet unseres persönlichen Glaubens oder unserer religiösen Überzeugung ist ein gemeinsamer kosmischer Prozeß im Leben von uns allen wirksam, ob wir uns nun dessen bewußt sind oder nicht. Es ist sehr wichtig, daß wir das verstehen. Es gibt Naturgesetze und geistige Gesetze, die die ganze Zeit in unserem Leben wirksam sind. Und die Lehre dieser Gesetze bildete den Rahmen für die alten Mysterienschulen und die meisten größeren Religionen. Am besten wird diese Tatsache in einem Axiom ausgedrückt, das uns durch die delphischen Orakel überliefert wurde: »Vocatus atque non vocatus Deus aderit« (Gerufen und ungerufen wird Gott helfen).

Das Christentum war als moderne Mysterienschule gedacht. Ihr Ziel bestand teilweise darin, die geheimen Mysterien, die bis dahin ausschließlich ausgewählten Gruppen vorbehalten waren, allen Menschen zugänglich zu machen. »Das Evangelium des Himmelreichs zu bringen« bedeutet, die Mysterien in die Reichweite aller Menschen zu bringen. Leider sind viele dieser Mysterienlehren des frühen Christentums zensiert, korrigiert und ausgelöscht worden, aber sie sind trotzdem nicht verlorengegangen. Sie können immer noch von jedem aufgedeckt werden, der dazu bereit ist, ein gewisses Maß an Anstrengung und Hingabe aufzubringen.

Der Prozeß des Aufdeckens der geheimen Mysterien des Christentums beginnt mit der Betrachtung der Ereignisse jener Zeit aus einem universelleren Blickwinkel als dem historischen. Natürlich war es ein historisches Ereignis, aber es war nur eine Facette eines großartigen kosmischen Prozesses, der schon Jahrhunderte zuvor angefangen hatte. Dem Erforschen dieses kosmischen Prozesses wollen wir den Rest dieses Kapitels widmen. In den folgenden Kapiteln des Buches wollen wir ihn näher beleuchten. Dadurch werden wir beginnen, die Zusammenhänge zu erkennen – die verborgenen Bedeutungen – der Ereignisse, die die meisten von uns hier auf Erden beeinflußt haben, ohne daß wir uns dessen bewußt waren. Oder um eine Umschreibung des zuvor zitierten delphischen Orakels zu verwenden: »Ob wir uns dessen bewußt sind oder nicht, dieser göttliche Prozeß ist wirksam.«

Viele sind heute vom modernen Christentum enttäuscht. Es erfüllt die spirituellen Bedürfnisse des einzelnen nicht. Es hält immer noch an der Vorstellung vom »blinden Glauben« fest, am blinden Akzeptieren dessen, was nicht verstanden oder von seinen geistigen Führern nicht erklärt werden kann. Anstelle des spirituellen Kerns der christlichen Botschaft ist das Kirchenoberhaupt zum Zentrum der Aufmerksamkeit geworden. Die Kirche hat sich als das Leben der Menschen etabliert, wo doch in Wahrheit die Menschen das Leben jeder Kirche sind. Es war der heilige Augustinus, der dereinst erklärte, daß der Glaube an die etablierte Kirche an die Stelle von allem anderen treten solle. Und damit begann auch die Unterdrückung der individuellen Einweihung in die esoterischen Mysterien des Christentums. Aus diesem Grunde versagt die moderne christliche Kirche in vieler Hinsicht auch bei dem Versuch, eine Verbindung zwischen uns und den göttlichen und kosmischen Aspekten des Universums herzustellen und uns wieder als Teil der Einheit des Ganzen zu erleben. Sie schränkt unsere Sicht und unsere Fähigkeit ein, Gott direkt zu erfahren. Auch wenn es anfänglich so aussehen mag, als wende sich dieses Buch gegen das traditionelle Christentum, so hat es ganz im Gegenteil zum Ziel, das Verständnis und die Beziehung zur traditionelleren und historischeren christlichen Theologie zu vertiefen.

Wir wollen uns in diesem Buch dem Christentum aus der Sicht einer Mysterienschule nähern, die darauf ausgerichtet ist, dem Individuum zu helfen, sein höchstes Potential zu entfalten, und ihm die christlichen Mysterien zu erschließen. So betrachtet erfüllt dieses Buch verschiedene Aufgaben:

1. Es erklärt, wie die Christus-Mysterien darauf abzielten, eine Veränderung der Ausrichtung und des Lebensimpulses bei allen Menschen einzuleiten, und in welch enger Verbindung sie zu der Entwicklung unserer Erde in Vergangenheit, Gegenwart und Zukunft stehen.

2. Es beleuchtet die bereits begonnenen Prozesse, die Mysterien der spirituellen und der natürlichen Gesetze nicht mehr nur einem Kreis von Privilegierten und Auserwählten, sondern allen zugänglich zu machen.

3. Es zeigt auf, inwiefern die historischen Aspekte von Christus als geistlichem Führer eine dynamische Analogie zu den alten Mysterien darstellte, die sich auf der Bühne des Lebens abspielten, so daß jeder einzelne, solange er sich der wichtigsten Ereignisse bewußt war, über einen Schlüssel zu den Mysterien verfügte. Historisch gesehen ist es eine Darstellung dessen, was früher nur durch die Initiationsriten der Mysterienschulen geleistet wurde, durch das Leben von Jesus Christus.

4. Es zeigt, wie die Christus-Mysterien das Gleichgewicht zwischen männlichen und weiblichen Energien auf der Erde in jedem einzelnen und in der Gesellschaft wiederherstellen konnten.

5. Es enthüllt die verborgenen Bedeutungen der wichtigsten Ereignisse und Menschen im historisch überlieferten Leben des Meisters, den wir Jesus nennen.

6. Es zeigt den kontinuierlichen Zyklus der christlichen Energien und ihren Einfluß auf alle Menschen und alles Leben auf Erden im Wechsel der Jahreszeiten auf.

7. Es stellt Rituale zum Feiern der Jahreszeitenübergänge vor, die dazu benutzt werden können, die christlichen Energien stärker und wirkungsvoller zu erleben und auszudrücken, um sich dadurch für höhere Bewußtseinszustände zu öffnen.

8. Es beschreibt den kosmischen Christus in Form der Sonnenwesen der Erzengel und die Engelshierarchien, die mit und durch Christus wirken, um allen Menschen bei

ihrer Entwicklung behilflich zu sein, sowie dynamische
Methoden, wie sie angerufen werden können und ihre
Hilfe das ganze Jahr über in stärkerem Maße in An-
spruch genommen werden kann.

9. Es zeigt die Vorbereitungen auf die Menschwerdung von
Christus durch den einen auf, den wir unter dem Namen
Jesus kennen, sowie deren Bedeutung für und Auswir-
kung auf alle Menschen des Wassermannzeitalters.

10. Es deckt viele der geheimen Doktrinen des wahren Christentums, die in den modernen Schriften immer noch
enthalten sind, und ihre Übereinstimmung mit den alten Mysterienlehren auf. Es legt dar, inwiefern das Verständnis der geheimen Bedeutung dieser Doktrinen als
Schlüssel zur Vollendung des »großen Werks« im Leben
jedes einzelnen von uns dienen kann.

Das »große Werk« in der Vergangenheit und im neuen Zeitalter

Das »große Werk« wird häufig als der Prozeß des Mehr-
als-menschlich-Werdens bezeichnet. Dazu sind konzentrierte
und bewußt gelenkte Anstrengungen nötig, um Unausge-
wogenheiten, Schwächen und Grenzen zu überwinden und
gleichzeitig die inneren Kräfte zu entfalten und sich für ein
höheres Bewußtsein zu öffnen. Es ist das Sich-Hinwenden
des Menschen zu seinem persönlichen Wachstum und seiner
persönlichen Entwicklung, zur Läuterung und Hingabe.
Was man dazu braucht, ist Selbsterkenntnis, Selbstbeherrschung und Selbstverwirklichung.

Bei allen alten Traditionen finden sich Hinweise darauf,
wie man dazu vorgehen muß. Sie weisen häufig Parallelen
auf und sind durch einen gemeinsamen roten Faden untereinander verbunden. Bei allen wird ein eingehendes Stu-
dium des Menschen in allen Bereichen gefordert. Bei allen
wird eine bewußte Bemühung um Verbesserung verlangt.

Bei allen wird das Streben nach einer Verwirklichung der letzten Perfektion der Menschen vorausgesetzt. Bei allen war eine spirituelle Ausbildung üblich, die darauf abzielte, das menschliche Bewußtsein zu verändern, umzuwandeln und auszudehnen. Und allen lag eine Lebensphilosophie zugrunde, nach der man sogar in Übereinstimmung mit diesem höheren Bewußtseinszustand leben konnte, solange man noch in der materiellen Welt war.

Dieses große Werk wurde häufig in drei Kategorien aufgegliedert, die meist als die Kleinen, Großen und Größten Mysterien der Tradition bezeichnet werden. Die Lehre dieser Mysterien erfolgte hauptsächlich in Form von Allegorien und Gleichnissen, so daß jede Person damit auf ihrer Ebene arbeiten konnte und dabei lernte, mit der Zeit zu immer tieferen Bedeutungsschichten vorzudringen.

Die Kleinen Mysterien befaßten sich meist mit Lektionen über Ethik, Verhalten und unsere Beziehungen zu anderen Menschen. Es ging dabei um die Entfaltung und Entwicklung der Persönlichkeit. Häufig wird in diesem Zusammenhang auch von der Stufe des Suchenden gesprochen, der nach etwas sucht, das außerhalb des Materiellen liegt. Zur Einweihung in die Kleinen Mysterien gehörten auch eine Charakterprüfung und die nötigen Anleitungen, wie man sich einen gesunden Geist und Körper bewahrt und seine Instinkte und Leidenschaften kontrolliert.

Bei den Großen Mysterien geht es meist um die Entwicklung unserer Individualität und unserer eigenen, ganz verschiedenen schöpferischen Energien. Sie symbolisieren den Übergang von der materiellen Sicht zur spirituellen Einsicht. Der Mittelpunkt des Interesses beginnt sich langsam von außen nach innen zu verschieben. Dazu gehören Probezeiten, in denen die Verschreibung an höhere Prinzipien geprüft wird. Es kommt zum Kontakt mit höheren Lehren und zu einer stärkeren Entwicklung der Hingabe. Diese Hingabe geht nicht mit einer Abwendung vom Materiellen einher, denn nur durch unsere Arbeit in der materiellen Welt lernen wir, das Gelernte anzuwenden. Wir müssen verstehen, daß unsere Verantwortungen und Aufgaben in der materiellen Welt vor unserer »persönlichen Arbeit in den Mysterien« Vorrang haben. Wir müssen zuerst unsere Verantwortungen und Pflichten gegenüber uns selbst und anderen erfüllen. Dadurch drückt sich unsere Hingabe an das Höhere aus.

Auf diese Art von Hingabe wird auch häufig in der Bibel angespielt. Eine der aussagekräftigsten Stellen ist: »So gebt dem Kaiser, was dem Kaiser gehört, und Gott, was Gott gehört« (Markus 12,17). Es werden viele Hinweise darauf gegeben, wie das »Reich Gottes« am besten zu verwirklichen sei. Die meisten Stellen dazu haben eine oberflächliche, offensichtliche Bedeutung, aber dahinter findet sich häufig auch noch eine tiefgründigere. Kein Bibelsatz ist ein besserer Beweis für die esoterische Bedeutung von Hingabe als der: »Es gibt keine größere Liebe eines Menschen, als sein Leben für einen anderen hinzugeben.« Das heißt nicht, daß man aufgeben und füreinander sterben soll, sondern daß es manchmal nötig ist, seine eigenen Interessen und seine eigene Entwicklung in den Hintergrund zu stellen, damit ein anderer Mensch vorankommt oder Hilfe von uns erfährt. Oft geben Eltern Dinge auf, die sie gerne tun würden, um ihren Kindern einen Vorteil im Leben zu verschaffen. Viele Menschen würden sich gern intensiver mit metaphysischen und spirituellen Themen beschäftigen, aber sie können es nicht, weil sie Verpflichtungen gegenüber ihrer Familie haben, und so weiter und so weiter. Das ist der größte Ausdruck von Liebe! Oft besteht darin die Prüfung der Hingabe bei den Großen Mysterien. Sie offenbaren sich dem einzelnen in seinen normalen Lebensumständen.

Die Größten Mysterien sind die Lehren, die sich um den spirituellen Kern des Lebens und seine tatsächlichen Auswirkungen auf die materielle Welt drehen. Ein zentraler Punkt der Größten Mysterien ist das Begreifen, wie alles miteinander verbunden ist und einander beeinflußt. Es geht darum, zu lernen, die Dinge zum Wohle der Allgemeinheit und nicht nur für den unmittelbaren Erfolg in Gang zu setzen. Es geht um die Ausrichtung unserer eigenen Energien auf die universelleren Lebensrhyhtmen und -energien.

All diese Aspekte bergen die christlichen Mysterien immer noch für jeden, der lernt, wie er danach suchen muß. Sie sind immer noch für alle zugänglich, die gewillt sind, in dieser Richtung zu arbeiten. Das sind die Mysterien, wie sie jahrhundertelang gelehrt wurden, die hier nur eine neue Ausdrucksform finden und allen über den Weg offenbart werden, den wir heute Christentum nennen.

Ein Teil der Verantwortung des modernen spirituellen Schülers besteht darin, die Mysterien und Lehren so zu verstehen, wie sie in der Vergangenheit dargestellt wurden, und sie gemäß seiner größten Kreativität in der Gegenwart auszudrücken. Diese Art von Verantwortung setzt voraus, daß man bereit ist, die alten und die neuen Lehren von einem universelleren Blickwinkel aus neu zu überdenken.

Es ist eine kraftvolle Zeit, in der wir leben, sowohl für jeden einzelnen von uns als auch für die Erde. Astrologisch gesehen bewegen wir uns auf ein »Neues Zeitalter« zu, das sogenannte Wassermannzeitalter. Wir können astronomisch die Bewegungen der Planeten und der Sonnensysteme innerhalb des Universums und ihre Beziehungen zueinander bestimmen. Wenn wir die spirituelle Bedeutung der Eigenschaften, die dem anbrechenden Neuen Zeitalter zugeschrieben werden, näher untersuchen wollen, müssen wir bei der Erforschung der generationenlangen Entwicklung der spirituellen und mystischen Lehren beginnen. Dazu müssen die Menschen ihr Bewußtsein auf einen neuen Brennpunkt lenken und eine neue Sichtweise annehmen. Das neue Zeitalter ist keine neue Zeit und kein neuer Ort, sondern ein neuer Bewußtseinszustand. Darin besteht seit Jahrhunderten der Sinn aller Mysterienlehren.

Jedes neue Zeitalter, neue Bewußtsein und jede neue Sichtweise schaffen eine Zeit größerer Energien und Möglichkeiten zur Veränderung. Es werden neue Türen geöffnet und alte geschlossen, die sich nicht mehr als vorteilhaft erweisen. Es werden Lehren des Wandels und des Übergangs vom Leben zum Tod und vom Tod zum Leben vermittelt. Es bieten sich neue Gelegenheiten für die Entwicklung und das Wachstum jedes einzelnen Menschen. Aber es erfordert von uns auch eine größere Unterscheidungsfähigkeit auf allen Ebenen. Dazu ist eine Umerziehung nötig und die Bereitschaft jedes einzelnen, alles, was vorher war, genau zu erforschen. Wir müssen uns dazu mit den heiligen Traditionen der Vergangenheit auseinandersetzen, die von den großen Weltreligionen und den wichtigsten Mysterienschulen aller esoterischen Traditionen verkörpert werden. Wir müssen dazu das beste der modernen Wissenschaft mit einbeziehen und auf schöpferische Weise aus den alten Mysterien das herausholen, was es für uns zu lernen gibt.

In diesem neuen Bewußtsein, das dabei ist, sich zu entfalten, offenbart sich der verborgene Aspekt der wahren christlichen Lehre. Veranschaulichungen der spirituellen Seite der Lehren, die Meister Jesus erteilte, werden jetzt von immer mehr Menschen in ihrer wahren Bedeutung erkannt. Die spirituellen Energien und Lehren von Christus – wie sie den Menschen durch Vermittlung dessen, der ihnen als Jesus bekannt ist, demonstriert und dargeboten wurden – werden nun durch die umfassendere Enthüllung der alten Mysterien für all jene zugänglich, die sich in den letzten 20 Jahrhunderten einem höheren Bewußtsein geöffnet haben.

Und die Offenbarung der verborgenen Seite des Christentums bedeutet gleichzeitig, daß sich allen mehr Gelegenheiten bieten, höhere Stufen der Einweihung zu erlangen. Es wird zu einem Verschmelzen des Alten mit dem Neuen und, in völlig bewußter Form, zu einer Verbindung mit den außersinnlichen Bereichen kommen. Es wird verstärkt zu einem Verschmelzen von Mystik, Physik, Biologie, Technik und Kunst kommen. Die esoterischen Traditionen werden ihr negatives Image verlieren, und die rituellen und zeremoniellen Aspekte aller Religionen werden stärker in den Vordergrund treten. Jedem wird Gelegenheit geboten werden, sein Bewußtsein im Sinne des wahren Christentums zu entwickeln.

Wir nähern uns dem Ende eines Zeitalters. Am Ende jedes Zeitalters stehen Schwierigkeiten und Prüfungen. Im allgemeinen erreicht die vorherrschende Religion des vergangenen Zeitalters ihren letzten Kristallisationspunkt. Ihr wahrer Geist ist meist verlorengegangen. Die formelle Seite der Religion erreicht ihren Höhepunkt. Die Menschen, die sich mit der Religion in Einklang befinden, spüren, daß das Alte unzureichend geworden ist, sind aber oft noch nicht dazu bereit, das Neue anzunehmen. Durch die Beschäftigung mit der esoterischen Seite des Christentums kann sich diese Situation ändern. Das Alte muß nicht aufgegeben werden. Es kann ihm neues Leben eingehaucht werden, aber dazu ist es nötig, die Mystik und den Geist wieder aufleben zu lassen, die verlorengegangen sind. Das Verborgene muß enthüllt werden. Auf diese Art und Weise nehmen wir die Fäden der Vergangenheit wieder auf, verflechten sie mit der Gegenwart und weben daraus ein neues Bild der Spiritualität für die Zukunft.

Kosmische Vorbereitungen auf die Geburt des Christentums

Alles Leben im Universum ist hierarchisch geordnet. Die Evolution des Lebens ist in vielen Kulturen auf mannigfaltige Weise beschrieben und gedeutet worden. Die außerhalb des Menschen vorkommenden Hierarchien wurden mit einer Vielzahl von Namen bedacht, von denen manche spezifischer sind als andere. In den jüdisch-christlichen Traditionen wirken um uns herum Engelshierarchien, die den Menschen bei ihrem Wachstum in allen möglichen Funktionen zur Seite stehen. Die Bibel ist eines der hervorragendsten Bücher über Engel, das es auf der Welt gibt. Immer wieder werden darin Beispiele für das Wechselspiel zwischen den Engelswesen und dem Leben der Menschen aufgeführt. Sogar im Reich der Engel gibt es Hierarchien und Unterteilungen, die uns durch die esoterische Lehre überliefert wurden. In den Mythologien von fast allen alten Kulturen ist die Rede von solchen Wesen.

Von der Genesis bis zur Offenbarung des Johannes ist die Bibel voll von Hinweisen auf Engel. Wie aus der Überlieferung der Heiligen Schrift hervorgeht, glaubte die Sekte der Sadduzäer nicht an Engel (Apostelgeschichte 23,8), Jesus verwies hingegen ständig auf sie (z.B. Matthäus 26,53; Lukas 15,10; Johannes 1,51). Er sprach von ihnen als wirkliche Wesen und gab eindeutige Hinweise darauf, daß sie in einer engen Beziehung zu ihm standen: »Oder glaubst du nicht, mein Vater würde mir sogleich mehr als zwölf Legionen Engel schicken, wenn ich ihn darum bitte?« (Matthäus, 26,53)

Im Alten Testament wurden sie als die Gottessöhne bezeichnet (Genesis 6,2; Ijob 1,6; Ijob 2,1; Ijob 38,7, Psalmen 29,1 usw.). Eine Bibelstudie über die Engelskunde zeigt uns, daß es sogar im Reich der Engel verschiedene Stufen und Rangordnungen sowie eine Hierarchie nach ihrer Entwicklungsstufe gibt. Heutzutage werden Engel mit jedem Aspekt des Universums und allem Leben darin in Verbindung gebracht. Jeder Planet und jeder Stern ist eine Reflexion des Lichts, das von einem Engelswesen ausgeht.

Der oberste Erzengel war Metatron. Er wurde auch Engel des Antlitzes und Engel des Bundes (Gottes mit den Menschen) genannt und hatte noch weitaus mehr Namen. Unter anderem wurde er auch Messias genannt. Nach der kabbalisten Lehre war es Metatron, der uns Menschen die Lehre von der Kabbala und dem Baum des Lebens überbrachte, damit wir über unseren normalen Lebenszustand hinauswachsen können, und um uns zu lehren, daß uns alles, was wir brauchen, zur Verfügung steht, wenn wir es nur richtig einzusetzen wissen.

Laut Davidson wird Metatron im Talmud und im Targum als Verbindungsglied zwischen den Menschen und Gott dargestellt.* Metatron wurde auch mit dem Befreiungsengel, der Schechina oder dem Aspekt von Liebe und Weisheit Gottes in Zusammenhang gebracht, den wir zu einem späteren Zeitpunkt in diesem Buch noch genauer untersuchen wollen. Diese beiden Aspekte machen es leichter zu verstehen, warum er im Neuen Testament auch mit dem Titel Christus und Messias bezeichnet wird. Legenden und christlichen Schriften zufolge wurde Metatron auch mit dem leidenden Diener des Jesaja in Zusammenhang gebracht, der der Messias der christlichen Theologie werden sollte.**

Die Bezeichnung Messias wurde im Alten Testament häufig mit Metatron und im Neuen Testament mit Christus gleichgesetzt. Paulus hat den Messias im Sinn, wenn er über den Engel spricht, der über allen Fürsten und Gewalten, Mächten und Herrschaften steht (Kolosser 1,16; Epheser 1,21). In der jüdischen Mystik jener Zeit hatte sowohl die Bezeichnung »Menschensohn« als auch »Gottessohn« eine messianische Bedeutung, die sich aller Wahrscheinlichkeit nach inbesondere auf Metatron bezog. Diese Tatsache wird auch durch entsprechende Stellen im Alten Testament unterstrichen, wie etwa bei Daniel 8,13–14. Für die Mehrzahl der Menschen bedeutete diese Bezeichnung einfach, daß es sich nur um einen Menschen handelte.

Im Talmud und der Midrasch wird Metatron häufig mit dem göttlichen Liebes- und Weisheitsaspekt, der Schechina, in Verbindung gebracht. Er wird dort auch Messias und »der eins ist mit Gott« genannt. Wenn die Verfasser der Schriften über die Offenbarung reden und wer und was Jesus Christus ist, öffnet sich ein Welt von Möglichkeiten. Bibelsätze wie »Ich und mein Vater sind eins« oder »Noch ehe Abraham

---

* Davidson, Gustaf: *A Dictionary of Angels*. New York: The Free Press, 1967, S. 192.
** Ibd., S. 193.

wurde, bin ich« bekommen aus dieser Sicht eine ganz wichtige neue Bedeutung.

Diese Zusammenhänge sind sehr fein, aber die Schriften sind in bezug auf die Feststellung der Identität von Engeln häufig unklar. Zusammen mit der Gleichsetzung von Schechina und Metatron deuten die genannten Stellen darauf hin, daß Christus ein Erzengel war.

Andererseits können die Gottessöhne mit den Sonnengöttern gleichgesetzt werden – Wesen, die ein intensives Licht ausstrahlen und nährend wirken. Sie sind ein und dasselbe. Ausgehend von dieser Betrachtungsweise müßte das Höchste und Erhabenste der Erzengelwesen in unserem Sonnensystem der zu den Menschen gehörige Sonnenerzengel sein und damit unsere eigene Sonne. Dieses Wesen ist uns aus der fernen Vergangenheit als Metatron bekannt und aus jüngerer Zeit als Christus.

Dieses erhabene Wesen ist auf mannigfaltige Weise definiert worden und verkörpert eine Reihe von besonderen Eigenschaften. Vorherrschend vor allen anderen ist der Aspekt der Liebe und Weisheit. Die große Weisheit und Liebe, die in den verschiedensten Kulturen und Gesellschaften immer wieder in den Vordergrund gestellt und als Ziel der spirituellen Entwicklung genannt wird, stellt die Identifizierung mit und die Ausrichtung auf den sogenannten kosmischen Christus dar. Es ist die reine Weisheit, die durch dieses Wesen verkörpert und durch die Essenz des Christus symbolisiert wird. Im Anhang zu diesem Buch findet sich ein Quellenverzeichnis biblischer und mystischer Texte, in denen viele Hinweise auf diese Liebes- und Weisheitsessenz des Universums gegeben werden. Es ist diese Essenz von Liebe und Weisheit, die wir zu unserer eigenen Erleuchtung und Vereinigung mit Gott suchen.

Die Mystiker, die danach strebten, sich spirituell mit dieser Kraft in Einklang zu bringen, hatten viele Namen dafür. Bei den jüdischen Propheten hieß sie Schechina, bei den christlichen Gnostikern Sophia und bei den Anhängern des

Neuen Zeitalters kosmischer Christus. Sie ist die Essenz reiner göttlicher Energie, die in unserem Universum in Form von Liebe und Weisheit ausgedrückt wird. Da Metatron häufig zum Auftrag hatte, den Menschen hilfreich zur Seite zu stehen, fangen wir an, mögliche Zusammenhänge zu erkennen.

Der Lehrer und Aufseher dieses Sonnensystems und allen Lebens darin ist der kosmische Christus oder Metatron. Ein Großteil der besonderen Evolution, die von der Erde im Menschen angeregt wird, ist auf das Lernen ausgerichtet, wie wir die Eigenschaften Liebe und Weisheit bei uns besser entwickeln und ausdrücken können. Es geht dabei um das Lernen, mit den dichten Energiezuständen sowie mit den kreativen Möglichkeiten der Begrenzung umzugehen und gleichzeitig diese Begrenzungen durch geeignete Ausdrucksformen von Liebe und Weisheit zu transzendieren.

Nie zuvor standen den Menschen so viele Türen zu den alten Weisheitslehren offen wie heute. Und diese Zugänglichkeit wird noch zunehmen, je stärker der Einfluß des Wassermannzeitalters wird. Aufgrund dieser allgemeinen Zugänglichkeit mußten besondere Vorkehrungen getroffen werden, um sicherzustellen, daß auf der Erde auch die Bereitschaft und Empfänglichkeit für diese Art von Wissen vorhanden ist und gleichzeitig die Möglichkeiten für seinen Mißbrauch eingeschränkt sind. Aufgrund der Art von Energie, die die Erde während des Eintritts in diesen neuen Zyklus beeinflussen wird, mußte auf kosmischer Ebene alles dafür unternommen werden, daß diese Energien in einer Umgebung von Liebe, Weisheit und Hingabe zum Wohle des Ganzen zum Ausdruck kommen können.

Einer Legende zufolge soll dieser Prozeß durch Metraton – den kosmischen Christus – bereits zur Zeit des Endes von Atlantis eingeleitet worden sein. Bei dieser Hochkultur, die sich vor über 850 000 Jahren entwickelt hatte, handelte es sich um eine Gesellschaft, die großes Wissen über die Energien des Universums besaß. Doch dieses Wissen und die

damit verbundenen Energien wurden mißbraucht, und das
hatte eine Reihe großer Katastrophen für die Erde zur Folge,
von denen die letzte laut Informationen ägyptischer Priester
an Solon im Jahre 9564 v. Chr. über die Erde hereinbrach.* Es
gab einzelne Gruppen von Menschen, die sie überlebten,
und sie sorgten dafür, daß die alten Lehren und Weisheiten an verschiedenen Orten der Welt in Sicherheit gebracht
wurden.

Viele der alten Legenden, in denen von einem Paradies
auf Erden die Rede ist, stammen aus den Frühgeschichte des
Lebens in der Kultur von Atlantis. Viele der Legenden über
den Untergang und die Dezimierung der Welt stammen
ebenfalls aus der atlantischen Phase in der Evolution der
Menschheit. In der Bibel spiegelt sich dies sowohl in der
Erzählung von Adam und Eva im Garten Eden als auch in
der Sintflut wieder, die zu Zeiten von Noah über die Welt
hereinbrach.

Der erste Sündenfall des Menschen war seine erste Einstimmung auf die spirituelle Essenz der Kräfte der Materialisierung, damit er in die physische Daseinsebene der materiellen Welt eintreten konnte. Obwohl es für uns Menschen
einerseits ein Opfer bedeutete, stellte es andererseits auch
eine Möglichkeit und eine Vorbereitung auf einen erweiterten Ausdruck unseres Geistes dar, sobald die erste Prüfung
des Lebens im Reich der dichten Materie erst einmal bestan-
den wäre. Durch den Eintritt in die physische Ebene wurde
unserem Energieausdruck das Element Schwerkraft hinzu-
gefügt, das uns nach unten zog. Darin bestand ein großes
Risiko. Wenn wir uns in den tieferen Energien zu sehr ver-
strickten, wäre es uns vielleicht nicht mehr möglich, auf-
zusteigen und uns richtig zu entwickeln. Und die Menschheit verstrickte sich zu sehr in den Energien und in den
Wesen der Materialisierung, und wir liefen deshalb Gefahr,

---

* Schure, Edouard: *From Sphinx to Christ.* San Francisco: Harper and Row,
1982.

in diesem Reich der Materie eingeschlossen und gefangen zu bleiben.

Dieser Gedanke findet sich an vielen Stellen in der Bibel, so auch bei Lukas 12,15: »Dann sagte er zu den Leuten: ›Gebt acht, hütet euch vor jeder Art von Habgier. Denn der Sinn des Lebens besteht nicht darin, daß ein Mensch aufgrund seines großen Vermögens im Überfluß lebt.‹« Eine der am häufigsten zitierten und am wenigsten verstandenen Bibelstellen findet sich bei Lukas 9,23–25. Betrachtet man sie aus der Sicht, daß der Mensch sich zu sehr in der Materie verstrickt, bekommt diese Stelle gleich eine ganz andere Bedeutungstiefe. »Zu allen sagte er: ›Wer mein Jünger sein will, der verleugne sich selbst, nehme täglich sein Kreuz auf sich und folge mir nach. Denn wer sein Leben retten will, wird es verlieren; wer aber sein Leben um meinetwillen verliert, der wird es retten. Was nützt es einem Menschen, wenn er die ganze Welt gewinnt, dabei aber sich selbst verliert und Schaden nimmt?‹«

Eine Theorie dieses Gefangenseins in der Materie dreht sich um die Epoche von Atlantis, obwohl es bis heute keinen stichhaltigen Hinweis darauf gibt, daß es diese Periode oder diese Kultur tatsächlich gegeben hat. Gemäß dieser Theorie spiegelte sich das Gefangensein in der Materie in dem aus dem Gleichgewicht geratenen Ausdruck von Wissen und Energie während der atlantischen Epoche der Menschheit wider. Man könnte diese Verwicklung in der Materie auch mit einer Schatzsuche unter Wasser vergleichen. Die Menschen öffneten sich für ein Bewußtsein, daß es Schätze zu finden gab, und folgten einer Signalleine hinunter zu der Schatztruhe. Leider war die Leine nicht lang genug. Um zu dem Schatz zu gelangen, mußten sie ihre Signalleine loslassen und an den Geist zurückgeben und frei nach unten tauchen. Anschließend waren ihre Gedanken so sehr von den Schätzen der materiellen Welt beherrscht, daß sie vergaßen, wo die Signalleine überhaupt war. Sie konzentrierten sich so stark darauf, materielle Erfahrungen zu sammeln, daß sie

ihre wahre Heimat – ihr wahres Wesen vergaßen. Oder
anders ausgedrückt: Wir verloren das direkte Bewußtsein
der feinstofflicheren Bereiche, die unser Leben umgeben und
es durchdringen. Die Menschen wurden rigide, lebten ihr
eigenes, abgetrenntes Leben und waren voller Konflikte und
Trägheit. Die Menschheit als Ganzes hörte auf, die Eigenschaften Wahrheit, Liebe und Weisheit zu zeigen.

Theosophische und antroposophische Lehren haben diesen Gedanken weiter ausgeführt. Die Menschheit besteht
aus mehr als nur materieller Substanz und Energie. Wir bestehen aus verschiedenen Gliedern feinstofflicher Energie,
die unseren Wesenskern enthalten. Die meisten metaphysischen Traditionen bezeichnen diese als göttlichen Geist,
Atma, Intuition bzw. Buddhi, Manas, Mentalkörper, Astralkörper und physischen Körper bzw. Ätherkörper. Diese
»feinstofflichen Körper« des Menschen umgeben und durchdringen den physischen Körper und können Zugang zu verschiedenen Bewußtseins- und Seinsebenen gewähren. Als
letzter hat sich der Ätherleib zu einem deutlich erkennba-
ren Teil des menschlichen Energiesystems entwickelt. Der
Ätherleib hat im wesentlichen zwei Funktionen: Er erdet das
Bewußtsein durch das Leben in der materiellen Welt und
dient gleichzeitig dazu, die anderen Energie- und Bewußt-
seinsformen aus den anderen Dimensionen, die uns umgeben und auf uns einwirken, herauszufiltern. Zwischen
dem Zeitalter von Atlantis und der Entstehung des modernen Christentums waren diese Glieder feinstofflicher Energie nicht so eng an den materiellen Körper gebunden, und
es war daher weitaus einfacher, die alten Techniken der
Ausdehnung des physischen Bewußtseins in die ätherischen
Bereiche anzuwenden.

Zu Beginn des modernen Christentums war der Ätherleib
so dynamisch mit dem physischen Leib verbunden, daß
neue Energien und Prozesse in Gang gesetzt werden mußten, um mit den ätherischeren Bereichen und Bewußtseins-
stufen in Berührung zu kommen. Zum Glück konnte dies

durch die Entstehung des Christentums nun bei vollem Bewußtsein geschehen.

Die traditionelle christliche Einweihung sah folgendes vor: Zur Einführung in die ätherischere Lebensessenz wurde der Initiand dreieinhalb Tage in einen schlafähnlichen Zustand versetzt. Der Meister förderte diesen Zustand, indem er das Bewußtsein aus dem physischen Leib herauszog und dem Individuum die spirituellen Bereiche öffnete. Nach Ablauf der Zeit wurde das Individuum »in den Körper zurückgerufen«. Es war nun mit einem erleuchteten Bewußtsein von den wahren spirituellen Dimensionen ausgestattet. Der Mensch hatte also die Essenz von Liebe und Weisheit (Metatron bzw. der kosmische Christus) der spirituellen Welten direkt erfahren können und konnte damit »Zeugnis ablegen«. Der letzte, der diese traditionelle Initiation erfuhr, war Johannes, der geliebte Jünger. Johannes und Lazarus sind in der Bibel ein und derselbe. Johannes ist der Name des initiierten Lazarus. »Diese Krankheit wird nicht zum Tode führen« (Johannes 11, 4), bedeutet, daß es sich dabei um den uralten Initiationsprozeß des »künstlich erzeugten Schlafes« handelt.

Eine eingehendere Studie der Bibelstellen über Johannes und Lazarus wird diesen Zusammenhang für alle, die sich intensiver damit auseinandersetzen wollen, weiter klären. Seit jener Zeit sind die Ätherenergien der Menschen zu eng mit den physischen Lebensprozessen verknüpft, um diese Initiationsmethode gefahrlos anwenden zu können. Gleichzeitig jedoch wurden die Energien des kosmischen Christus direkt in die Erde geleitet, so daß solche Methoden gar nicht mehr nötig sind. Die Lebenskraft des einzelnen hat Impulse erfahren, die eine völlig bewußte Vereinigung mit den übersinnlichen Welten um uns herum möglich macht. Und genau diesen Punkt wollen wir im folgenden weiter erklären und ausführen.

Auch wenn wir das, was ansonsten unerklärlich oder verborgen bliebe, nur als Metapher oder geistige Konstruktion auffassen, werden uns dadurch neue Möglichkeiten eröffnet. Es hilft uns, die Zusammenhänge zwischen verschiedenen Ereignissen, verschiedenen Menschen und zwischen allen Ausdrucksformen des Lebens zu erkennen. Es hilft uns zu sehen, daß alles im Universum Auswirkungen auf alles andere hat. Alles, was wir tun, beeinflußt alle anderen und alles andere. Und alle anderen und alles andere beeinflußt uns sowohl auf der materiellen als auch auf der spirituellen Ebene. Damit wird ein Gegengewicht zu der theologischen Lebenseinstellung geschaffen, die fatalistisch und häufig verantwortungslos ist. Und damit wird die Verantwortung für unser Leben, unsere Evolution und unser Wachstum wieder in unsere eigenen Hände gelegt.

Dem Menschen stehen immer irgendwelche Energien als Gegengewicht zur Verfügung. Das Gegengewicht zu dem Prozeß der Involution und des Gefangenseins in der materiellen Welt ist der Prozeß der Evolution und Bildung. Wie gesagt, ist Metatron (d.h. der kosmische Christus) der Lehrer unseres Sonnensystems, und deshalb ist die materielle Erde und alles Leben auf ihr eingehüllt in die lehrreichen Energien von Liebe und Weisheit, die dazu bestimmt sind, dem einzelnen bei der Entfaltung seines göttlichen Bewußtseins zu helfen, das eng mit Christus verbunden ist. Die Energien von Liebe und Weisheit sind darauf ausgerichtet, das Potential aller Lebewesen, die die Erde als Schule benutzen, zur vollen Entfaltung zu bringen.

Alle, deren Aufgabe es ist, der Menschheit zu helfen, sind – unabhängig von ihrem Rang innerhalb der Hierarchie (einschließlich Christus) – an feste spirituelle Gesetze gebunden. Sie können uns über ihre eigenen Ausdrucksmöglichkeiten hinaus nur in dem Maße helfen, wie wir es ihnen erlauben. Dieses spirituelle Gesetz ermöglichte es Christus, außerhalb der Erde zu stehen und seine Energien auf sie herabzuprojizieren, um alle sich entwickelnden Lebensformen zum Aufsteigen zu stimulieren. Der Sitz dieser Projektion wird von der Sonne widergespiegelt.

Der Evolutionsprozeß auf Erden verlangt von uns, daß wir uns auf ihre Kräfte einlassen, denn die Erdkräfte können durch unser physisches Bewußtsein nicht aufgenommen und zu höherer Weisheit umgewandelt werden. Nur durch Wiederherstellung des Seelenlebens und seiner Verbindung mit dem göttlichen Kern können unsere Erfahrungen entsprechend verarbeitet und unserem Wachstum neue Impulse gegeben werden. Der kosmische Christus kann nie direkt eingreifen oder uns unseres freien Willens berauben, durch Lernen zu wachsen.

Von Zeit zu Zeit kamen höhere Wesen auf die Erde herab, um uns als Lehrer zu dienen und uns Licht in die Dunkelheit zu bringen, aber oft war ihr Einfluß begrenzt, da sie nicht wirklich Teil des evolutionären Lebensstroms der Menschheit waren. Mit ihrer Hilfe wurden die alten Mysterienschulen gegründet, und überlebten die alten Lehren über die Katastrophen der atlantischen Epoche. In vielen Mythologien der Welt gibt es Geschichten darüber, daß den Menschen von höheren Wesen geholfen wurde.

Der schon weiter entwickelte Teil der Menschen begann seine Bemühungen auf die Herstellung einer direkten Verbindung zu dem universellen Kern von Liebe und Weisheit zu konzentrieren. Das sind die alten Mysterientraditionen, wie wir sie heute kennen. Während über Jahrhunderte hinweg die Individuen zu mehr Weisheit und Licht heranwuchsen, nahmen die Energien bestimmter Strömungen der Menschheit zu, und damit auch die Möglichkeiten, die Kluft zwischen Mensch und kosmischem Christus zu überbrükken. Mit jedem neuen Menschen, der in dieses Bewußtsein hineinwuchs, fing sich die Brücke zwischen Christus und allem in Evolution begriffenen Leben zu bilden an. Da die meisten immer noch nicht in der Lage waren, von sich aus die Verbindung herzustellen, wurde ein wunderbarer Prozeß in Gang gesetzt, der es Christus ermöglichte, die Brücke zu überschreiten und direkter mit der Menschheit in Kontakt zu kommen.

Die Lehren der alten Mysterienschulen lieferten den Anstoß für die Bildung dieser Brücke. Ihre Ausbildung öffnete
immer mehr Menschen für die erleuchtenden Energien, und
so trug jeder von ihnen zur Bildung dieser Verbindungs-
brücke zum Göttlichen bei. Das bedeutet nicht, daß alle
wußten, welche dynamischen Kräfte in diesem Prozeß wirksam waren und wo sie hinführten, aber es zeigt, daß es eine
Methode gab, diesen Prozeß einzuleiten, der sich bis in den
evolutionären Kern und die evolutionäre Zeit allen Lebens
fortsetzte.

Durch den Meister, den wir als Jesus kennen, und mit
Hilfe von Metatron in Form des Christus wurde diese
Brücke und Verbindung zu Gott vervollständigt. Durch das
Bewußtsein von Jesus als Mittler erfuhren wir eine umfassende Ausbildung in den Mysterientraditionen, und die
Aspekte von Liebe, Weisheit, Hingabe und Idealismus fin-
gen an, die physischen, ätherischen und spirituellen Körper
und das Leben auf der Erde selbst zu durchdringen und zu
erfüllen. Wie wir noch sehen werden, verließ das Bewußtsein zur Zeit der »Taufe« Jesu seinen physischen Leib und
machte es so möglich, daß die Christus-Energien von der
Erde Besitz ergriffen und damit direkt auf sie einwirken
konnten.

Zur Zeit der Kreuzigung, als er »den Geist am Kreuz aus-
hauchte« wurde die Christus-Essenz auf das Kreuz der
Materie übertragen und berührte damit das Herz der Erde.
Christus war damit nicht länger ein außenstehender Herrscher, der seine Energien auf die Erde projizierte, sondern
war zum planetarischen Logos geworden, der in den folgenden Jahrhunderten die gesamte Menschheit beeinflussen
und berühren sollte. Die Christus-Energie erfüllte das Herz
der Erde, berührte die sie einhüllende ätherische Welt und
erfüllte auch sie mit Liebe, Weisheit und Hingabe. Von jenem
Zeitpunkt an wurden die Christus-Energien dadurch zu
einem wesentlichen Bestandteil der ätherischen Hülle allen
Lebens. Mit jeder Inkarnation stimulierten diese Christus-

Energien danach den göttlichen Funken im Herzen von uns allen in noch höherem Maße.

Christus hat sich also in den evolutionären Lebensstrom der Menschheit hineinbegeben und konnte von da an einen direkteren Einfluß auf die Menschen ausüben. Das Wesen des Erzengels und Christus wurde dadurch zu einem Teil jedes Lebewesens auf dieser Erde. Diese Tatsache spiegelt die Worte des Paulus in den Briefen an die Galater 2,20 wider: »Nicht mehr ich lebe, sondern Christus lebt in mir. Soweit ich aber jetzt noch in der Welt lebe, lebe ich im Glauben an den Sohn Gottes, der mich geliebt und sich für mich hingegeben hat.«

Diese Essenz des Erzengels (des Gottessohns) wirkt auf jeden von uns auf eine Art ein, die sich auf ungeheuer kraftvolle Weise verstärken, beeinflussen und ausdehnen läßt. Die Christus-Energien wirken sich inzwischen auf alles Leben auf der Erde aus und stimulieren in Zyklen eine Beschleunigung, die den Prozeß der Selbstinitiation fördert. Im zweiten Teil wollen wir näher auf dieses zyklische Wechselspiel der Energien und auf die Rituale zu sprechen kommen, die zur Verstärkung ihrer Wirkung abgehalten werden können.

Nachdem sich Christus durch das Leben Jesu und seine Rolle als geistlicher Führer ganz auf die Erde herabbegeben und sich darin verankert hatte, machte er sich daran, die Entwicklung eines neuen ätherischen Energiemusters für die Menschheit zu vollenden, das negative Einflüsse abwenden und eine vollkommen bewußte Verbindung mit den spirituell göttlichen Lebensbereichen ermöglichen würde. Was bis dahin nur einem Kreis von Auserwählten vorbehalten war, würde nun allen zugänglich gemacht werden, die bereit wären, die Anstrengungen und Hingabe dafür aufzubringen. Mehr als je zuvor war die Menschheit reif für ein Wiederauftauchen und einen neuen Zugang zu den alten Mysterienlehren.

Wie wir im Folgenden noch genauer sehen werden, wurde durch die Ankunft Christi in der Welt bei den Menschen ein neuer Impuls ausgelöst, der einen Ausgleich schuf für unseren Verlust der Vision von der engen Verbindung zu den Kräften der Natur und zu Gott. Die Mysterien wurden dadurch in ihrem alten Glanz wiederhergestellt, und ungeachtet der »Zensur« durch die Menschen wurde der Zugang zu ihnen für alle offen gehalten.

Was aber war der historische Einfluß des Christus und dessen, den wir als Jesus kennen? Wurde Jesus wirklich Christus? Und wenn ja, wie trug sich das im Verlauf der Ereignisse, wie wir sie heute kennen, tatsächlich zu? Dies wird der Gegenstand unserer Untersuchungen im nächsten Kapitel sein, doch es gibt viele äußere und innere Beweisquellen, deshalb kann die reine Wahrheit nicht ohne neue Sichtweisen, Intuition und ein Grundwissen über die esoterische Tradition zu jener Zeit der Menschheitsevolution vollständig erkannt werden. Wir sollten immer daran denken, daß bei diesem Prozeß soviel mehr mitgespielt hat, als es oberflächlich erscheinen mag.

> Götter denken nicht wie Menschen. Die Gedanken von Menschen sind Bilder; die Gedanken von Göttern sind lebendige Wesen!   (zitiert nach *Rudolf Steiner*)

ZWEITES KAPITEL

Die historische Jesus-Gestalt und der mystische Christus

Das wahre Leben von Jesus war historisch gesehen das wirkliche Ereignis von dem, was zuvor nur durch Einweihung möglich gewesen war ... Das Leben von Jesus ist damit eine öffentliche Bestätigung der Mysterien.   *Rudolf Steiner*

Die Lebensgeschichte von Jesus läßt sich aus historischer Sicht ohne allzu große Schwierigkeiten untersuchen, zurückverfolgen, nachvollziehen und rekapitulieren. Mehr als 19 Jahrhunderte lang stand sie größtenteils im Mittelpunkt der Lehre der christlichen Kirche. Es gibt eine ungeheuere Menge von Dokumenten, aus denen hervorgeht, daß es einen Mann namens Jesus, der um die fragliche Zeit lebte, tatsächlich gab und daß er ein Heiler und Lehrer war, der eine große Anhängerschaft hatte.

Ob Jesus tatsächlich zum Christus wurde oder von Christus überschattet wurde und all das vollbrachte, was ihm nachgesagt wird, bleibt noch zu beweisen. Doch es gibt Möglichkeiten, die Kluft der Unwissenheit zu überbrücken:

zum einen durch das Verständnis der wahren historischen Zusammenhänge zu jener Zeit und des Mannes namens Jesus im Lichte neuer Erkenntnisse über die Dokumente, die als Schlüssel zu der wahren Bedeutung dieses Ereignissses angesehen werden (u.a. die Bibel und insbesondere die Texte des Neuen Testaments), zum anderen durch den Einsatz unserer eigenen Intuition und nicht zuletzt durch Kenntnisse über die esoterischen Traditionen, die die Evolution der Menschheit und die Welt zur Zeit der Entstehung des Christentums beeinflußt haben.

Um herauszufinden, ob etwas aus historischer Sicht wahr oder echt ist, müssen die Dokumente darüber auf Tatsachen beruhen, sowie glaubwürdig, vollständig und echt sein. Ein Dokument gilt als echt, wenn es von dem Verfasser geschrieben ist, dessen Namen es trägt und wenn es in derselben geschichtlichen Periode oder unmittelbar nach den Ereignissen verfaßt wurde, über die es berichtet. Es gilt als vollständig, wenn es uns im wesentlichen in derselben Form vorliegt, in der es ursprünglich geschrieben wurde, d.h. ohne nachträgliche Änderungen oder Einfügungen durch andere Verfasser oder Abschreiber, die seinen wahren geschichtlichen Charakter verändern könnten. Ein Dokument gilt als glaubwürdig, wenn es die auf einem bestimmten Wissen beruhende Information wahrheitsgetreu wiedergibt. Der Verfasser muß über die Tatsachen gut unterrichtet sein.

Darüber hinaus gibt es ein wichtiges Kriterium, das bei der Bestimmung des wahren historischen Werts einer Sache ebenfalls in Betracht gezogen werden muß. Wenn ein Dokument von den Zeitgenossen oder Quasi-Zeitgenossen des Verfassers als echt, vollständig und glaubwürdig angesehen wird, sollte ihm von den nachfolgenden Generationen derselbe Wert beigemessen werden, außer es können Beweise erbracht werden, die belegen, weshalb es abzulehnen ist. In diesem Fall liegt die Beweislast bei denen, die den historischen Wert anzweifeln.

Man muß jedoch unterscheiden, ob man von der historischen Echtheit eine Dokuments redet oder davon, ob es sich bei den Begebenheiten, über die in diesem Dokument berichtet wird, um wahre historische Begebenheiten handelt. So könnte beispielsweise alles, was im Neuen Testament steht, reine Erfindung sein, aber das würde seiner historischen Echtheit als Dokument in keinster Weise Abbruch tun. Aber auch diese Gültigkeit als Dokument sollte näher unter die Lupe genommen werden. Das ist um so wichtiger, wenn die Dokumente nicht unbedingt von Augenzeugen oder von damaligen Zeitgenossen verfaßt wurden, wie dies bei den Texten des Neuen Testaments häufig der Fall ist.

Zur Bestimmung der Echtheit eines Gegenstandes lassen sich *innere* und *äußere* Beweise führen. Unter *inneren* Beweisen für die Echtheit von Dokumenten, denen einzelne Menschen historischen Wert beimessen, verstehen wir eine genaue Darstellung des politischen, geographischen, gesellschaftlichen und kulturellen Hintergrunds zu jener Zeit. Die verwendete Sprache, der Ausdrucksstil oder die Idiomatik, die Wahl der Wörter muß mit der geschichtlichen Epoche übereinstimmen, in der das Dokument erstellt wurde.

Die *äußeren* Beweise für die historische Echtheit werden durch andere Dokumente geliefert, in denen ausdrücklich geschrieben steht, daß dieses oder jenes wahr ist oder daß Herr oder Frau Soundso das fragliche Dokument geschrieben hat. Viele der Dokumente und Quellen, die die geschichtliche Echtheit der Schriften des Neuen Testaments in bezug auf die damalige Zeit bezeugen, sind im Anhang aufgeführt.

Aus Fragmenten und Zitaten früher Verfasser erfahren wir, daß es über die vier kanonischen Evangelien hinaus auch noch andere Zeugnisse jener Zeit gibt, die bei den Anhängern des frühen Christentums verbreitet waren. Diese wurden später als die apokryphen »Evangelien« bezeichnet. Von einigen der frühen Schreiber wurden sie abgelehnt, weil sie nicht von »Augenzeugen und den Aposteln« verfaßt seien. Andere bezeichnen sie hingegen als Leitfaden zu den esoterischen Lehren und Gedanken dessen, der damals unter dem Namen Jesus bekannt war.

Es gibt im wesentlichen elf weitere »Evangelien«, die alle von der traditionellen Kirche als unecht abgelehnt werden. Uns sollte jedoch klar sein, daß jede feindliche Haltung gegenüber Originaldokumenten auch von besonderer Bedeutung als Form eines »äußeren Beweises« für die historische Echtheit sein kann. Es ist deshalb wichtig, daß jeder von uns anfängt, sich beim Erforschen dieser Schriften auf seine Intuition zu verlassen.

Die elf apokryphen Evangelien des Neuen Testamentes sind:

Name	verfaßt um	abgelehnt durch
Hebräer-Evangelium	ca. 100 n.Chr.	Eusebius
Markus-Evangelium	ca. 150 n.Chr.	Eusebius/Origenes
Ägypter-Evangelium	ca. 150 n.Chr.	Origenes
Zwölf-Apostel-Evangelium	ca. 150 n.Chr.	Origenes/ Epiphanius
Phillip-Evangelium	ca. 150 n.Chr.	Epiphanius
Thomas-Evangelium	ca. 150 n.Chr.	Origenes/Eusebius und Gelasius
Petrus-Evangelium	ca. 190 n.Chr.	Eusebius/Gelasius
Jakobus-Evangelium	ca. 200 n.Chr.	Origenes/Gelasius
Matthäus-Evangelium	ca. 300 n.Chr.	Gelasius
Kindheit-Christi-Evangelium	ca. 300 n.Chr.	Gelasius
Mariä-Himmelfahrt-Evangelium	ca. 400 n.Chr.	Gelasius

Hingegen sind die vier kanonischen Evangelien des Neuen Testaments zur Hauptgrundlage des modernen Christentums geworden. Sehr wahrscheinlich sind diese Evangelien ausgewählt worden, weil es sich dabei um die seriösesten handelte. Sie waren weniger exotisch und hatten mehr Symbolcharakter für das gesamte römische Reich: Markus als

Symbol für den Westen, Matthäus für den Süden, Lukas für den Norden und Johannes für den Osten.*

Den griechischen Kodizes und anderer erhalten gebliebener Literatur zufolge wurde das Matthäus-Evangelium etwa um 90 n. Chr. verfaßt, das Markus-Evanglium irgendwann zwischen 75 und 89 n. Chr. und das Lukas-Evanglium gegen Ende des ersten Jahrhunderts. Das Evangelium nach Johannes wurde irgendwann gegen Ende der ersten Dekade des zweiten Jahrhunderts geschrieben. Wenn wir davon ausgehen, daß Jesus etwa 33–36 n. Chr. starb, dann sind die Endfassungen der Evangelien nach Matthäus, Markus und Lukas alle nicht im Laufe von 20 Jahren nach seinem Tod entstanden. Das wirft ein zweifelhaftes Licht auf ihre Korrektheit und Echtheit.

Biblische Ereignisse auf ein genaues Datum festlegen zu wollen ist ein schwieriges Unterfangen. Sogar innerhalb der Evangelien gibt es zwei verschiedene Versionen über den Zeitpunkt von Jesu Geburt. Laut Matthäus erfolgte sie um 7–4 v. Chr., zur Zeit des Königs Herodes und der Tötung der unschuldigen Knaben. Lukas hingegen berichtet, daß Jesus um die Zeit des römischen Zensus geboren wurde, was etwa dem Jahr 6–7 n. Chr. entspricht. Sehr wahrscheinlich fand die Kreuzigung im Jahre 36 n. Chr. statt, und Jesus wäre damit in seinen frühen Vierzigern gewesen. Dies wird auch durch die Stelle bei Johannes 8, 57 bestätigt, wo die Leute zu Jesus sagen: »Du bist noch keine fünfzig Jahre alt.«

Zum Leidwesen vieler Menschen wird das Neue Testament immer als das göttlich inspirierte Wort Gottes ausgegeben, das den Verfassern von Gott selbst in einer Art geistigen Kommunikation eingegeben wurde. Die Wahrheit ist jedoch laut Hugh Schonfield, daß keines der Manuskripte, die uns vorliegen, Originale oder nachweislich exakte Abschriften von Originalen sind. Die verschiedenen Verfasser

---

* Schonfield, Hugh J: *The Original New Testament*. San Francisco: Harper & Row, 1985, S. XVII.

widersprechen sich häufig sogar gegenseitig in bezug auf ihre Ideen und Überzeugungen, aber auch hinsichtlich der Fakten, über die sie berichten.* Wir müssen uns auch klarmachen, daß viele der Dokumente einfach Briefe sind, die nicht zur Veröffentlichung gedacht waren. Aus all diesen Gründen ist vieles von dem, was uns heute vorliegt, zu einem großen Teil eine idealisierte Interpretation, die von und für die verschiedenen Schulen des Christentums geschaffen wurde.

Darüber hinaus ist uns ein reichhaltiger Schatz an Literatur erhalten geblieben, die sich mit den historischen Aspekten der christlichen Schriften auseinandersetzt. Kein anderes Werk der Antike ist uns so gut überliefert worden wie das Neue Testament, d.h. anhand so vieler und so alter Manuskripte. Allein die griechischen Manuskripte umfassen Papyri (aus dem ältesten Schreibmaterial), Majuskel-Manuskripte (nur in Großbuchstaben geschrieben), Minuskel-Manuskripte (mit Groß- und Kleinschreibung) sowie Lektionare (Sammlungen von Bibelabschnitten in der Reihenfolge, in der sie im Laufe des Kirchenjahrs in der Messe zu lesen sind). Die Zahl der Manuskripte wächst ständig und liegt heute schon bei über 4000:

Papyri (100–300 n. Chr.) – 50
Majuskel-Manuskripte (300–800 n. Chr.) – 208
Minuskel-Manuskripte (300–1300 n. Chr.) – 2370
Lektionare (300–1300 n. Chr.) – 1603.

(Daten entnommen aus:
Encyclopedic Dictionary of the Bible, 1438)

Wenn wir dazu noch die Vielzahl von Bibelübersetzungen nehmen, wird es äußerst schwierig, genaue Aussagen über die Exaktheit der Texte zu machen. Vieles in den Schriften wurde außerdem gestrichen, Bücher wurden zensiert und

---

* Ibd., S. XX.

ganze Abschnitte über die Jahrhunderte verändert – häufig auf päpstliche Weisung hin. Und jede Übersetzung kann wiederum durch die Wahl der Wörter und Wendungen in Richtung der Meinung des Übersetzers beeinflußt werden.

Zur Erläuterung haben wir auf den Seiten 54–56 die Geschichte der wichtigsten Bibelübersetzungen kurz dargelegt. Wir müssen uns außerdem vor Augen führen, daß in den letzten 20 Jahren noch mehr Auslegungen der Schriften hinzukamen. Wie sollen wir denn in diesem Wust von Material die Korrektheit und Echtheit der Heiligen Schrift bestimmen? Oder sehen wir durch unsere Fixierung darauf vielleicht den Wald vor lauter Bäumen nicht mehr? Die Antwort finden wir, wenn wir das Christentum aus seiner geschichtlichen Sicht heraus als Mysterienschule betrachten, in der mit weiser Voraussicht vorgegangen wurde.

Durch Metatron, der als Christus direkt in die Sphäre der Erde eintrat, um der Menschheit einen neuen Impuls zu verleihen, wurde auf eine Art ein Prozeß eingeleitet, die trotz der »Zensur der Weisheitslehren«, trotz »der Möglichkeit zu Abwandlungen und Streichungen«, trotz der Möglichkeit bewußter Manipulierung und Veränderung der Lehren Erfolg haben würde. Um die Mysterien dem engen Kreise der Privilegierten und Auserwählten zu entziehen, war es nötig, daß das gesamte Leben von Jesus Christus zu einer Analogie der Mysterien wurde. Alle Vorbereitungen, alle Ereignisse, selbst sein Dienst an den Menschen und an Gott – jeder Aspekt im Leben von Jesus Christus – spiegelt einen Aspekt des Einweihungsprozesses in die Erzengelmysterien wider.

Was also nicht durch die Lehren direkt erfaßt werden konnte, konnte anhand des Beispiels erkannt werden. Von Paulus stammt die Deutung, daß die Sendung und der Tod Jesu Ereignisse waren, die von Gott ausgingen. Das kommt auch in verschiedenen Bibelstellen zum Ausdruck, z.B. in 1 Korinther 15,47. Später wird dieser Gedanke auch durch Petrus in der Apostelgeschichte 2,23 und dem Brief an die

Römer 3, 25 wieder aufgegriffen. Auch Lukas und Matthäus berichten über die Geburt Jesu als ein Ereignis göttlichen Ursprungs und weitaus höherer Bedeutung als ein rein weltliches Geschehen. Die Rolle Jesu im Lichte der Auferstehung hat ihre Wurzeln in den alten Mythen aller sterbenden und wieder auferstehenden Götter und Göttinnen. Deshalb besteht ihre größte Magie in der Offenbarung eines höheren Einweihungsprozesses.

Trotz der anschließenden Zensur sind die Berichte über die wichtigsten Ereignisse im Leben von Jesus Christus erhalten geblieben. Und mehr ist nicht nötig. Jeder, der sich für eine Initiationserfahrung öffnen möchte, braucht nur diese Schlüsselereignisse zu kennen. Durch die Beschreibung der Ereignisse im Leben Jesu wird etwas aufgezeigt, das zuvor nur in den Initiationsriten der Mysterienschulen seinen Ausdruck fand. Die Rituale in der zweiten Hälfte des Buches zeigen uns, wie wir diese Schlüsselereignisse dazu benutzen können, um uns heute für solche Erfahrungen zu öffnen.

Aber wie läßt sich nun der esoterische Aspekt der christlichen Lehre in all das eingliedern? Die meisten christlichen Gemeinschaften haben im allgemeinen gar keine Ahnung davon. Dabei ist das Christentum von seiner Philosophie her ebenso esoterisch wie orthodox. Jesus unterschied zwischen den Dingen, die er allen öffentlich verkünden und auf die er nur anspielen konnte, die Dinge, die nur wenige in ihrem vollen Umfang wirklich erfassen konnten, die Mehrzahl der Menschen hingegen nicht. Die Mysterien des Himmelreichs sollten allen offenbart werden, allerdings auf eine Art und Weise, die verhinderte, daß sie entweiht würden, aber trotzdem noch so vermittelt, daß sie ohne die Ausbildung der traditionellen Mysterienschule noch zugänglich wären.

Nach dem Tod Jesu kam es zu einer Spaltung in seiner Anhängerschaft. Daraus gingen zwei Strömungen des Christentums hervor: eine esoterische Strömung, die sich mit den verborgeneren Aspekten der christlichen Lehre beschäftigte, und eine orthodoxere, moralistischere Strömung. Beim esoterischen Christentum standen die direkte Erfahrung und das Wissen um die spirituellen und natürlichen Gesetzmäßigkeiten sowie deren Umsetzung im Leben im Mittelpunkt. Beim orthodoxen Christentum lag der Schwerpunkt hingegen auf »stellvertretend für andere vollbrachte Sühneopfer und guten Werken«. Im Kampf zwischen den beiden gewann die orthodoxe Kirche allmählich die Oberhand, da viel mehr Menschen darin bewandert waren als in den verborgenen Aspekten. Das führte letztendlich dazu, daß die esoterischen Christus-Mysterien in Vergessenheit gerieten.

Die Kluft zwischen den beiden Strömungen wurde zwar immer größer, aber die esoterischen Aspekte starben nie ganz aus. Im orthodoxen Christentum wurden die Lehren Christi weiterhin wörtlich ausgelegt und die esoterischeren Andeutungen blieben den wenigen vorbehalten, die in der Lage waren, sie zu verstehen und an andere weiterzuvermitteln. Diese Menschen verkörpern den wahren Geist und die wahre Essenz des Christentums. Wenn wir über die wörtlichen Lehren hinauswachsen, wird Pflicht zu Wunsch, und die Probleme und die Verwirrung um die wörtliche Auslegung lösen sich auf.

Wir werden die Antworten auf unsere Fragen durch die Erforschung der verborgenen Aspekte des Christentums finden. Die Heilige Schrift war nicht als Orakelsammlung gedacht, sondern vielmehr als Leitfaden für jeden einzelnen von uns zur Entdeckung unserer eigenen, auf *Erfahrung* begründeten Antworten. Dion Fortune drückt es in ihrem Buch *Sane Occultism** sinngemäß folgendermaßen aus: »Esoterik ist mehr als eine Wissenschaft, die es objektiv zu

---

* Fortune, Dion: *Sane Occultism*. Northamptonshire: The Aquarian Press, 1981, S. 11.
(Siehe auch: Fortune, Dion: *Handbuch für Suchende*. Neuwied: Smaragd-Verlag, 1992, das Auszüge aus »*Sane Occultism*« und »*Practical Occultism in Daily Life*« enthält.)

verstehen gilt; sie gibt uns eine Lebensphilosophie an die Hand, die auf Erfahrung begründet ist, und es ist dieser philosophische oder gar religiöse Aspekt, der die meisten anzieht, die der Esoterik ihr Leben verschrieben haben. Der Suchende ist nicht länger vom (blinden) Glauben abhängig. Er hat persönliche Erfahrungen gemacht und neigt dazu, sich aus dieser Erfahrung heraus ein religiöses Glaubenssystem zu erschaffen, innerhalb dessen er danach strebt, die Arbeit, die normalerweise Heiligen und Engeln als den Dienern und Botschaftern Gottes vorbehalten ist, mit ihnen zu teilen.«

Zwischen den Zeilen lesen, über die Ränder des Materiellen hinaussehen, hinter das Offensichtliche schauen, hinter dem wörtlichen Sinn suchen, all das sind Wege zur Wahrheit. Dort liegt die Wahrheit verborgen. Dadurch wird die Wahrheit zu einem aktiven Teil unseres Lebens. Dem wörtlichen Sinn zu folgen ist nur ein einfacher Ausweg. Es ist ein Weg, um das Ausschlüpfen aus dem Kokon unseres Lebens zu vermeiden.

Sich mit dem Christentum aus der rein wörtlichen oder historischen Sicht auseinanderzusetzen führt zu katastrophalen Ergebnissen. Die wörtliche Auslegung bringt Verwirrung. Auch der historische Ansatz führt uns zu vielen unzusammenhängenden Fäden. Es gibt zu viele Diskrepanzen, zu viele Unwahrscheinlichkeiten, zu viele Widersprüche, als daß wir dadurch für das wahre Verständnis geöffnet werden könnten.

Will man das Neue Testament wörtlich verstehen, stößt man auf große Schwierigkeiten. Viele bestehen auf der unbefleckten Empfängnis und der jungfräulichen Geburt, während andere erklären, daß dies unmöglich sei. Im Matthäus- und im Lukas-Evangelium wird die Abstammung Jesu auf völlig unterschiedliche Weise dargestellt, wie kann es sich dabei um dieselbe Person handeln? Nicht zuletzt beschreibt Matthäus, daß Jesus direkt von Josef abstammt, was ihm Falle einer jungfräulichen Geburt völlig bedeutungslos

wird. Bei Lukas heißt es hingegen, daß Jesus von Maria abstammt. Oder wenn Jesus Gott wäre, wie könnte ihn dann
der Satan in Versuchung führen?

Die Ereignisse in der Nacht vor der Kreuzigung Jesu sind
zu zahlreich und zu außergewöhnlich, als daß sie alle in
einer einzigen Nacht hätten stattfinden können, wie die
wörtliche Auslegung nahelegt. Da sind das letzte Abendmahl, das Leiden im Garten Gethsemane, der Verrat durch
Judas, das Verhör und die Schläge vor Kajaphas, das Verhör
und die Schläge vor dem Hohen Rat, das Verhör und die
Schläge vor Pilatus, das Verhör im Tempel, die Verspottung
durch Herodes, die Verhandlung vor Pilatus, die Reden und
das Händewaschen von Pilatus, das Verspotten und Geißeln
von Jesus, der lange und leidensvolle Kreuzweg nach Golgatha. Es sind einfach zuviele Ereignisse innerhalb einer so
kurzen Zeit.

Das heißt natürlich nicht, daß sie nicht stattgefunden
haben, nur nicht in dem Zeitrahmen, in dem sie dargestellt
wurden. Wie erklärt sich das Ganze dann? Die Antwort
finden wir in den esoterischen Aspekten. Wenn man die
ganzen Ereignisse von einem universellen Gesichtspunkt
aus betrachtet, wie es in den Traditionen der alten Mysterienschulen üblich war und gelehrt wurde, können wir
anfangen, die Ereignisse in einer ganz neuen Perspektive zu
sehen, die uns zu großer Hingabe und Erleuchtung führt.

So vieles von der wörtlichen Auslegung ist einfach un-
tragbar, daß sich der Gedanke einschleicht, daß die Verfasser
ja eigentlich Männer mit einer spirituellen Ausbildung
waren, die die Ereignisse auf eine Art und Weise aufgezeich-
net haben könnten, die den Lerninhalt so vermittelt, wie es
in der Tradition der alten Mysterienschulen normalerweise
üblich war. Sie schrieben auf, um etwas zu erhalten und vor
dem gemeinen Volk zu verbergen, es jedoch gleichzeitig den
Würdigen und jenen zu enthüllen, die sich dem Liebes- und
Weisheitsaspekt der Lehre verschrieben hatten, den auch sie
persönlich erlebt hatten.

Die Bibel ist eine Mischung aus Wahrheiten, Symbolen und Allegorien. Die Verfasser folgten damit der edelsten Tradition der Mysterienschulen. Sie verbargen das innere Wissen hinter dem wörtlichen Sinn, da sie sich bewußt waren, daß dieses Wissen große spirituelle, intellektuelle, körperliche und geistige Kräfte freisetzen würde. Die christlichen Eingeweihten waren sich zutiefst bewußt, daß durch eine öffentliche Enthüllung dieser Lehren die dadurch erweckten und angerufenen Kräfte entweiht und in hohem Maße mißbraucht werden würden.

Wir müssen uns den Ereignissen von einem historischen Gesichtspunkt aus nähern, gleichzeitig aber lernen, sie aus intuitiver und esoterischer Sicht zu erklären. Auf diese Weise enthüllen sich uns nur die wahren Mysterien. »Da kamen die Jünger zu ihm und sagten: ›Warum redest du zu ihnen in Gleichnissen?‹ Er antwortete: ›Euch ist es gegeben, die Geheimnisse des Himmelreichs zu erkennen; ihnen aber ist es nicht gegeben‹« (Matthäus, 13,10–11).

Die Geschichte der Bibel

Die Geschichte der Bibel beginnt mit den beiden großen Schriftensammlungen des Alten Testaments in Althebräisch und dem Neuen Testament in Griechisch. Die ersten Übersetzungen waren in griechischer und aramäischer Sprache. Etwa 300 v. Chr. ordnete Ptolemäus II, der Palästina nach dem Tod Alexanders des Großen weiterregierte, an, die hebräischen Schriftensammlungen ins Griechische zu übersetzen. Die Arbeit wurde von einer Gelehrtengruppe der Essener in Angriff genommen, einer jüdischen Sekte von Asketen und Mystikern, die außerhalb von Alexandria in Abgeschiedenheit lebten und zu jener Zeit die einzigen waren, die sowohl das Althebräische als auch das Griechische einwandfrei beherrschten. Die Eingeweihten der Mysterienschule der Essener sträubten sich jedoch dagegen, die Ge-

heimlehre des jüdischen Glaubens Nicht-Eingeweihten zugänglich zu machen, und verschleierten deshalb die von
Moses eröffneten Mysterien mit Hilfe von Gleichnissen und
symbolhafter Bildersprache (für die Geschichten von Adam
und Eva, der Schlange und Adams Rippe, die in der griechischen Version der Genesis eingeführt wurden, gibt es im
hebräischen Urtext z.B. keine entsprechenden Passagen). Die
70 Rabbis, aus denen sich der höchste Rat der Priesterschaft
in Jerusalem zusammensetzte, waren sich über die abstruse
Qualität des griechischen Textes nicht bewußt. Sie nahmen
an, daß die Übersetzung korrekt war, und setzten alle ihre
Unterschrift darunter, während die Übersetzer der Essener
anonym blieben. Damit war die bedeutendste Übersetzung
des Alten Testaments, die sog. Septuaginta (lat. »siebzig«)
(3.–2. Jahrhundert v. Chr.) geboren. Der 1546 auf dem Konzil
von Trient für die katholische Kirche maßgebliche Text wurde
die Vulgata, die lateinische Übersetzung des Hieronymus
aus dem 4. Jahrhundert n. Chr. Hieronymus verbrachte 20
Jahre seines Lebens damit, die Septuaginta ins Lateinische
zu übersetzen. Er hatte sogar eine jüdischen Rabbi einge-
stellt, der ihm die alte aramäische Sprache beibringen sollte,
um direkt aus den Urtexten übersetzen zu können, aber die
Mühe war vergebens. Etwa um 500 n. Chr. wurden das Alte
und das Neue Testament zum ersten Mal gemeinsam in
Form der Bibel veröffentlicht, wie wir sie kennen. Fortan
sprach man auch von der Heiligen Schrift.

Im Laufe der Jahrhunderte sind zahllose Bibelübersetzungen in allen möglichen Sprachen erschienen. Eine der ersten
Übersetzungen der Bibel ins Englische wird dem englischen
Philosophen, Theologen und Reformer John Wycliff (gestorben 1384) zugeschrieben, aber die beste Übersetzung, der die
bekannte »Authorized Version of King James« weite Teile
ihres Wortlauts verdankt, stammt sicher von William Tyns-
dale (gestorben 1536). Was die poetische Schönheit und Klar-
heit der Sprache betrifft, wird die King-James-Übersetzung
in der englischen Literatur häufig mit den Werken von

Shakespeare verglichen. Die deutsche Übersetzung Luthers war von entscheidender Bedeutung für die Reformation und zugleich von fortwirkendem sprachlichen Einfluß. Die erste Gesamtausgabe erschien 1534, die letzte von Luther selbst betreute Ausgabe ist diejenige von 1545. Danach erschienen verschiedene neuere Übersetzungen. Am weitesten in der Anpassung an die moderne deutsche Sprache geht die »Bibel im heutigen Deutsch« (Die gute Nachricht). Die katholische Kirche ließ ab 1962 eine neue Übersetzung der Bibel aus den Urtexten anfertigen, bei der auch die evangelische Kirche im Bereich des Neuen Testaments mitwirkte und die 1979 unter dem Namen »Einheitsübersetzung« erschien. (Alle in diesem Buch aufgeführten Bibelstellen sind dieser Bibel entnommen. Anm. d. Ü.)

Die historischen Ereignisse aus esoterischer Sicht

Die Zeit zwischen 200 v. Chr. und 200 n. Chr. war voller Spannungen und dramatischer Ereignisse. Hugh Schonfield beschreibt es folgendermaßen: »Es gab einen regen Ideenaustausch, vieles, sowohl gesellschaftliche als auch politische Positionen, wurde in Frage gestellt, und im Hintergrund war eine ständig zunehmende Spannung zu spüren, die einem Höhepunkt entgegenzustreben schien, als ob der Kulminationspunkt des menschlichen Schicksals bald erreicht würde. Lief es auf eine Auslöschung hinaus oder gab es jenseits davon noch etwas anderes? Zwangsläufig war es eine Blütezeit der Propheten, Astrologen, Wahrsager und Mystiker aller Art.«[*]

In den anderthalb Jahrhunderten vor der Entstehung des Christentums umfaßte das Römische Reich des Augustus viele Kultur- und Sprachkreise. Es war eine komplizierte Welt, in der religiöse Belange, Glaubensfragen und das Prak-

---

[*] Schonfield, Hugh, S. XXI.

tizieren einer Religion im Mittelpunkt des Lebens des einzelnen, der Familien und der Gemeinschaften standen.

Palästina war ein Vielvölkerstaat, in dem viele Sprachen gesprochen und verschiedene Interessen vertreten wurden. Es war ein Schmelztiegel von gemischten und feindlichen Völkern, deren Interessen oft so gespalten waren, daß Harmonie und Frieden häufig unmöglich schienen. Tatsächlich gab es viele verschiedene Gruppen jüdischen Glaubens, obwohl nicht alle Hebräer waren. Die Hebräer in Palästina waren Hebräer seit dem Ursprung der Zeit der großen Flucht aus Ägypten und sogar noch davor.

Es gab einen Unterschied zwischen den Juden Palästinas und der Diaspora, den Juden die aus der Gegend von Babylonien stammten und in alle Winde zerstreut waren. Die Abstammung Jesu sollte zeigen, daß die Prophezeiungen der Juden über die Abstammung des Messias (im Buch des Jesaja) sich erfüllten. Die Juden erwarteten zu jener Zeit einen Messias, der von König David abstammen sollte. Dies kommt im Matthäus-Evangelium Vers 1,17 zum Ausdruck: »Im ganzen sind es also von Abraham bis David vierzehn Generationen, von David bis zur Babylonischen Gefangenschaft vierzehn Generationen und von der Babylonischen Gefangenschaft bis zu Christus vierzehn Generationen.« Diese Äußerung ließ den Schluß zu, daß der Messias über einen Abkömmling der Juden, der von der Diaspora betroffen war, in die Welt kommen würde.

Inmitten der Juden gab es Gruppen, die als Heiden bekannt waren, deren Sitten und Rituale immer mehr Einfluß gewannen. Die Juden, die außerhalb von Palästina lebten, waren toleranter gegenüber heidnischen Praktiken als die, die im Heiligen Land lebten. Aber auch die Juden des Heiligen Lands gehörten einer Vielzahl von Sekten an, die alle zum Judentum dazugehörten. Aus einer dieser Sekten sollte letztendlich das Christentum hervorgehen.

Im Nordosten lebten die Nomaden sowie die Syrer und Griechen. Im Osten und Westen von Palästina herrschten

äygptische, phönizische und griechische Riten vor. Und im
Herz Palästinas waren die griechische Sprache und der griechische Einfluß vorherrschend. In Obergaliläa lebten die
Heiden. Heide war einfach eine allgemeine Bezeichnung für
alle, die keine Juden waren. Sie wurden von den Juden in
hohem Maße verachtet, häufig auch deshalb, weil sie sich
über die jüdische Sprechweise lustig machten und ihre Sprache ins Lächerliche zogen. Die Gebildeten in ganz Palästina
sprachen Griechisch, während das Hebräische allmählich
durch das Aramäische abgelöst wurde.

Palästina und Jerusalem waren Orte extremer Gegensätze
und Unterschiede. Dort gab es gleichzeitig großen Reichtum
und große Armut. Mystische und heidnische Kulte lebten
Seite an Seite. Das Judentum hatte demzufolge mit seinen
eigenen Problemen zu kämpfen. Laut Williston Walker gab
es zu jener Zeit verschiedene religiöse Strömungen: »Man
kann drei große Kategorien des religiösen Glaubens und seiner Praktizierung unterscheiden. Zum einen war da die traditionelle Religion der Familien- und Gemeinschaftsgötter.
Zum anderen gab es die sog. ›Mysterienkulte‹, die ihren my-
thischen Ursprung in den lokalen Fruchtbarkeitsritualen
hatten. Und zuletzt gab es noch die Lebensweise, die die
menschliche Erfüllung und den Segen Gottes durch die
Anwendung und Umsetzung philosophischer Weisheit an-
strebte. Im ganzen Mittelmeerraum waren Naturreligionen
weit verbreitet. Am populärsten waren die Kulte der Großen
Mutter, wie z. B. der Isis-Kult in Ägypten und der Mithras-
Kult aus Persien. Sie boten dem Menschen die Möglichkeit,
durch Initiationsriten das Göttliche zu erfahren. Dies hinter-
ließ tiefe Eindrücke und Gefühle der Ehrfurcht, des Wun-
ders und der Dankbarkeit.«* Die meisten Menschen in dieser
Gegend waren zu einem gewissen Grad von allen drei Richtungen beeinflußt oder sogar aktiv daran beteiligt.

---

* Walker, Williston: *A History of the Christian Church.* New York: Charles
  Scribner's Sons, 1985, S. 6–8.

Wir stellen uns Jesus oft vor, wie er friedlich durch die Landschaft streift, predigt und heilt, doch ein Blick in die Heilige Schrift zeigt uns, daß man sich damals der vorherrschenden Lebensumstände deutlich bewußt war, wie z. B. aus Matthäus 26, 5; Matthäus 7, 15–16 und Lukas 18, 1–5 hervorgeht. Krankheit und Verbrechen waren an der Tagesordnung. Man hatte große Angst vor der Macht des Bösen und vor Dämonen. Gewalt war üblich. Bettler, Aberglauben und Spione waren überall.

»Das war das größte Unheil, das jene Zeiten mit sich brachten, als die Häupter des Senats auch ganz niedrige Angebereien verübten, einige in aller Öffentlichkeit, viele insgeheim; und man hätte nicht unterscheiden können zwischen Fremden und Verwandten, zwischen Freunden und Unbekannten, zwischen einem neuen und einem im Dunkel der Vergangenheit ruhenden Ereignis: gleichviel, ob man auf dem Forum oder beim Gelage und worüber auch immer man sich unterhielt, man wurde angeklagt, wie eben einer dem anderen zuvorkommen und ihn schleunigst als Angeklagten festlegen wollte, zum Teil, um sich zu selbst zu retten, in der Mehrzahl, weil sie gleichsam von einer ansteckenden Krankheit befallen waren.«[*]

Es gab zu jener Zeit im Judentum zwei Hauptsekten, die gegensätzliche Ideen vertraten und sich haßten. Die größte Gruppe waren die Pharisäer. Die Sekte der Pharisäer setzte sich aus Priestern, Schriftgelehrten und Laien zusammen. Sie glaubten an das Mosaische Gesetz und befolgten es, und sogar die Auslegungen der Schriftgelehrten wurden als gültig betrachtet. In ihrer Weltsicht nahm die traditionelle Religion eine höhere Stellung als die Politik ein, da sie davon überzeugt waren, unter jeder Regierung leben zu können, in der die Glaubensfreiheit nicht eingeschränkt wurde. Glenn Kittler beschreibt sie in seinem Buch über die Schriftrollen

---

[*] Tacitus, P. Cornelius: *Annalen*. Lateinisch und deutsch (Hrsg. Erich Heller), München, Artemis & Winkler, 1992, Buch VI, 6–7, S. 395.

vom Toten Meer folgendermaßen: »Sie akzeptierten die
Doktrin des Mitwirkens Gottes bei menschlichen Handlungen, des freien Willens und der moralischen Verantwortung und glaubten, daß der Messias die göttliche Dynastie
wiederherstellen und die Juden von der Fremdherrschaft
befreien würde.«*

Die zweite Sekte waren die Sadduzäer. Sie waren nicht
besonders zahlreich, aber sehr einflußreich, denn ihnen
gehörten der Adel, die Reichen und die Priester höheren
Ranges an. Sie glaubten weder an die Vergeltung noch an
die Auferstehung. Sie glaubten, daß es einen Ort in der
Erde gab, zu dem die Toten gingen – ohne letztes Gericht.
Sie glaubten weder an Geister noch an Engel, weder an die
Erhörung von Gebeten noch an die göttliche Vorsehung und
Führung. Hingegen glaubten sie an den freien Willen.

Verblüffend ist für die Menschen, die sich mit Religion beschäftigen, daß die dritte jüdische Sekte jener Zeit – die Essener – im Neuen Testament nie erwähnt werden, während die
Pharisäer und Sadduzäer die ganze Zeit kritisiert werden.
Die Entdeckung der Schriftrollen vom Toten Meer hat eine
Vielzahl von Fragen hinsichtlich ihrer Rolle in Judäa zur Zeit
von Jesus aufgeworfen. Was man über sie heute weiß, ge-
langte über die Schriftrollen von Qumran und andere Quellen von Schriftstellern, die sich zur damaligen Zeit in der
Gegend aufhielten, zu uns, wie etwa Philo von Alexandrien
(etwa 20 n. Chr.), Plinius der Ältere (etwa 70 n. Chr.) und Josephus, der zwischen 75 und 85 n. Chr. schrieb.

Die Essener führten ein Leben strengerer Disziplin als die
anderen beiden Sekten. Von Geburt her waren sie Juden he-
bräischer Abstammung, und sie brachten einander mehr
Zuneigung entgegen als die anderen beiden Sekten. Sie be-
trachteten Vergnügungen als Übel, schätzten jedoch die
Überwindung von Begierden und Leidenschaften als hohe

---

* Kittler, Glenn: *The Dead Sea Scrolls.* New York: Warner Books, 1970, S. 28.

Tugend. Sie gingen häufig keine Ehen ein, wählten hingegen die Kinder anderer Leute aus, solange sie noch jung und lernfähig waren, um sie in den Lehren der Essener auszubilden – ganz ähnlich wie es bei der im 18. Jahrhundert gegründeten Sekte der Shakers üblich war. Wenn sie doch eine Ehe eingingen, so geschah dies zwischen zwei Menschen, die auf allen Entwicklungsebenen zueinander paßten. Den Eingeweihten der hohen Grade und Adepten der Gruppe oblag die Beurteilung der Ebenbürtigkeit der beiden.

Sie waren äußerst fromm und ehrfürchtig gegenüber Gott. Josephus beschrieb sie folgendermaßen: »In jenen Tagen, als mehr und mehr Menschen nach Karmel kamen, dem ursprünglichen Ort, an dem die Schule der Propheten zu Zeiten Elijas von Samuel gegründet wurde, wurden sie Essener genannt. Sie waren Schüler dessen, was man als Astrologie, Numerologie und Phrenologie bezeichnen könnte, und beschäftigten sich darüber hinaus mit jenen Phasen des Studiums über die Wiederkehr der Menschen – den Inkarnationen.« Sie waren eine Sekte, die dazu gegründet worden war, den Weg für den Messias zu bereiten und die Lehre des Messias zu lehren.

Das Wort Essener geht auf das griechische *esseion* und das syrische *asaya* zurück, das »Arzt« oder »Heiler« bedeutet. Sie wurden in vielen Heilkünsten ausgebildet und wurden häufig von den anderen Völkern in der Gegend bei Bedarf als erste aufgesucht. Sie waren die wahren Ärzte in jenem Gebiet. Sie kannten die Geheimnisse der Natur und besaßen die Fähigkeit, in allen Heilkünsten besondere Energien zu verwenden. Es ist zwar noch nicht nachgewiesen, aber es wird allgemein angenommen, daß sie beispielsweise in der Verwendung von Klängen, Musik und Stimme als Heilmethode und zur Beeeinflussung der Energien von anderen ausgebildet waren. Oft wurden sie deshalb auch die »Leise-Sprechenden« genannt, was auf ihre große Fähigkeit anspielte, andere durch ihre ruhige, freundliche Stimme zu gewinnen. Dies beinhaltet auch das Wissen um die Verwendung von Klängen und der Macht des »Wortes« in der Tradition der alten Mysterienschulen.

In den biblischen Zeiten gründete Samuel die Schule der Propheten. Er war der große Eingeweihte und Sänger jener Tage. Durch seine Schule gab er die Lehren und Methoden weiter.* Die Essener waren die letzten Vertreter der von Samuel organisierten Bruderschaft der Propheten. Jüngste Erkenntnisse deuten darauf hin, daß es zwischen ihrer Ausbildung und der Tradition der frühen pythagoräischen Mysterienschule einen engen Zusammenhang gab. Die Essener besaßen zwei Hauptzentren ihrer Tätigkeit: eines in Ägypten am Maoris-See und eines in Palästina in der Nähe des Toten Meers. Außerdem gab es überall einzelne kleinere Gemeinschaften.

Sowohl laut Josephus als auch laut Philo lebten mehrere Tausend Essener in Palästina.** Es ist sehr wahrscheinlich, daß Jesus mit den Essenern zusammentraf und sich ihnen bis zu einem gewissen Grad sogar anschloß. Für die Tatsache, daß sie jedoch in der Bibel nicht erwähnt werden, gibt es mehrere Erklärungsmöglichkeiten. Zum einen scheinen sich die Evangelien hauptsächlich auf die Gegner zu konzentrieren. Auch der Name »Essener« wird häufig von wissenschaftlicher Seite in Frage gestellt, deshalb könnte ihr Einfluß auch unter anderen Sektennamen stattgefunden haben.

Ferner erklärt Corinne Heline: »Die essenische Gemeinde war in zwei Hauptgruppen geteilt, in die der Verheirateten und die der Ledigbleibenden. Die Verheirateten errichteten Heime in Dörfern und Städten und führten ein ganz normales Leben. Sie bereiteten sich durch strenge spirituelle Disziplin auf das heilige Sakrament der Elternschaft vor, mit dem Ziel, fortgeschrittene Seelen aus der Welt des Himmels an-

---

* Andrews, Ted: *The Magical Name*. St. Paul: Llewellyn Publications, 1992, S. XII.
** Charlesworth, James H.: *Jesus within Judaism*. New York: Doubleday, S. 61.

zuziehen, die die Arbeit des Ordens und der Menschheit im allgemeinen fördern und weiterführen würden. Die innerste, esoterische Gruppe der Essener hatte den Eid der ewigen Jungfräulichkeit und der Ehelosigkeit abgelegt und hielten sich unbefleckt von der Welt. Sie lebten im allgemeinen in abgeschiedenen klösterlichen Gemeinschaften zusammen, wo sie ihre ganzes Leben geistigen Dingen widmeten. Sie wurden auch die eingeweihten Brüder oder die Tempeleingeweihten genannt. Manche von ihnen begaben sich jedoch auch in Dörfer und Städte, wenn es eine besondere Aufgabe von ihnen verlangte.

Maria und Josef gehörten der Gruppe der Essener mit der höchsten Einweihungsstufe an. Es war deshalb für sie ein um so größeres Opfer, in die Welt hinauszugehen und sich den verheirateten Essenern niedrigeren Grades in den Dörfern und Städten anzuschließen.«*

Es war in vielen alten (heidnischen und jüdischen) Mysterientraditionen üblich, daß eine eingeweihte Frau eine höhere Seele anrief, um sie in ihrem Schoß zu empfangen und so einen Propheten, Lehrer oder ein halbgöttliches Wesen auf die Welt zu bringen. Viele glauben, daß das auch Marias Bestreben war. Die Seele, die für eine göttliche Mission auserwählt ist, kommt bewußt und aus freien Stücken aus der göttlichen Welt. Um in das irdische Leben eintreten zu können, ist ein auserwähltes Gefäß nötig. Das ist die Berufung der Mutter aus einer Gruppe von Auserlesenen – die selbst eine Eingeweihte ist – eine Frau, die durch ihre moralische und geistige Haltung, durch die Reinheit ihrer eigenen Seele und ihres Lebens, durch die hohe Entwicklung ihrer Sinne die Seele eines Erlösers oder Propheten in ihr Fleisch und Blut anzieht.

---

* Heline, Corinne: *The Blessed Virgin Mary.* Santa Monica: New Age Bible and Philosophy Center, 1986, S. 61. Siehe hierzu auch: Kissener, Hermann: *Die Schriftrollen vom Toten Meer. Nach Studien von Corinne Heline.* München: Drei Eichen, 1970, S. 50 u. S. 105–108.

Jesus ging aus einer langen Geschichte jüdischer Propheten hervor, Menschen, die von ihren Eltern dem Dienst an ihrem Gott geweiht worden waren. Die Menschen dieser Abstammungslinie wurden auch oft »Emanuel« genannt, was »Gott in uns« bedeutet.

Der Geist des erzengelhaften Christus ist so mächtig, daß er sich nicht im Schoße einer normalen Frau oder im Körper eines Kindes inkarnieren konnte. Dazu war ein erwachsener Körper nötig, der gestärkt und ausgebildet war, um die volle Kraft des Sonnenwesens und Erzengels in sich aufzunehmen. Für Anhänger der Reinkarnationslehre kann dies nur eine hochentwickelte Seele sein, in der vollkommene Harmonie auf körperlicher, ätherischer, astraler, geistiger und spiritueller Ebene herrscht. Wenn diese Vorbereitung abgeschlossen war, konnte der Erzengel und kosmische Christus sich inkarnieren und den Körper dieser Frau als Gefäß verwenden.

Auch in der Tradition der Rosenkreuzer und anderen esoterischen Studienzweigen spielt die hochentwickelte Seele, die sich entschlossen hat, diese Aufgabe durch Wiedergeburt als Jesus zu übernehmen, eine wichtige Rolle (Jesus wird dort auch Zarathustra genannt. Manche glauben, daß die Anwesenheit der drei Weisen an der Geburtsstätte Jesu nichts anderes bedeutet, als das Bewußtsein der Eingeweihten, daß es sich bei dieser Reinkarnation um eine zarathustrische Tradition handelt.)

Unabhängig von dem Grad der Einweihung, den die Seele in anderen Leben erworben hat, unabhängig von der Tatsache, daß die wieder ins irdische Leben tretende Seele vielleicht ein alter Meister war, muß die Seele das Höhere Selbst von neuem erlangen und es mit neuerlichen Anstrengungen weiter ausdehnen. Alle Seelen sind an bestimmte universelle Gesetze gebunden. Die Reinkarnation trübt das Bewußtsein und macht es erforderlich, daß der Funken in ihm neu entfacht und erweitert wird. Jede Seele, jeder Prophet muß eine Initiation durchmachen. Das Höhere Selbst muß erweckt und sich seiner Stärke bewußt werden. Harmonie muß zwischen den körperlichen, ätherischen, astralen und spirituellen Ebenen geschaffen werden. Damit diese Entwicklung auf der höchsten Stufe erfolgt, muß sie sich im Innern vollziehen – ohne daß es die anderen merken. Das war die Aufgabe des Menschen, den wir unter dem Namen Jesus kennen, in den Jahren vor seiner »Taufe«.

Maria wußte zu Anfang wahrscheinlich nur, daß eine höher entwickelte Seele durch sie auf die Welt kommen würde. Das ganze Ausmaß der Mission und die Macht, die sich darin manifestierte, konnte ihr erst später enthüllt werden, wenn die Seele selbst darauf vorbereitet und dafür erweckt war. Nicht einmal die Eingeweihten der höchsten Grade der Essener oder andere Mystiker in der Gegend konnten Jesus sagen, was seine Mission sein würde. Das mußte ihm von innen heraus eröffnet werden – nicht von außen. Und das gilt für alle von uns. Jede Person muß für sich allein ihre Mission entdecken.

Wie viele »Gottessöhne« gibt es nun eigentlich?

Mehr als 20 Ansprüche auf den »Titel« des Gottessohns in bezug auf mit göttlicher Macht ausgestattete Menschen widersprechen der Feststellung, Jesus Christus sei der »einzige von Gott gesandte Sohn« gewesen. Zwanzig »Messiasse«, Erlöser, Gottessöhne sind der überlieferten Tradition zufolge in der Vergangenheit aus dem Himmel herabgestiegen und haben Menschengestalt angenommen. Sie verkörperten sich als Mensch und legten durch verschiedene Wundertaten und Wunderwerke sowie durch ihre außerordentlichen Tugenden ein untrügliches Zeugnis ihrer göttlichen Herkunft ab. Von vielen wird behauptet, sie hätten jungfräuliche Mütter gehabt und seien um die Wintersonnenwende geboren. Durch ihr Leben legten sie den Grundstein für die Errettung der Welt und fuhren dann wieder in den Himmel auf. Im

Folgenden wollen wir nur einige dieser »Gottessöhne« aufführen:

Krishna (Hindustan)	Jao (Nepal)
Buddha (Indien)	Adonis (Griechenland)
Osiris (Ägypten)	Prometheus (Griechenland /
Odin (Germanien)	Röm. Reich)
Zarathustra (Persien)	Attis (Phrygien)
Indra (Tibet)	Mikado (Japan)
Bali (Afghanistan)	Beddru (Japan)
Thammuz (Babylonien)	Thor (Skandinavien)
Quetzalcoatl (Mexiko)	Baal (Phönizien)
Mohammed (Arabien)	Adad (Assyrien)

Obwohl diese Ansprüche existieren und es viele Parallelen
gibt, wurden die Geschichten und Mythen oft zurechtge-
stutzt, um den göttlichen Prozeß »anzugleichen«. Wir werden im weiteren Verlauf des Buches noch sehen, daß die Manifestation Christi in äußerst ehrfurchterregender Weise weit
darüber hinausgeht.

Esoterische Vorbereitung für die
Manifestation Christi

Zum Verständnis dieses dynamisches Vorgangs müssen
einige grundlegenden Punkte geklärt werden. Zum einen
mußte das Vehikel stark und entwickelt genug sein, damit
sich das Wort der Sonnenwesen manifestieren konnte.
Wenngleich Jesus von vorneherein eine hochentwickelte
Seele war, war trotzdem eine immense Vorbereitung nötig.
Es wird berichtet, daß die Essener diese Notwendigkeit erkannt und es auf sich genommen hatten, den größten Teil
der dafür nötigen Ausbildung und Erziehung zu übernehmen. Die Jahre der Reisen Jesu, über die nicht viel bekannt
ist, lassen einen intensiven mystischen Kontakt vermuten.

Jesus mußte mit den mystischen Lehren vieler Länder vertraut geworden sein, um sie in der Folge auf eine Art und Weise wiedergeben zu können, die der gesamten Menschheit offenstand. Ein Großteil seiner Ausbildung mußte in den »fehlenden Jahren« stattgefunden haben.

Jesus mußte außerdem mit den Sitten und Gebräuchen, Hinterlistigkeiten, Scheinheiligkeiten, Versuchungen und Schwächen der Menschen vieler Länder vertraut gewesen sein. Er mußte lernen, sich in Allegorien, Gleichnissen, Analogien und Metaphern vieler Stämme, Länder und Berufsstände auszudrücken, um alle Menschen ansprechen zu können. Er mußte ein hochentwickeltes Gefühl für die Macht des Wortes und des Klanges erworben haben. Als diese Fähigkeiten bei ihm erst einmal zur Meisterschaft entwickelt waren, erhielten sie durch die Manifestation des Christus einen Anstoß, der größer war als alles, was die Menschheit bis dahin je erlebt hatte.

Bei den alten Mysterienschulen der Weisheit gab es im allgemeinen vier Einweihungsstufen:

1. Vorbereitung und Unterweisung
2. Läuterung
3. Vollendung oder Erleuchtung
4. höhere Vision

Die ersten beiden finden im Leben des einzelnen immer gleichzeitig statt. Die dritte und vierte können zu verschiedenen Zeitpunkten erfolgen. Die frühe Ausbildung des Meisters Jesus bestand in der Vorbereitungs- und Läuterungsphase. Die Erleuchtung erfolgte um die Zeit der Taufe. Die höhere Vision und ihre Synthese für die Menschheit offenbarte sich während des darauffolgenden dreijährigen Dienens unter den Menschen. Christus arbeitete in diesen drei Jahren darauf hin, anderen dabei zu helfen, dieselben Initiationsschritte zu vollziehen, und den Menschen einen Weg aufzuzeigen, auf dem sie ihm nachfolgen konnten.

In diesem Zusammenhang ist es wichtig, die Bedeutung der Taufe in ihrem wahren esoterischen Sinn zu erfassen. Was wir heute unter Taufe verstehen, hat nichts mehr mit dem zu tun, was bei den alten Mysterienschulen tatsächlich dadurch erfahren wurde. Die moderne Taufe ist mehr auf das ausgelegt, was wir die »Hingabe im Tempel« nennen könnten – die Ausrichtung oder Neuausrichtung der Seele auf einen neuen spirituellen Pfad und ein neues spirituelles Unterfangen. Eine wahre Taufe im Sinne der Alten wurde erst nach einer sehr strengen Vorbereitung und Reinigung vorgenommen. Das Eintauchen ins Wasser nach strengen spirituellen Richtlinien lockert das Äthernetz um den physischen Körper und macht es so möglich, daß das Bewußtsein sich bei vollem Bewußtsein in den Astralkörper zurückzieht, um dort die spirituelleren, ätherischeren Welten zu erforschen.

Wird eine wahre Taufe in diesem Sinne ohne geeignete Läuterung und Vorbereitung ausgeführt, kann sie zu körperlichen, emotionalen und geistigen Zusammenbrüchen führen. Das Äthernetz wird dadurch gelockert und öffnet sich möglicherweise für eine »Vision«, aber da der Körper nicht richtig darauf vorbereitet wurde, wird das Nervensystem irgendwann einen Kurzschluß verursachen. Der zeitliche Rahmen ist ganz unterschiedlich, aber normalerweise dauert es nicht mehr als fünf bis sechs Jahre bis die Verschlechterung einsetzt. Einen solchen Schaden auszugleichen kann schwierig und zeitaufwendig sein. Wir müssen deshalb vorsichtig sein mit den Bezeichnungen, die wir verwenden.

Die Taufe in ihrem wahrsten Sinne ist also ein Ritual mit gewaltigem Initiationscharakter. Es ist eine Zeremonie der Hingabe, bei der ein heiliger Ritus nachgeahmt wird, der den meisten noch »verborgen« ist. Das heißt natürlich nicht, daß die Zeremonie, die heutzutage im allgemeinen abgehalten wird, überhaupt keine Wirkung oder spirituelle Kraft besitzt. Wie wir in der zweiten Hälfte des Buches im Abschnitt über das »Ritual der Wintersonnenwende« noch sehen werden, hat die Hingabe-Zeremonie auch eine esoterische Bedeutung. Sie ist eng mit einem der sieben weiblichen Mysterien verknüpft, die Christus wiederhergestellt hat.

Um die Zeit der Taufe Jesu senkte sich Christus in das Vehikel namens Jesus herab. Die Christus-Kraft wurde durch die Vereinigung mit dem Heiligen Geist – der in der Szene der Heiligen Schrift durch die Taube symbolisiert wird – noch verstärkt. Das war der springende Punkt. In den alten Mysterien steht der Heilige Geist für das Mysterium des Ewig-Weiblichen. In der esoterischen Tradition wird es auf der Astralebene *Iona* genannt. Die Kraft dieses Liebesaspekts – die Kraft des erneuerten weiblichen Elements auf der Erde – hatte Auswirkungen auf die astralen und emotionalen Energien der gesamten Menschheit. Diese Kraft war es, die Christus dabei half, kolossale Verwandlungen zu bewirken. Sie half ihm, die Seelen aller, die er berührte, zu transformieren und mit neuem Leben zu erfüllen.

Bis zu seiner Taufe war der wahre Name Jesu eigentlich Jeschua. Um die Zeit seiner Taufe wurde er im Aramäischen Jeheschua genannt. Im hebräischen Alphabet hat jeder Buchstabe eine Bedeutung. Die Bezeichnung des Buchstabens, seine Bedeutung, sein Klang und sogar seine numerologische Entsprechung waren von höchster Wichtigkeit. Die 22 Buchstaben des hebräischen Alphabets wurden bei den hebräischen Sehern als die 22 Stufen der Weisheit bezeichnet. Der Buchstabe »H« heißt im hebräischen Alphabet »Heh« und bedeutet »Fenster«. Wie bereits erläutert, eröffnet eine wahre Taufe dem Menschen, der getauft wird, einen völlig bewußten Einblick in die spirituelle Welt. Man könnte auch sagen, es wird ein Fenster geöffnet, um das Licht Gottes hereinzulassen. Diese winzige Veränderung seines Namens würde also allen, die in den mystischen Künsten geschult waren, zu verstehen geben, daß er ein wahrer Meister war, obwohl es sie nicht unbedingt darüber aufklärte, daß er jetzt der inkarnierte Christus war. Das mußte von jedem einzelnen selbst entdeckt werden.

Nach der Taufe trat Jesus in die dritte Initiationsstufe, die Phase der Erleuchtung, ein. Bevor der nächste Schritt zu der höheren Vision und der Synthese für die Menschheit (sein eigentlicher Auftrag) gemacht werden konnte, mußte eine »Versuchung« erfolgen. Obwohl Christus seinem Wesenskern nach gottähnlich war, war er durch die Fleischwerdung in einer physischen Gestalt an die Gesetze der Evolution gebunden. Das bedeutet, daß sogar er die »Versuchungsphase« durchzustehen hatte, die auf jede große Erleuchtung folgt.

Für uns Menschen besteht diese Versuchung in der Auseinandersetzung mit unserem niederen Selbst, der vollständigen Umwandlung unserer niederen Begierden. Es ist der Prozeß, der in der metaphysischen Sprache oft als das Zusammentreffen mit den »Hütern der Schwelle« bezeichnet wird. Es sind all die Dinge, die wir übertüncht und in die hinterste Ecke unseres Bewußtseins verbannt haben und die wir nicht wahrhaben wollen. Es ist jedes negative Gefühl und jeder negative Gedanke, der in diesem Leben und in jedem anderen Leben je von uns ausging. Wir müssen der Energie, die wir in der Vergangenheit in die Welt hinaus entlassen haben, ins Auge sehen, uns selbst trotzdem lieben und sie ein für allemal in etwas anderes umwandeln. Wir müssen den »Hüter der Schwelle«, der uns den Weg in die spirituelle Welt versperrt, verwandeln, indem wir ihn aus unserer Seele verbannen und den letzten Rest unserer niederen Gefühle in etwas Höheres umwandeln. Erst dann können wir die Schwelle zu der wahren Spiritualität vollständig überschreiten.

Christus besaß kein niederes Selbst, denn Christus war nie zuvor auf der Erde gewandelt. Das Medium Jesus war von seinem »Hüter der Schwelle« geläutert und gereinigt worden. Die Menschheit hatte hingegen einen kollektiven »Wächter der Schwelle«, eine Wolke der Negativität, die sie daran hinderte, das Spirituelle zu schauen. Diese kollektive Negativität und Unausgeglichenheit war selbst in der magnetischen Aura der Erde spürbar. Diesem kollektiven

»Wächter« mußte entgegengetreten werden, so daß der Prozeß der höheren Einweihung für alle Menschen beschleunigt und der »Hüter der Schwelle« verscheucht werden konnte. Indem Christus dem kollektiven »Hüter der Schwelle« entgegentrat, wurde seine kompakte Struktur gelockert. Dies erleichterte es für jeden Menschen, seinen eigenen »Hüter der Schwelle« auszumachen und ihn ein für allemal zu transformieren.

Auf diesen Prozeß wird in der Heiligen Schrift angespielt, wenn von dem Rückzug in die Wüste im Anschluß an die Taufe die Rede ist. Dort wurde Christus von dem »Teufel«, dem kollektiven Hüter der Schwelle, dreimal in Versuchung geführt. Die drei Versuchungen verkörpern die drei Dinge, bei denen die Menschen am leichtesten ins Straucheln geraten: Die Aufforderung des Teufels, die Steine in Brot zu verwandeln, ist die Versuchung der niederen Sinne, die überwunden werden muß. Als zweites bietet ihm der Teufel alle Reiche der Welt in ihrer ganzen Pracht an. Das ist die Versuchung der Macht, die überwunden werden muß. Und als drittes fordert ihn der Teufel auf, sich vom Dach des Tempels in Jerusalem zu stürzen. Das ist die Überwindung der Furcht, der ins Auge gesehen werden muß. (Es sollte jedoch klar sein, daß diese Versuchungen und die hier gegebenen Erklärung möglicherweise noch einen weitaus tieferen Sinn haben, der Interessierten zur Erforschung offensteht.)

Die Phase der »Versuchung« war die Zeit, in der die Erleuchtung Jesu durch den Auftrag und die Energie des ihn jetzt überschattenden Christus-Bewußtseins stattfand. In dieser Zeit in der Wüste, in diesen »vierzig Tagen« im Anschluß an die Taufe, wurde ihm offenbart, daß es nötig war, allen Zugang zu dem zu verschaffen, was bisher nur einer kleinen Gruppe von Auserwählten vorbehalten war. Er war kurz davor, das »Evangelium vom Himmelreich« zu verkünden – eine mystische und alte Bezeichnung für die Mysterien – und damit die Großen Mysterien in die Reichweite der einfachen Menschen zu bringen. Für sie deutete er die

Lehren der Eingeweihten. Doch dazu fügte er noch ein
inneres Licht hinzu, die Macht der Liebe und die Kraft des
Handelns – das Weiblich-Göttliche, das sich durch Christus
manifestierte.

Die Erfüllung des göttlichen Auftrags aus esoterischer Sicht

Die tatsächliche Ausführung des göttlichen Auftrags durch
Jesus Christus entspricht dem Teil der vierten Stufe des alten
Einweihungsprozesses, der »höheren Vision« und »Synthese« genannt wird. Diese höhere Vision Christi mußte also
zu einer Synthese verschmolzen und in den Ereignissen
jener Zeit umgesetzt werden, damit der Einweihungsprozeß
allen Menschen in höherem Maße offenstehen konnte. Wie
alle Meister und Lehrer, so mußten auch die Menschen um
Jesus Christus herum die vier Phasen der Einweihung in
seine Lehren durchlaufen (Vorbereitung und Unterweisung,
Läuterung, Erleuchtung und Vollendung, höhere Vision und
Synthese):

Vorbereitung und Läuterung
Vorbereitung und Läuterung stellen zu einem großen Teil
das Rückgrat der christlichen Lehren dar, denn ohne entsprechende Vorbereitung und Läuterung konnte die höhere
Erleuchtung weder erreicht noch beibehalten werden. Dieser
moralische Aspekt ist zum Hauptschwerpunkt des modernen Christentums geworden.

Der Moralkodex war das radikalste Prinzip, das gelehrt
wurde, obwohl seine wahre Bedeutung vielen nicht klar
war. Die Ausgangsbasis einer Reihe von geheimen Doktrinen, die wir uns im folgenden Kapitel noch genauer anschauen wollen, beruhte auf seinem Moralkodex. Dem
Thema Moralität wurde große Bedeutung beigemessen. Sie
stellte für Jesus Christus den Maßstab für das Niveau und

die Qualität des Charakters und des Wesens derer dar, die er zu seinen geheimen Lehren zuließ. Er maß ihre Eignung daran.

Es handelte sich dabei um einen alten Moralkodex mit einem überaus deutlichen Mysterienelement. Er schuf ihn nicht selbst. Dieser Kodex war nicht einzigartig für ihn, sondern wurde in den Mysterienschulen schon seit vielen Jahrhunderten unterrichtet. Er förderte eine Verhaltens- und Handlungsweise, die einen persönlicheren Kontakt zu Gott ermöglichte. Man ging davon aus, daß dieser Moralkodex nur von den spirituell entwickelten und mystisch entfalteten Menschen verstanden und befolgt werden konnte. Die Aufgabe bestand darin, ihn in einfacher Form zu lehren und als allgemein gültigen Verhaltenskodex unter dem gemeinen Volk einzubürgern. Um das zu erreichen, war die Macht Christi nötig.

Die alten bürgerlichen und religiösen Moralgesetze im Palästina jener Zeit bezogen sich auf verschiedene Lebensbereiche und waren nicht vorwiegend jüdisch geprägt. In ihnen spiegelte sich der Einfluß vieler Kulturen und Völker wider. Zuallererst war eine Person der Gemeinschaft verpflichtet. Diese Pflicht beruhte nicht auf irgendeinem göttlichen Gebot, sondern war eine Bürgerpflicht. Allgemein wurde angenommen, nur das sterbliche, irdische Selbst könne sündigen. Die Seele im irdischen Leib sei hingegen immer rein, aber eben im physischen Körper eingesperrt. Unmoralisches Verhalten war trotz religiöser Tradition mehr eine Frage des Brechens und Herausforderns des gesellschaftlichen Kodex als göttlicher Gesetze. Unmoralische und »sündige« Handlungen brachten keine göttliche Verdammung im gesellschaftlichen Sinne über den Täter, aber es wurde allgemein angenommen, daß ein gerechter Ausgleich geschaffen wurde, wenn der Körper für die Tat genügend gefoltert wurde. Eine Ausnahme bildete die Gotteslästerung, die nur durch den Tod wirklich wettgemacht werden konnte. In diesem Falle war der physische Körper zu weit gegangen. Für viele war es immer nur der physische Körper, der die Sünden beging.

Die spirituellen Regeln und der Verhaltenskodex, die durch Jesus Christus aufgestellt wurden, waren hingegen ganz anders geartet. In jener Zeit wurden sie als äußerst radikal empfunden und waren daher oft ein Stein des Anstoßes für Menschen, die sich der gesellschaftlichen Tradition stärker verpflichtet fühlten. Der Kodex Jesu Christi enthielt jedoch ein Element der Morallehre der Juden, aber er ging so weit, das Mysterium der persönlichen Verantwortung für den Evolutionsprozeß allen zu eröffnen:

1. Moralität stellte eine Pflicht gegenüber Gott und nicht gegenüber der Gemeinschaft dar. Es war eine Privatangelegenheit zwischen dem inneren Selbst des Menschen und Gott. Die moralischen Gesetze waren keine rein öffentlichen Angelegenheiten. Nicht das Prinzip der Zusammenarbeit mit seinen Mitmenschen oder der Hilfsbereitschaft gegenüber seinen Nächsten stand im Mittelpunkt, sondern die Errettung und Entwicklung der Seele. Und war die erst einmal erfolgt, würden die anderen Punkte automatisch nachfolgen.

2. Auf subtile Art und Weise führte Jesus Christus – in einem anderen Sinne als die alten Moralvorstellungen – das Dualitätsprinzip des Menschen ein. Er zeigte, daß das menschliche Wesen mehr war als nur ein reiner Körper aus irdischen Elementen mit einer geistigen Seele, die darin eingeschlossen war. Christus arbeitete darauf hin, das Bewußtsein zu entwickeln, daß der Mensch außer seinem äußeren Selbst mit all seinen Trieben, Gefühlen und seiner Empfindsamkeit für äußere Einflüsse auch ein inneres Selbst besitzt, das das äußere kontrollieren kann. Dieses innere Selbst wurde zum Teil mit der Seele assoziiert. Viele der Gleichnisse und Heilungen waren ein Mittel, um zu beweisen, daß eine entsprechende innere Kraft die äußere beeinflussen konnte. (»Und Jesus fragte ihn:

›Was soll ich tun?‹ Der Blinde antwortete: ›Rabbuni, ich möchte wieder sehen können.‹ Da sagte Jesus zu ihm: ›Geh! Dein Glaube hat dir geholfen.‹ Im gleichen Augenblick konnte er wieder sehen, und er folgte Jesus auf seinem Weg« Markus 10,51–52.)

3. Es wurde weder gelehrt noch unterschwellig zu verstehen gegeben, daß der physische Körper mehr war als eine sterbliche Hülle – und außer als Vehikel, durch das das innere Selbst lernen kann, mit seiner Seele und damit mit Gott enger zu verwachsen und zu verschmelzen, für den Plan der Dinge völlig unwichtig war. (»Wenn dich dein rechtes Auge zum Bösen verführt, dann reiß es aus und wirf es weg« Matthäus 5,29.)

Ein näherer Blick auf die Worte und die Sprache der damaligen Zeit wird uns zeigen, daß es wirklich keine Andeutung darauf gab, daß in seinem System darauf abgezielt wurde, den irdischen Leib der Menschen zu erretten. Viele der Weisheitslehren waren in Worte und Wendungen gekleidet, die auf einen weitaus tieferen als den rein wörtlichen Sinn hindeuten. Es handelt sich dabei um Worte und Wendungen, die den meisten Mysterientraditionen gemein sind – und für alle, die sie erkennen können, eine esoterische Bedeutung beinhalten. Ein paar Beispiele hierzu:

das kleine Kind	die Tür
das schmale Tor	Lampe und Licht
der enge Pfad	das Aufbauen des Tempels
die Hochzeit	wahrer Reichtum
der Errettete	der Samen und der Garten
die Wiedergeburt	der Berg
das Reich Gottes	die Geheimnisse

All dies sind seit alters her Bezeichnungen, die im Zusammenhang mit dem Initiationsprozeß verwendet werden und in den Schriften vieler der alten Mysterienkulte der Welt auftauchen.

4. Die Errettung der Seele war nicht wirklich das, was gelehrt wurde. Alle Bezüge darauf sind Fehlinterpretationen, Mißverständnisse des verborgenen Prinzips, das Jesus Christus lehrte. Für ihn war die Seele unsterblich, perfekt, göttlich und mit dem Bewußtsein Gottes verbunden. Die Errettung bezog sich auf das innere Selbst, das die Individualität verkörperte, den ganz eigenen Charakter des immerwährenden Selbst. Es ist dieser Aspekt, den die Menschheit entwickelt und entfaltet. Nur so werden wir Menschen, wenn wir die Einstimmung auf die Seele bewußt erreichen können, zu dem, was in der esoterischen Terminologie »Meister der Evolution« genannt wird. Und zwar mehr, als wir es je zu Anfang waren. Weil die in den Mysterien unausgebildeten Menschen nicht zwischen Seele, innerem Selbst und physischem Selbst unterscheiden konnten, wurde die wahre Botschaft nicht erkannt.

Im Gegensatz zu der Seele ist das innere Selbst nicht grundsätzlich unsterblich durch die Tugenden und die Moral, die es entwickelt, und die spirituelle Entfaltung, die es erfährt. Es stellt den Aspekt des freien Willens dar, den Teil von uns, dem es freisteht zu wählen und Dinge zu erreichen. Auf die Erweckung dieses Teils wirken wir hin. Das innere Selbst (die Individualität) der Menschheit gilt es zu entwickeln und zu erretten. Es ist die Pflicht des einzelnen, das innere Selbst in Einklang mit Gott zu bringen, einer Wesenheit, die des immerwährenden Fortbestandes und der Vollkommenheit würdig ist. Es ist das innere Selbst, das die Sünden begeht, die die Verletzungen des moralischen Gesetzes darstellen – und nicht etwa der physische Körper. (»Ich aber sage euch: Wer eine Frau auch nur lüstern ansieht, hat in seinem Herzen schon Ehebruch mit ihr begangen« Matthäus 5, 28.)

5. Wichtiger als die Vorbereitung und Aufrechterhaltung eines gesellschaftlichen Kodex, dessen Ziel es war, eine lebenswerte Gesellschaft oder eine idealistische Nation zu schaffen, war die Errettung des inneren Selbst des Menschen

durch die Erfüllung des göttlichen Auftrags. Der Wandel mußte zuerst im Inneren erfolgen, wenn er dauerhaft sein sollte. Von außen aufgezwungen, würde er weder lange anhalten noch richtig wirksam sein. (»Sucht zuerst das Himmelreich und dann wird euch alles andere zufallen.«)

Jesus Christus ging bei dem Vorbereitungs- und Läuterungsprozeß zur Erfüllung seines Auftrags nach zwei verschiedenen Methoden vor: Zum einen veranstaltete er öffentliche Versammlungen, Darstellungen und Aufführungen vor riesigen Menschenmengen; zum anderen veranstaltete er Geheimtreffen mit jenen, die seine Arbeit fortführen sollten.

Mit Sicherheit kann angenommen werden, daß zwei Menschentypen an den geheimen Treffen teilnehmen durften. Das waren zum einen all jene, die die Tatsachen erfahren wollten und Zeichen und Wunder forderten. Sie waren ehrlich in bezug auf ihren Wunsch, die gelehrten Prinzipien zu meistern und anzuwenden, aber sie waren nicht immer bereit, den spirituellen Weisungen Folge zu leisten oder den Lauf ihres persönlichen Lebens zu ändern. Diese Gruppe wurde mit der Zeit ausgeschlossen. Dafür finden sich an mehreren Stellen in der Heiligen Schrift Hinweise. Das deutlichste Beispiel handelt von dem reichen Mann, der nicht seinen ganzen Besitz aufgeben und Christus nachfolgen wollte (Markus 10,17–25).

Die zweite Gruppe waren all diejenigen, die alle Wahrheiten mit echtem Glauben akzeptierten und denen wenig an offenkundigen Beweisen lag. Der Vorzug eines besseren Lebens war ihnen Lohn genug. Das wird in den Geschichten über Maria Magdalena am deutlichsten.

Erleuchtung

Jesus Christus erkannte, daß es unter den irdischen Menschen eine hierarchische Entwicklung gab. Er hatte nicht die Absicht »Perlen vor die Schweine zu werfen«, und trotzdem hatte er vor, die Großen Mysterien zu enthüllen und sie in die Reichweite aller zu bringen. Er sprach und lehrte deshalb je nach der Entwicklungsstufe der jeweiligen Gruppe, doch da er die Macht des Wortes beherrschte, kleidete er seine Lehren in Wörter und Wendungen, die auf der Stufe, auf der der einzelne sie empfangen konnte, einen Widerhall – eine Reaktion – erzeugen würden.

Seine Lehren und Gleichnisse vermittelte er mit Worten und Gesten, die für jeden, der mehr wissen wollte und bereit war, größere Mühen auf sich zu nehmen, viel über die wahren Mysterien aussagten. Sie können im wesentlichen in sechs Kategorien eingeteilt werden (in Anlehnung an Corinne Heline: *New Age Bible Interpretation*). Das ist bezeichnend, denn die Zahl Sechs steht in der jüdischen Kabbala für das Herz und die Einweihung in das göttliche Bewußtsein. Die Zahl Sechs stellt den Mittelpunkt des mystischen Baumes des Lebens dar und verkörpert die Quelle der Heilung und der Wunder. Sie symbolisiert das auf die Christus-Energie ausgerichtete Bewußtsein.

1. *Gleichnisse vom »Alten« und vom »Neuen«:* Die Weisheitslehren, bei denen es um die Veränderung der Ordnung und die neue Energie geht, die für die nachfolgenden Jahrhunderte in die Welt gebracht wurde.
   Das Gleichnis vom neuen und vom alten Wein (bei Lukas, Matthäus und Markus)
   Das Gleichnis von den neuen und den alten Schätzen (Matthäus 13,52)
   Das Gleichnis von dem neuen Flicken auf dem alten Gewand (bei Lukas, Matthäus und Markus)

2. *Gleichnisse von der Vorbereitung auf die Jüngerschaft:* Mit diesen Gleichnissen werden beispielhaft die Eigenschaften und die Hingabe aufgezeigt, die für die Einweihung nötig sind.
   Das Gleichnis von der Perle und dem Kaufmann (Matthäus 13, 44–46)

Das Gleichnis von dem vergrabenen Schatz (Matthäus 13, 44–46)
Das Gleichnis von dem Senfkorn (Markus und Lukas)
Das Gleichnis vom Sauerteig (Lukas 13, 20–21)

3. *Gleichnisse als Symbole der Jüngerschaft:* Die sieben Gleichnisse sind laut Corinne Heline* Lehren über Bescheidenheit, Mitgefühl und Dienstbereitschaft – die drei Säulen jedes Einweihungstempels. Vier der folgenden Gleichnisse wurden vor gemischten Menschenmengen erzählt und den Aposteln erklärt, die anderen drei wurden den Aposteln im privaten Kreis offenbart. Die Unterteilung in vier und drei ist aus mystischer Sicht bedeutungsvoll, da sie auf eine dynamische Verbindung zu vielen der Mysterientempel hinweist. Die Zahl Vier ist das Fundament, auf dem die Pyramide des Geistes errichtet wird.
Das Gleichnis von den Ehrenplätzen (Lukas 14,7–11)
Das Gleichnis vom Pharisäer und vom Zöllner (Lukas 18, 9–14)
Das Gleichnis von den Arbeitern im Weinberg (Matthäus 20,1–16)
Das Gleichnis von den anvertrauten Talenten (Matthäus 25, 14–30)
Das Gleichnis vom anvertrauten Geld (Lukas 19, 11–27)
Das Gleichnis vom barmherzigen Samariter (Lukas 10, 5–37)
Das Gleichnis vom Sämann (Markus 4,1–20)

4. *Gleichnisse von den Hindernissen auf dem Weg zur Vollendung:*
Das Gleichnis vom unbarmherzigen Gläubiger (Matthäus 18,35)
Das Gleichnis vom Reichtum und der Nachfolge (Matthäus 19,16–30)

---

* Heline, Corinne: *New Age Bible Interpretation*, Bd. V, New Age Press, 1961, S. 56.

Das Gleichnis von der falschen Selbstsicherheit des rei-
chen Mannes (Lukas 16,19–30)
Das Gleichnis vom reichen Mann und vom armen Laza-
rus (Lukas 16,19–31)
Das Gleichnis vom verlorenen Sohn (Lukas 15,11–32)
Das Gleichnis von der verlorenen Drachme (Lukas 15,
8–20)
Das Gleichnis vom verlorenen Schaf (Lukas 15,4–7)
Das Gleichnis vom verschobenen Grenzstein (Matthäus,
Markus und Lukas)

5. *Gleichnisse für die Weisheitslehre der Wiederherstellung:* Dazu
gehört die höhere Weisheitslehre des alchemistischen Pro-
zesses, der Jüngerschaft und der Prüfung auf dem Einwei-
hungspfad.
Das Gleichnis von der Verfluchung eines Feigenbaums
(Matthäus 21,18–22)
Das Gleichnis vom Weltgericht (Matthäus 25,31–46)
Das Gleichnis vom Sämann (Matthäus 13,24–30)

6. *Gleichnisse der Initiation:* Das sind die Weisheitslehren mit
tieferer esoterischer Bedeutung. Sie sind für diejenigen gedacht, die sich bereits auf den Pfad der Jüngerschaft be-
geben haben und für die eingehendere Arbeit bereit sind,
die sie zur wahren Vollendung führen wird.
Das Gleichnis von den zehn Jungfrauen (Matthäus 25,
1–13)
Das Gleichnis vom Festmahl (Lukas 14,15–24)
Das Gleichnis vom Hochzeitsgewand (Matthäus 22,11–14)
Das Gleichnis vom königlichen Hochzeitsmahl (Matthäus
22,1–10)

Durch die Gleichnisse Christi werden konkrete Schritte für
die esoterische Entwicklung und Entfaltung aufgezeigt.
Obwohl ihre Bedeutung den meisten anscheinend verhüllt
bleibt, ist für das Ausgraben des Goldes nur die Anstren-

gung jedes einzelnen von uns nötig. Sie stellen die Erleuchtung auf dem »Weg der Evolution« (der Mehrheit der Menschen) und den »Weg der Einweihung« (für eine kleine
Gruppe von Menschen) dar. Sie zeigen, was durch den
Initiationsprozeß erreicht werden kann. Doch im Gegensatz
zu anderen Mysterienlehrern und Erlösern, war die durch
Christus gelehrte Initiation nicht länger ein äußerer Prozeß
sondern eine innere Erfahrung, die von dem einzelnen gemacht werden konnte. Die verborgenen Christus-Mysterien
stehen immer noch allen Menschen offen.

Da gingen ihnen die Augen auf, und sie erkannten ihn; dann
sahen sie ihn nicht mehr.   *Lukas 24,31*

DRITTES KAPITEL

Die Christus-Mysterien

Ich bin das Licht der Welt. Wer mir nachfolgt, wird nicht
in der Finsternis umhergehen, sondern wird das Licht des
Lebens haben.   *Johannes 8,12*

Die Bibel ist ein Handbuch für unsere esoterische Entwicklung. Der Teil, den wir das Neue Testament nennen, ist ein
Leitfaden zur esoterischen Einweihung aller Menschen, die
dem Neuen Zeitalter angehören. Jedes Ereignis und jeder
Aspekt im Leben von Jesus Christus hat in diesem Einweihungsprozeß eine verborgene Bedeutung. Hinter seinen
Lehren verbergen sich die inneren Mysterien.

Die Christus-Mysterien offenbaren die göttlichen Prinzipien und Naturgesetze des Universums, und lehren uns, wie
wir deren Kraft entfalten und mit ihnen arbeiten können.
Diese Mysterien sind weder »unheimlich« noch unverständ-
lich. Das Wort selbst spielt auf die geheimen Offenbarungen
an – eine Einweihung in etwas, das eine große Wahrheit enthält und doch verschleiert wurde.

Weshalb werden die christlichen Mysterien nun verschleiert

dargestellt – wie alle anderen Mysterien der alten Kulturen auch? Manche könnten einwenden, daß der einzige Sinn der Menschwerdung Jesu und seiner Manifestation als Christus doch im Offenlegen bestand und nicht im Verschleiern. Es sollte hier daran erinnert werden, daß große Wahrheiten durch allgemeine Verbreitung zerstört werden können. Wenn sie in die Kategorie der Alltäglichkeiten eingeordnet werden, werden sie für ganz selbstverständlich gehalten, für etwas, das ohne große Mühe und Anstrengung leicht erworben und verstanden werden kann.

Jesus Christus hat diesen Punkt erkannt. Wenn man Perlen vor die Schweine wirft, führt das im allgemeinen zum Verlust der Perlen. Ein Verschleiern der Mysterien des Lebens und des Universums durch Verwendung von Worten und Wendungen mit einer starken, universellen Aussagekraft kann den Menschen die Wahrheiten näherbringen, ohne gleichzeitig Gefahr zu laufen, sie dabei zu verlieren. Darin kommt eine große Einsicht in die menschliche Psychologie zum Ausdruck. Offensichtlich war erkannt worden, daß es im Wesen des Menschen liegt, eine Sache mehr zu schätzen, die wir unter Mühen erworben haben. Jesus Christus zeigt uns die Wahrheiten aus der Ferne, aber dennoch in unserer Reichweite. Es ist einfach und gleichzeitig schwierig, zu ihnen vorzudringen.

Wie bereits zu Anfang erwähnt, ist die Suche nach dem Verborgenen die Suche nach dem inneren Zusammenhang und dem göttlichen Kern aller Dinge. Es ist das Schicksal der Menschheit, die Materie zu bezwingen. Diese Suche nach dem verborgenen Geist ist eine Suche nach unserem innersten Selbst – dem Punkt der größten Wirklichkeit. Es ist kein Pfad, auf dem all unsere Sorgen und Probleme gelöst werden, sondern viel eher ein Pfad ins Licht, das in allen Dingen und allen Menschen ist, und jetzt nach außen strahlt.

Einer Person, die noch nicht erleuchtet und erweckt ist, kommt diese ganze Idee von einem esoterischen Leben entweder geheimnisvoll oder lächerlich oder beides vor. Für

den nüchternen, außenstehenden Menschen hatte und hat
der ganze Vorgang der Entfaltung höherer Kräfte und Fähigkeiten etwas Geheimnisvolles an sich. Die alten Lehren be-
reichern die Lebenserfahrung des einzelnen durch großes
Wissen. Dieses Wissen ist Macht und erfordert Verantwortung. Die alten Lehren, die auf die Offenbarung einer höheren Vision und eines höheren Schicksals abzielen, können
uns dermaßen weit über die normale Erfahrungsebene hin-
ausführen, daß das Zentrum unserer Wahrnehmung leicht
gespalten werden kann.

Deshalb erfolgte früher die Einweihung in höhere Wahrheiten stets unter der strengen Aufsicht eines Lehrers. Heutzutage können wir aufgrund der allgemeinen Verfügbarkeit
der Christus-Energien und der christlichen Mysterien selbst
bei uns die Voraussetzungen für eine höhere Initiation und
ein erweitertes Bewußtsein schaffen. Das setzt eine sichere
Wahrnehmung der Lebensenergien sowie sorgfältige Be-
obachtung, Unterscheidung und Einschätzung dieser Energien voraus. Der Sinn dieses spirituellen Einweihungspfads
besteht darin, uns dabei zu helfen, über die materiellen Begrenzungen des Lebens hinauszuschauen, sowie die schöpferischen Möglichkeiten dieser Beschränkungen kennenzu-
lernen, indem wir sie gleichzeitig transzendieren.

Die esoterischen Christus-Mysterien helfen uns, das Wunder und die Ehrfurcht vor der Macht Gottes und diese Macht
in uns selbst wiederzuentdecken. Zum Teil werfen uns die
christlichen Mysterien auf uns selbst zurück, um dort nach
unseren Antworten und Wundern zu suchen. Unsere Antworten und Wunder finden wir nicht in Büchern oder bei
Lehrern – obwohl auch diese ihren Zweck erfüllen –, sondern in der Quelle der Wahrheit in uns selbst. Anstatt nach
einem Licht zu suchen, das auf uns herabscheint, müssen
wir das verborgene Licht in uns finden und nach außen zum
Leuchten bringen.

Im weiteren Verlauf dieses Kapitels wollen wir einen groben Rahmen von Richtlinien zum Verständnis einiger esote-

rischer Bedeutungen in den wahren Christus-Mysterien um-
reißen. Dadurch werden einige der leichter zu entschlüs-
selnden esoterischen Leitgedanken aufgedeckt, die in den
neueren christlichen Schriften immer wieder auftauchen.
Außerdem wird uns dadurch der Verschlüsselungsaspekt
der geheimen Lehren klarer, der es erforderlich macht, hinter den oberflächlichen Andeutungen nach dem verborgenen Licht zu suchen. Möglicherweise inspiriert es dich
auch, von dir aus weiter in die Tiefe zu forschen. Auf manche dieser Aspekte werden wir zusammen mit anderen in
der zweiten Hälfte des Buches genauer eingehen, wenn wir
die verborgenen Christus-Energien untersuchen werden, die
durch den heiligen Zyklus der Jahreszeiten wirken.

Die Geheimlehren Christi

In den neueren christlichen Schriften finden sich Hinweise
auf alte Esoterikstudien, die sich zurückverfolgen lassen.
Darin werden Verbindungen zu vielen anderen Disziplinen
erkennbar, wie etwa zur Astrologie, Parapsychologie, zum
Chakrensystem des Körpers, zu den Regeln und Problemen
des Pfads der Jüngerschaft und der Einweihung, zu ganz-
heitlichem Heilen und ganzheitlicher Therapie, zu den Naturgesetzen des Universums, auf denen alles Leben beruht,
zum männlichen und weiblichen Prinzip im Universum und
im Menschen, zu einer Anleitung zur Einstimmung und
Erlangung von Macht in den sieben spirituellen Welten des
Lebens sowie zu vielem anderen mehr. Die Schriften sind
ein Handbuch, das das große metaphysische und spirituelle
Wissen enthält, das für die wahre Entfaltung nötig ist.

Im Rahmen dieses Buches werden wir nur einige dieser
Weisheiten aufdecken können, aber wir öffnen damit die Tür
zu einer eingehenderen und tiefgründigeren Erforschung
durch den einzelnen. Die Aufgabe des Menschen auf dem
Einweihungspfad besteht darin, die Verantwortung für sein

Leben selbst in die Hand zu nehmen. Durch den groben
Rahmen der Mysterien, den wir aufzeigen wollen, und durch
die Übungen am Ende des ersten Teils und im ganzen zweiten Teil wird jedem die Möglichkeit gegeben, sich stärker für
die geheime Bedeutung dieses wunderbaren Handbuchs der
Metaphysik zu öffnen.

Die Geheimlehren im allgemeinen

1. Jesus Christus lehrte uns die Dreifaltigkeit – das drei-
   einige Wesen des Menschen. Das sind auf der einen
   Ebene Körper, Individualität und Seele. Auf einer höheren Ebene umfaßt die Dreieinigkeit das männliche und
   weibliche Prinzip sowie das heilige Kind, das aus der
   vollkommenen Vereinigung dieser beiden Aspekte in uns
   geboren wird. (Matthäus 6,19–22; Matthäus 3,16; Johannes 3,34; Lukas 4,18)
   Die Dreieinigkeit – die häufig als das ursprünglichste
   und heiligste der Mysterien angesehen wird – wurde
   von der Kirche in der Form, wie sie im modernen Christentum heute gelehrt wird (als Vater, Sohn und Heiliger Geist), erst im 12. Jahrhundert übernommen. Später
   im 16. Jahrhundert erklärten die Kirchenväter sie dann
   beim Konzil von Trient als grundlegend. Wir müssen
   deshalb immer genau unterscheiden, ob wir von der
   Dreifaltigkeit des modernen Christentums oder dem
   heiligen Dreieck oder der Dreiheit der alten Mysterien
   sprechen.
2. Jesus Christus offenbarte uns die merkwürdigen Geheimnisse des menschlichen Geistes, besonders seinen
   Einfluß auf die Gesundheit des physischen Körpers.
   Wir werden auf diesen Punkt noch näher zurückkom-
   men, wenn wir die Naturgesetze des Universums untersuchen, die Jesus Christus seine Jünger lehrte. (Matthäus
   6,22–23)
3. Jesus Christus lehrte uns die Triebe und Impulse des
   physischen Körpers und wie diese zum inneren Selbst

umgeleitet werden, um dort zu entscheiden und zu wählen, wie wir darauf reagieren wollen. Das innere Selbst muß also in Übereinstimmung mit der getroffenen Entscheidung und Auswahl sowie den darauf beruhenden Handlungen die Verantwortung für diese Handlungen und Gedanken übernehmen. (Matthäus 5,27–30)

4. Jesus Christus lehrte uns, daß der physische Körper nicht für seine Handlungen verantwortlich ist, da er kein eigenes Bewußtsein besitzt. Er kann nicht zu einem zukünftigen Zeitpunkt Leiden unterzogen werden, da es für ihn gar keine Zukunft gibt. Der physische Körper verändert sich ständig, und durch Arbeit mit diesen Veränderungen können bestimmte Heilmethoden rasche Veränderung in der physischen und materiellen Natur des Körpers bewirken. Es gibt in der Heiligen Schrift mehr als 20 Beispiele über Heilungen, von denen jedes eine Methode aufzeigt oder bekräftigt, durch die eine Heilung des Körpers in die Wege geleitet werden kann. Es handelt sich dabei um einen ganzheitlichen Ansatz, bei dem die Beeinflussung und bewußte Lenkung von Energie im Mittelpunkt steht, einer Energie, die nicht nur aus rein physischen Quellen stammt.

5. Jesus Christus lehrte uns, daß das innere Selbst unabhängig von dem physischen Selbst ist. (Markus 6,34–44)

6. Jesus Christus lehrte uns, wie Bewußtsein auf einen weit entfernten Punkt projiziert und sichtbar gemacht oder eine Situation aus der Ferne beobachtet werden kann. Die Projektion des Bewußtseins oder des Selbst wurde als erster Schritt in dem mystischen Lebensprozeß gelehrt, für den eine höhere Meisterschaft in den grundlegenden spirituellen Gesetzmäßigkeiten und Naturgesetzen des Lebens nötig ist. Auf diese zwölf grundlegenden, von Jesus Christus gelehrten Naturgesetze werden wir später noch näher eingehen.

7. Jesus Christus lehrte uns, wie wir die Essenz eines weit entfernten Wesens anrufen und in unsere eigene unmit-

telbare Nähe bringen können, um es faßbar oder sichtbar zu machen – wie etwa bei seiner Verklärung. (Lukas 9, 28–36)

8. Jesus Christus lehrte seine Jünger und Apostel die Macht des Wortes, insbesondere in seiner Anwendung auf das Gesetz des Gebets. Das beispielhaft angeführte Gebet – das Vaterunser – ist von großer esoterische Bedeutung, denn es besitzt sieben, neun oder gar zwölf Bedeutungsebenen.

9. Ebenfalls im Rahmen der »Macht des Wortes« lehrte Jesus, daß alles, was »in seinem Namen« getan oder gesagt wird, im Namen von Christus, dem Gesalbten, getan oder gesagt wird. Dazu gehörte eine Methode, mit der die volle Kraft des Sonnenwesens und Erzengel ins Spiel gebracht werden kann. Es handelt sich dabei um eine Formel, deren Erklärung und Anwendung einen Teil des Mysteriums des »Wortes« darstellte.

10. Jesus Christus lehrte uns den Prozeß der alchemistischen Transmutation. Die Verwandlung von Wasser in Wein, die Speisung der Viertausend, das letzte Abendmahl, all das sind Beispiele für den esoterischen Prozeß der Alchemie des Geistes – der Umwandlung des Grobstofflichen in das Feinstoffliche.

11. Jesus Christus lehrte uns das Prinzip und die Macht des Glaubens.

12. Jesus Christus lehrte uns die Ausdehnung der menschlichen Aura, durch die die durchscheinenden Strahlen des göttlichen Bewußtseins heilen konnten.

13. Jesus Christus zeigte und lehrte uns, wie Gebet und Klang das Bewußtsein auf günstige und geheimnisvolle Art beeinflussen können. (Matthäus 6,5–15; Matthäus 7, 7–12)

14. Jesus Christus lehrte uns die Doktrin der Unsterblichkeit. (Johannes 14,1–4)

15. Jesus Christus lehrte uns die alte Doktrin von der Reinkarnation. (Galater 6,7)

Die Naturgesetze des Universums

Wir leben in einem Universum aus Energie. Grundlegenden Gesetzen und Prinzipien folgend, wirkt diese Energie in uns und um uns herum. Wenn der Mensch lernt, mit diesen Gesetzen und Prinzipien zu arbeiten, wird er bald merken, daß sein Leben erfüllter, reicher und glücklicher wird. Er entdeckt dadurch, daß er den Lebensumständen nicht auf Gedeih und Verderb ausgeliefert ist. Der Mensch, der lernt diese Gesetze und Prinzipien zu nutzen und mit ihnen zu arbeiten, wird dadurch auf dem Pfad zu seiner höheren Bestimmung vorangetrieben, und ihm wird die Tür zum großen Vorrat an universeller Energie aufgetan.

Diese Gesetze und Prinzipien sind wirksam, ob wir uns dessen bewußt sind oder nicht. Dadurch, daß wir uns ihrer bewußt werden und mit ihnen arbeiten, können wir das, was uns voher als »unkontrollierbar« vorkam, kontrollieren. Diese Gesetze und die Energie, die durch sie gelenkt wird, sind neutral und unpersönlich; sie existieren und wirken für jeden, egal ob er daran glaubt oder nicht.

In allen alten Mysterientraditionen wurde die Nutzung bestimmter Gesetze und Prinzipien gelehrt, durch die die Energien des Universums gesteuert werden. Jede Mysterientradition interpretierte die Gesetze und Prinzipien nach der Gesellschaftsform ihrer Zeit und präsentierte sie so, wie sie am besten verstanden werden konnten. Bei den Ägyptern wurden sie die »hermetischen Prinzipien« genannt. Für den Schüler der christlichen Mysterienschule der heutigen Zeit sind es die »zwölf Naturgesetze«.

Im esoterischen Christentum ist Zwölf eine wichtige, kraftvolle Zahl. In der alten Wissenschaft der Numerologie ist Zwölf eine universelle Zahl. Sie setzt sich aus vier Dreien zusammen. Drei ist die Zahl des göttlichen Kindes – von Christus, der auf die Erde herabkam. Die vier Dreien, die in Zwölf enthalten sind, versinnbildlichen Christus, der sich in den vier Elementen des irdischen Lebens – Feuer, Wasser, Erde und Luft – manifestiert. Zwölf steht oft für das Zur-

Ruhe-Kommen und die Vollendung am Ende eines Zyklus. Es ist die spirituelle Zahl für das Verständnis, die weibliche Weisheit, die durch Opfer erlangt wurde.

Es gab zwölf Apostel. Und wie wir noch sehen werden, stehen die zwölf Apostel in einem engen Zusammenhang mit den zwölf Tierkreiszeichen. Die heilige Stadt der Offenbarungen besitzt zwölf Tore. Für die Anhänger des Neuen Zeitalters wird sich das traditionelle Chakrensystem mit seinen sieben Chakren in ein Zwölf-Chakrensystem verwandeln, den zwölf spirituellen Energiezentren und Kräften des Menschen. Der Anhänger des Neuen Zeitalters muß auch zwölf Eigenschaften sowie zwölf Ausdrucksformen für Energie entwickeln, die die Entwicklung dieser Eigenschaften fördern. Es dürfte deshalb kaum überraschend sein, daß Jesus Christus zwölf Naturgesetze des Universums lehrte:

1. *Das Gesetz des Gedankens:* »Das Auge gibt dem Körper Licht. Wenn dein Auge gesund ist, dann wird dein ganzer Körper hell sein. Wenn aber dein Auge krank ist, dann wird dein ganzer Körper finster sein. Wenn nun das Licht in dir Finsternis ist, wie groß muß dann die Finsternis sein!« (Matthäus 6,22–23)
   Dieses Gesetz lehrt uns, daß wir das um uns in Bewegung setzen, auf das wir uns konzentrieren. Dein Geist erschafft das Gute und das Böse in deinem Leben. Deine Gedanken bestimmen, was geschaffen werden soll. Alle Energie folgt dem Gedanken! Auf was wir unsere Gedanken richten, bestimmt, wohin die Energie fließt.
2. *Das Gesetz der Versorgung:* »Bittet, dann wird euch gegeben; sucht, dann werdet ihr finden; klopft an, dann wird euch geöffnet« (Matthäus 7,7).
   Dieses Gesetz lehrt uns: wo keine Nachfrage ist, ist auch kein Angebot. Wir müssen ein Bewußtsein dafür entwickeln, daß uns im Universum ein unendliches Angebot

zur Verfügung steht, wir aber darum bitten müssen. Fülle entsteht aus dem Bewußtsein von Ganzheit.

3. *Das Gesetz der Anziehung*: »Denn wo euer Schatz ist, da ist auch euer Herz« (Lukas 12,34). Gleich und gleich gesellt sich gern. Energie wirkt sowohl magnetisch als auch elektrisch. Was wir verströmen, bekommen wir zurück. Ähnliche Schwingungen und Energien ziehen sich gegenseitig an; sie schwingen auf der gleichen Wellenlänge. Diese Energien können sowohl körperlich, emotional, geistig und/oder spirituell sein. Wir müssen lernen, uns zu fragen: »Was in unserem Bewußtsein bewirkt, daß genau diese Lebensumstände angezogen werden?«

4. *Das Gesetz des Nehmens*: »Ich sage euch: Macht euch Freunde mit Hilfe des ungerechten Mammons, damit ihr in die ewigen Wohnungen aufgenommen werdet, wenn es (mit euch) zu Ende geht. Wer in den kleinsten Dingen zuverlässig ist, der ist es auch in den großen. Wenn ihr im Umgang mit dem ungerechten Reichtum nicht zuverlässig gewesen seid, wer wird euch dann das wahre Gut anvertrauen?« (Lukas 16,9–11) Das ist häufig eines der mißverstandensten Gesetze, besonders in einer Gesellschaft, in der der »Märtyreraspekt« einer Religion sich so tief verwurzelt hat. Wir müssen lernen zu geben und zu *nehmen*! Viele Menschen weisen Geschenke zurück, die einen Prozeß der Fülle in Gang setzen könnten, nur weil sie sich ihrer »unwürdig« fühlen. Geben ist wunderbar, aber dasselbe gilt für das Nehmen. Wenn wir uns weigern, die kleinen Dinge im Leben anzunehmen (z. B. Komplimente, die Hilfe, die andere uns anbieten, einfache Dankesbezeigungen usw.), wird uns das Universum die größeren Dinge, die wir in unserem Leben zum Ausdruck bringen oder entgegennehmen wollen, nicht gewähren. Sie werden uns immer wieder entgleiten. Wenn wir lernen die kleinen Dinge anzunehmen, löst dies eine Art magnetische Anziehung aus, die die größeren in unser Leben ruft.

5. *Das Gesetz der Vermehrung:* »Gebt, dann wird euch gegeben werden. In reichem, vollem, gehäuftem, überflie-
ßenden Maß wird man euch beschenken; denn nach dem
Maß, mit dem ihr meßt und zuteilt, wird auch euch zu-
geteilt werden« (Lukas 6,38).
Wir müssen Vertrauen und ein Bewußtsein dafür haben,
daß die Welt für uns noch mehr bereithält. Wir können
lernen, dieses Vertrauen durch Danken vor dem tatsächlichen Empfangen zum Ausdruck zu bringen. Versteckt
in diesem Gesetz ist die andere Hälfte des »Gesetzes des
Nehmens«. Wir müssen lernen, Dinge anzunehmen, aber
wir müssen auch lernen zu *geben*. Beides zusammen läßt
einen Kreislauf der Vermehrung entstehen, der sich un-
endlich fortsetzt.

6. *Das Gesetz des Ausgleichs:* »Was der Mensch sät, wird er
ernten« (Galater 6,7).
In esoterischen Kreisen wird dasselbe auch manchmal
das Gesetz des Karma oder das Gesetz von Ursache und
Wirkung genannt. Es bezieht sich auf die Manifestation
von Aktionen und Situationen in unserem Leben aufgrund von Entscheidungen unseres freien Willens in der
Vergangenheit. Dieses Gesetz ist neutral und kompensiert uns für das Gute und Böse in der Welt. Jede Handlung löst eine gleich starke, aber in die entgegengesetzte
Richtung wirkende Reaktion aus. Wie wir in den Wald
hineinrufen, so hallt es zurück. Für die alten Hermetiker
ist es das Gesetz, in dem festgesetzt wird: »Jede Ursache
hat eine Wirkung, und jede Wirkung hat ihre Ursache.
Alles geschieht gemäß dem Gesetz. Zufall ist nur eine
Bezeichnung für das unerkannte Gesetz. Es gibt viele
Ebenen der Ursachen, aber nichts entzieht sich dem Gesetz.« Wenn wir das begriffen haben, wird es uns leichter
fallen zu verstehen, daß wir mit allen Dingen, mit allen
Menschen, allen Zeiten und allen Orten verbunden sind.

7. *Das Gesetz der Widerstandslosigkeit:* »Ich aber sage euch: Lei-
stet dem, der euch etwas Böses antut, keinen Widerstand,

sondern wenn dich einer auf die rechte Wange schlägt, dann halte ihm auch die andere hin« (Matthäus 5,29).

Das ist das Gesetz, das uns lehrt, mit dem Fluß zu schwimmen. Jedes Ding zu seiner Zeit (zu Gottes Zeit), nicht wann wir es wollen. Wenn wir dem Negativen Widerstand leisten und gegen es ankämpfen, stellen wir eine Verbindung zu ihm her – es wird eine Reaktion erzeugt, die das Gesetz der Anziehung auslöst. Wir müssen begreifen lernen, daß wir von allen Menschen und allen Situationen um uns herum etwas lernen können. Manchmal wird das auch das Gesetz der Synchronizität genannt – die Dinge passieren zu der Zeit und unter den Umständen, die für uns am besten sind, wenn wir sie nur zulassen. Wir tun, was wir tun müssen und erlauben darüber hinaus den Ereignissen, ihren eigenen Lauf zu nehmen.

8. *Das Gesetz der Vergebung:* »Vergebt, so wird euch vergeben« (Lukas 6,37).

Wenn wir nicht lernen, wirklich zu vergeben und alle Dinge als Gelegenheiten zu sehen, um etwas dazuzulernen, bleiben wir mit dem »Karma« der Situation verhaftet. Wenn wir uns weigern zu vergeben, stimmen wir uns auf die karmischen Auswirkungen ein und lassen zu, daß sie uns auf subtile Weise beeinflussen. Das gilt ganz besonders für das Vergeben uns selbst gegenüber. Wir müssen lernen, uns unsere Eigenheiten zu vergeben und uns nicht ständig Vorwürfe wegen unserer Fehler zu machen, sonst wird dadurch auf negative Weise das Gesetz der Anziehung ausgelöst. Manchmal besteht die einzige Möglichkeit des Wachstums in harten Lektionen. In jedem von uns steckt ein Kind, und wir müssen uns entscheiden, ob wir uns über dieses Kind lustig machen und es beschimpfen oder ihm vergeben, es nähren und ihm neue Dinge beibringen wollen.

9. *Das Gesetz des Opfers:* »Aber das Tor, das zum Leben führt, ist eng, und der Weg dahin ist schmal, und nur wenige finden ihn« (Matthäus 7,14).

Opfer sind mit allem verbunden, doch wir müssen
lernen, sie nicht mit Schmerz und Leiden zu assoziie-
ren. Eltern bringen oft Opfer für ihre Kinder, und sie
tun es meist voller Freude. Wenn wir ein Opfer bringen,
opfern wir ein Ding für ein anderes. Ein Opfer an sich
ist nicht negativ. Es lehrt eine höhere Disziplin und
kann auch mit Freude verbunden sein. Wenn wir lernen, einen Lebensaspekt in den Hintergrund zu stellen, um einen anderen zu erreichen, lernen wir gleichzeitig Verantwortung, Disziplin sowie angemessenen Ausdruck und die richtige Entwicklung des kreativen freien
Willens.

10. *Das Gesetz des Gehorsams:* »Da sagte Jesus zu ihnen: ›So
    gebt dem Kaiser, was dem Kaiser gehört, und Gott, was
    Gott gehört‹« (Markus 12,17).
    Solange wir uns in der materiellen Welt befinden, müs-
    sen bestimmte Naturgesetze befolgt werden. Die natür-
    lichen und spirituellen Gesetze zu ignorieren führt zum
    Auftauchen von Ungleichgewichten und Problemen.
    Deshalb ist es nötig, soviel wie möglich über diese Ge-
    setze, die in unserem Leben wirksam sind, herauszufin-
    den. Es ist nicht unehrenhaft zu gehorchen, wenn der
    Befehl stimmt. Der inneren Stimme und den Gesetzen
    zu gehorchen, die das innere Selbst bestimmen, gibt uns
    eine neue Freiheit und erfüllt unser Leben mit neuen
    Energiemustern. Gehorsam spielt sowohl in der mate-
    riellen als auch in der sprirituellen Welt ein Rolle. Der
    Gehorsam ist es, der Harmonie ins Leben bringt.

11. *Das Gesetz des Erfolgs:* »Amen, amen ich sage euch: Wer
    an mich glaubt, wird die Werke, die ich vollbringe, auch
    vollbringen, und er wird noch größere vollbringen, denn
    ich gehe zum Vater« (Johannes 14,12).
    Uns wird nichts versagt außer dem, was wir uns selbst
    versagen. Hindernisse und Prüfungen helfen uns, unsere
    angeborenen Kräfte zu wecken. Wir sind zum Erfolg be-
    stimmt. Mit dem richtigen Einsatz und der richtigen An-

wendung der Gesetze des Geistes und der Natur ist uns
der Erfolg sicher. Die göttlichen Kräfte stehen allen offen,
die sich selbst helfen. Die Entfaltung unserer Potentiale
erfolgt nicht in künstlich erzeugten Situationen, sondern
durch die Anwendung der Gesetze in unseren alltäglichen Lebensumständen. Die Gesetze des göttlichen Universums enthalten den Menschen nichts vor.

12. *Das Gesetz der Liebe:* »Du sollst den Herrn, deinen Gott,
lieben mit ganzem Herzen, mit ganzer Seele und mit all
deinen Gedanken. Das ist das wichtigste und erste Gebot. Ebenso wichtig ist das zweite: Du sollst deinen
Nächsten lieben wie dich selbst. An diesen beiden Geboten hängt das ganze Gesetz samt den Propheten« (Matthäus 22, 37–40).
Das ist das höchste Gesetz von allen. Es ist wichtiger als
alle anderen. Es führt zur Überwindung des Karmas und
aller Lebensumstände, doch wir müssen uns und anderen gegenüber die Liebe bedingungslos fließen lassen.
Sie eröffnet uns den gesamten Kosmos. Eine der esoterischen Bedeutungen dieses Gesetzes besteht darin, daß
seine richtige Anwendung zur Aktivierung des sogenannten Dritten Auges oder Stirnchakras – dem zwei-
blättrigen Lotos – führt (der sich in dem aus zwei Teilen
bestehenden Gebot widerspiegelt). Dieses Gesetz ist der
Schlüssel zur Menschwerdung Christi, es ist das Opfer
eines obersten Sonnenwesens an einen planetarischen
Logos mit dem Ziel der Verankerung und Stimulation
des göttlichen Liebes- und Weisheitsfunkens in der gesamten Menschheit. Dieses Gesetz ist der Schlüssel zur
Erweckung des Weiblich-Göttlichen.

Alle »Wunder«, die Jesus Christus vollbracht hat, sollten zeigen, was alle Menschen an Potential in sich haben und zum
Leben erwecken können. Das Wort Wunder bedeutet nichts
anderes als ein erstaunliches Ereignis. Dieses erstaunliche
Ereignis bedarf keiner Verletzung der natürlichen Gesetze.

Ein Wunder ist nichts anderes als die richtige Anwendung dieser Gesetze in allen Lebensbereichen!

Die esoterische Bedeutung der Apostel

Es gab eine eindeutige Hierarchie unter all jenen, die die Weisheitslehren von Jesus Christus empfingen. Zuerst waren da die zwölf Apostel. Dann kamen die 144 Jünger, die mit den zwölf Aposteln zusammenarbeiteten (siehe dazu Lukas 10,1: »Danach suchte der Herr zweiundsiebzig andere aus und sandte sie zu zweit voraus in alle Städte und Ortschaften, in die er selbst gehen wollte.«»Zweiundsiebzig andere« deshalb, weil er bereits zuvor 72 Jünger ausgesucht und ausgesandt hatte. Diese 144 Jünger wurden später in Zwölfergruppen aufgespalten, denen jeweils ein Apostel vorstand), und dann folgten die Menschenmengen, die er lehrte.

Die Apostel und die 144 Jünger waren in der alten Lehre des »Verwaltens« ausgebildet, d.h., sie sollten sich nicht als persönliche Segensempfänger betrachten, sondern hatten die Aufgabe, die Wahrheiten und die Mysterien als »Verwalter« zu bewahren und weiterzuverbreiten. Sie sollten das geheime Wissen und die Weisheitslehren nicht wie einen persönlichen Besitz nur in ihrem eigenen Bewußtsein behalten. Darin spiegelt sich eines der ersten mystischen Prinzipien wieder, das besagt, daß wer des höheren Wissens und Verständnisses würdig ist, dies nur als Kanal Gottes ist. Jeder Versuch, dieses Wissen nur für sich und geheimzuhalten und es nicht an die Würdigen weiterzugeben – auch wenn keine selbstsüchtige Absicht dahintersteckt –, stellte eine Verfehlung dar, eine Nichterfüllung der Pflicht und Verantwortung. Das wurde als schwerere »Sünde« angesehen, als das Wissen zu oft zu seinem persönlichen Nutzen zu verwenden.

Jesus Christus teilte die Aufgaben auf der Erde in zwölf Bereiche auf, denen jeweils einer der zwölf Apostel vorstand. Für jeden dieser Bereiche wurden zwölf Jünger und

Schüler unter den 144 ausgesucht. Damit schaffte Jesus Christus lauter mikrokosmische Aspekte seiner eigenen Lehren. Jesus Christus verkörperte zwölf Urpersönlichkeiten. Jeder Apostel sollte für seinen Bereich zu einer dieser »Christus-Gestalten« werden. In der überlieferten esoterischen Lehre gab es auch zwölf weibliche »Apostel«, die Maria unterstellt waren, der höchsten weiblichen Eingeweihten jener Zeit. Diesen Aspekt wollen wir im nächsten Kapitel über die »weiblichen Mysterien« noch genauer untersuchen.

Wie bereits erwähnt, sind alle Ereignisse im Leben Jesu Christi und alle Aspekte der Heiligen Schrift als Allegorien und Symbole von höchster Bedeutung anzusehen. Auch die Apostel haben eine esoterische Bedeutung. Sie waren nicht einfach historische Gestalten, sondern wurden auf eine Art und Weise ausgewählt, die sie zu lebendigen »Allegorien« der Aspekte der alten Geheimwissenschaften machten.

Aus den Menschenmengen, die ihn umgaben, suchte sich Jesus Christus die zwölf Apostel aus, die seinen innersten Kreis von Vertrauten darstellen sollten – einschließlich Judas Iskariot. Obwohl er nach seinem Ableben durch einen anderen Apostel namens Matthias ersetzt wurde, ist es wichtig zu verstehen, daß auch Judas eine menschliche Eigenschaft und einen wichtigen Teil des Initiationsprozesses darstellt. Er ist ein dynamisches Symbol des niederen Menschen (in uns), der getötet werden muß, weil er sonst das Höhere Selbst verraten wird. Matthias, der später den Platz von Judas unter den Zwölfen einnimmt, ist der erlöste Mensch.

Die zwölf Apostel stellen verschiedene Qualitäten und Eigenschaften dar, die symbolisch für die universelle Schöpferkraft sind, die unter den Menschen wirksam ist, und die uns aufzeigen, daß der Einweihungspfad allen Typen von Menschen offensteht. Sie müssen auf symbolischem und geschichtlichem Hintergrund betrachtet werden, denn sie dienten im Enthüllungsprozeß der Mysterien für alle Menschen als faßbares Sinnbild. Ihre verborgene Bedeutung zu verstehen kann uns viel über unseren eigenen Einweihungspfad sagen.

Der Schlüssel zum Verständnis einiger der esoterischen Bedeutungen der Apostel liegt im Verständnis ihrer astrologischen Entsprechungen. Es ist schwierig, die verborgene Bedeutung der Schriftensammlungen der Bibel ohne einen gewissen astrologischen Hintergrund zu verstehen. Die alten Seher lebten in engem Kontakt mit den Sternen und den ihnen zugeordneten Himmelswesen. Die Bilder und die Symbole in den alten Schriften, die Gleichnisse und Weisheitslehren hängen eng mit den Symbolen und Bildern der esoterischen Astrologie zusammen. Es ist schwierig, hier eine klare Trennung zu vollziehen. Und gänzlich unmöglich, wenn man das wahre, umfassende Verständnis erlangen will.

Die astrologische Bedeutung der Apostel

Sternzeichen	Apostel	Gemeinsames Symbol
Widder	Jakobus	Pilgerstab
Stier	Andreas	Andreaskreuz
Zwillinge	Thomas	Winkelmaß
Krebs	Natanael*	Großes Messer
Löwe	Judas/Matthias	Lanze
Jungfrau	Jakobus der Gerechte	Knüppel
Waage	Judas Thaddäus	Lanze
Skorpion	Johannes	Kelch
Schütze	Philippus	Stab mit Kreuz
Steinbock	Simon	Säge
Wassermann	Matthäus	Börse
Fische	Petrus	Schlüssel

---

* Nach der Einheitsbibel findet sich der Name Natanael »nur bei Johannes (vgl. auch 21,2). Seine Gleichsetzung mit Bartholomäus, der in den synoptischen Listen hinter Philippus aufgeführt wird, ist fraglich!« (Anm. d. Ü.)

(Auf diese Aspekte werden wir in der zweiten Hälfte des
Buches in dem Abschnitt über das Feiern der Wintersonnenwende im Zusammenhang mit den christlichen Mysterien
noch etwas näher eingehen.)

Esoterische Eigenschaften der Apostel

Die Apostel stellen auch Symbole für bestimmte Eigenschaften dar. Der Mensch kann die von ihnen verkörperten Eigenschaften bei sich entwickeln, indem er bestimmte Verhal-
tensweisen an den Tag legt oder mit bestimmten kosmischen
Prinzipien des Energieausdrucks arbeitet:

Apostel	Eigenschaften & Qualitäten	Kosmische Prinzipien
Petrus	Aktion, Glaube	Aktivität
Jakobus	Streben, Hoffnung	Wille
Johannes	Erneuerung, Fröm-migkeit, Liebe	Weisheit (Sophia)
Andreas	Bescheidenheit, Stärke	Anziehung
Thomas	Skepsis, Unterschei-dungsvermögen	Kontraktion
Matthäus	Bereitschaft zu dienen, spiritueller Wille, moralische Stärke	Kristallisierung
Philippus	spirituelles Wissen	Spiegelungen und Beziehungen
Natanael	Intuition, Phantasie, Träumen	Hinzufügen und Zunahme
Jakobus der Gerechte	Methodik, Wachstum des Expansionsgeistes	Ausdehnung
Judas Thaddäus	Mut	Aufbau und Gestaltung
Simon	Eifer, Rebellion, Katalyse	Abstoßung
Judas/Matthias	Leidenschaft, Erlösung	Zerstörung

Verkörperung der Apostel

Apostel	Personentyp, den er verkörpert
Petrus	der Aktive, Geschäftige
Jakobus	der Strebsame
Johannes	der Fromme
Andreas	der Bescheidene auf Erden
Thomas	der Skeptische
Matthäus	der Diener oder Dienstleistungen Anbietende
Philippus	der ganz normale Mensch
Natanael	der Träumer der Welt
Jakobus der Gerechte	der Methodische, Intellektuelle
Judas Thaddäus	der Mutige
Simon	der Rebell
Judas/Matthias	der Leidenschaftliche, der Verräter oder der Verratene (aber auch derjenige, der die Dinge wieder ins Lot bringt)

Im inneren Kreis der Apostel gab es außerdem eine interne Entwicklungshierarchie. Corinne Heline gliedert diese in drei Kategorien auf: Vorbereitung, Entwicklung zum Jünger und Einweihung:

1. *Der Grad des Meisters (Jakobus, Johannes, Petrus)*
   Diese drei Apostel sahen die Verklärung und begleiteten Jesus Christus in den Garten Gethsemane, um ihm bei seinen letzten Vorbereitungen beizustehen. Die Eigenschaften, die sie auszeichnen, sind Glaube, Hoffnung und Liebe. Im 1. Brief an die Korinther 13,13 heißt es: »Für jetzt bleiben Glaube, Hoffnung, Liebe, diese drei; doch am größten unter ihnen ist die Liebe.« Liebe ist die Eigenschaft, die mit dem Apostel verbunden wird, der auch als der von Jesus Christus »geliebte« oder als »der, den er

liebte« bezeichnet wird (Johannes). Diese drei Apostel sind auch ein Symbol für die drei Pfeiler des Tempels des Neuen Zeitalters.

2. *Der Grad des Gesellen (Andreas, Thomas, Matthäus, Philippus und Natanael)*
Diese Apostel wurden erst nach Jesu Tod und Auferstehung in die höchsten Stufen des Wissens eingeweiht, aber sie waren in den esoterischen Traditionen weiter entwickelt und ausgebildet als die Apostel des untersten Grades.

3. *Der Grad des Lehrlings (Jakobus der Gerechte, Judas Thaddäus, Simon und Judas Iskariot)*
Obwohl diese Apostel in bezug auf ihre Entwicklungs- und Einweihunssgrade unterschiedlich weit fortgeschritten waren, müssen wir uns immer vor Augen halten, daß diese verschiedenen Stufen für die meisten Menschen nicht zu erkennen waren. Die Apostel waren alle in der esoterischen Tradition ausgebildet. Jesus Christus spielte dabei die Rolle des Meisters, der sie in die Mysterien einweihte. Er bereitete alle darauf vor, ihren Einweihungsprozeß auf ihre ganz individuelle Art und Weise für sich selbst fortzuführen. Es ist sehr wahrscheinlich, daß die Eingeweihten dieses Grades selbst wenig Erfahrung im Lehren hatten. Sie können deshalb als Lehrlinge bezeichnet werden. Sie waren zwar in der esoterischen Tradition ausgebildet, hatten aber noch keine Möglichkeit zur praktischen Anwendung in der äußeren Welt bekommen.

Die esoterischen Aspekte der Bergpredigt

Keine Betrachtung der christlichen Mysterien wäre ohne eine Untersuchung der esoterischen Aspekte der »Bergpredigt« vollkommen. Sie umfaßt das gesamte Spektrum der christlichen Lehren. In dieser Predigt verkündigt Christus die neuen Gebote, die sich auf *Liebe* gründeten und nicht auf

Furcht. Alle Ermahnungen dieser Predigt laufen auf die Erfüllung eines neuen und intensiveren Ausdrucks der Liebe
hinaus. Diese Predigt wurde um die Zeit der Sommersonnenwende gehalten, dem Höhepunkt des Energiezyklus
Christi im heiligen Seelenjahr, das wir im zweiten Teil des
Buches noch eingehender untersuchen wollen.

Die Ermahnungen zum spezifischeren Ausdruck von Liebe
setzen jedoch bestimmte Eigenschaften voraus, die zuerst
erlangt werden müssen. Das sind vor allem Selbstbeherrschung sowie vollkommene Hingabe und Ausrichtung auf
das spirituelle Leben. Des weiteren ist dazu nötig, dem
»Übel nicht zu widerstehen«, d.h., nicht an das Unrecht zu
denken, das man erlitten hat, sondern vielmehr an Möglichkeiten, wie dem, der das Unrecht begangen hat, am besten
geholfen werden könnte. Es ist eine durch Gerechtigkeit aus-
gedrückte und durch Gnade gemäßigte Liebe. Sie verlangt
Hilfsbereitschaft auf allen Ebenen – Verständnis, Freundlich-
keit, Ermutigung. Verbitterung über begangene Taten muß
überwunden werden. Andernfalls werden dadurch Bindun-
gen hergestellt, die diejenigen, die an ihrer Verbitterung festhalten in der Zukunft in ähnliche Situationen verstricken
wird – in diesem Leben oder im nächsten.

Alle Lehren und Ereignisse im Leben von Jesus Christus
haben eine exoterische (äußere) und eine esoterische (innere)
Bedeutung. Viele können die Bedeutung mit dem Verstand
erfassen, aber die christlichen Lehren sind eigentlich dazu
gedacht, unser Herz zu erwecken, so daß die innere Bedeutung von jedem von uns unmittelbar erfahren werden kann.
Diese großartige Predigt erschließt uns die drei wichtigsten
Methoden und den Schlüssel zur Herzerweckung – dem
Ausdruck von Liebe als einer dynamischen Kraft in der Welt
(dem Weiblich-Göttlichen):

1. die Seligpreisungen
2. die Goldene Regel
3. das Vaterunser

Alle drei haben eine esoterische Bedeutung, die beim bei-
läufigen Lesen oder Studieren oft nicht erkannt wird. Sie
können auf vielen Ebenen angegangen werden. Wir wollen hier die Seligpreisungen herausgreifen und an ihnen die
esoterischen Lehren der alten Mysterien aufzeigen, die sie
verhüllen. (Auf das »Vaterunser« werden wir im nächsten
Kapitel über »Die Wiederentdeckung der weiblichen Mysterien« kurz eingehen.) Die gesamte Bergpredigt findet sich
in ihrer vollständigsten Form im Matthäus-Evangelium Kapitel 5 bis 7. Die Seligpreisungen umfassen Matthäus 5,3–12.
Zu jeder Seligpreisung werden wir den Leitgedanken an-
geben, den sie ausdrückt, den Planeten, der ihr astrologisch
entspricht und die entsprechende Stufe im Baum des Lebens
der alten jüdischen Kabbala (siehe S.107), sowie eine kurze
Erläuterung:

*»Selig, die arm sind vor Gott; denn ihnen gehört das Himmel-
reich.«**

Leitgedanke = Bescheidenheit
Planet = Erde
Baum des Lebens = Malkuth (Königreich)

Malkuth ist die Basis des Lebensbaums. Es ist das Gefäß,
in das alle Energien aus dem gesamten Universum einfließen. Es ist der Mikrokosmos, und deshalb ist es die
Aufgabe des Schülers den »Baum des Lebens zu erklim-
men«, d.h., sich aus der Energie des Königreichs der Erde
in das Königreich des Himmels emporzuschwingen.

---

* Wörtlich: Die im Geist Armen. Gemeint sind Menschen, die wissen, daß
sie vor Gott nichts vorweisen können, und die daher alles von Gott erwarten. *Die Bibel, Einheitsübersetzung.* Freiburg: Herder 1993, S.1091.

»*Selig die Trauernden; denn sie werden getröstet werden.*«

Leitgedanke = Trost
Planet = Mond
Baum des Lebens = Jesod (Fundament)

Der Mond ist ein Symbol für das Unterbewußtsein – der Teil von uns, der unsere Gefühle steuert. Das Unterbewußtsein weiß, daß das Leben aus mehr als dem bewußt Wahrnehmbaren und bewußt Erfahrbaren besteht, und deshalb trauert es oft, weil es höhere Erfahrungen machen möchte. Es kann uns durch unsere Träume, außersinnlichen Erfahrungen und Intuitionen dazu bringen, ein Bewußtsein für höhere Erfahrungen zu entwickeln. Sie stellen ein Fundament dar, die uns in unseren äußeren Lebensumständen Trost spenden können. Das Unterbewußtsein kann uns zeigen, daß das Leben aus mehr besteht – auch wenn wir es nicht verstehen.

»*Selig, die keine Gewalt anwenden; denn sie werden das Land erben.*«*

Leitgedanke = Empfänglichkeit für die höheren Lehren
Planet = Merkur
Baum des Lebens = Hod (Glanz/Ruhm)

Gewaltlosigkeit wird hier als Synonym für Sanftmütigkeit verstanden und darf nicht mit Schüchternheit verwechselt werden. Sanftmütigkeit drückt eine Offenheit aus, eine Empfänglichkeit für neues Wissen und Wahrheit. Wenn wir uns für die Wahrheit und neues Wissen öffnen, verstärkt sich der Lebensfluß in uns. Wir bekommen dadurch

---

* Andere Übersetzungsmöglickeit: die sanftmütig sind. *Ibd.*

die Möglichkeit, unser Wissen anzuwenden, so daß wir unser Leben selbst in die Hand nehmen und dadurch das »Land erben« können.

»Selig, die hungern und dürsten nach der Gerechtigkeit; denn sie werden satt werden.«

Leitgedanke = der schöpferische Umgang mit Leidenschaften
Planet = Venus
Baum des Lebens = Netzach (Sieg)

Unsere Leidenschaften und Gefühle können bei uns einen Hunger und Durst nach dem auslösen, das möglicherweise nicht gut für uns ist. Wenn wir lernen, den schöpferischen Trieb unserer Leidenschaften in geeignete Bahnen zu lenken und zu steuern, anstatt ihn nur auf lustvolle Weise auszuleben, erfüllen wir uns mit den schöpferischen Lebenskräften Liebe und Idealismus.

»Selig die Barmherzigen; denn sie werden Erbarmen finden.«

Leitgedanke = große Barmherzigkeit und göttliches Erbarmen
Planet = Jupiter
Baum des Lebens = Chesed (Barmherzigkeit)

Der Überfluß, den wir in einem Lebensbereich haben, entspricht der Menge, die wir ausströmen. Je mehr wir geben, desto mehr bekommen wir zurück. Wie wir bereits gesehen haben, ist das ein Teil des Naturgesetzes. Es ist eine Mischung aus dem Gesetz des Ausgleichs und dem Gesetz des Nehmens in Kombination mit dem Gesetz der Anziehung.

»Selig, die ein reines Herz haben; denn sie werden Gott schauen.«

Leitgedanke = Reinheit und Verwandlung durch Liebe
Planet = Sonne
Baum des Lebens = Tiphereth (Schönheit)

Als wir über die Gleichnisse sprachen, sind wir bereits kurz auf die Bedeutung der Zahl Sechs eingegangen. Im Lebensbaum entspricht der Zahl Sechs Tiphereth, die Stufe des Christus-Bewußtseins – die nur durch Reinheit und den alchemistischen Umwandlungsprozeß erreicht werden kann. Tiphereth ist die Bewußtseinsstufe des Menschen, die Heilungsenergien aktiviert – eine der natürlichen Gaben, die uns von Jesus Christus verliehen wurde. Wenn es uns gelingt, unser Herzchakra voll zu öffnen – was astrologisch durch die Sonne und kabbalistisch durch Tiphereth dargestellt wird –, offenbart sich dem einzelnen die höhere Vision Gottes.

»Selig, die Frieden stiften; denn sie werden Söhne Gottes genannt werden.«

Leitgedanke = Stärke durch Harmonie
Planet = Mars
Baum des Lebens = Geburah (Strenge oder Stärke)

Für den Frieden zu arbeiten erfordert Disziplin und Stärke. Jeder von uns muß lernen, Frieden und Harmonie in sein Leben und damit in die Welt zu bringen. Das läßt sich durch eine starken Ausdruck der göttlichen Willenskraft in uns verwirklichen. Die Umsetzung der göttlichen Willenskraft ist auf Harmonie angewiesen, sonst wird die Disziplin und Stärke asketisch und grausam. Wir müssen unsere Stärken entwickeln, wie man Kinder erzieht – mit Strenge und Milde. Das Ergebnis wird Frieden sein.

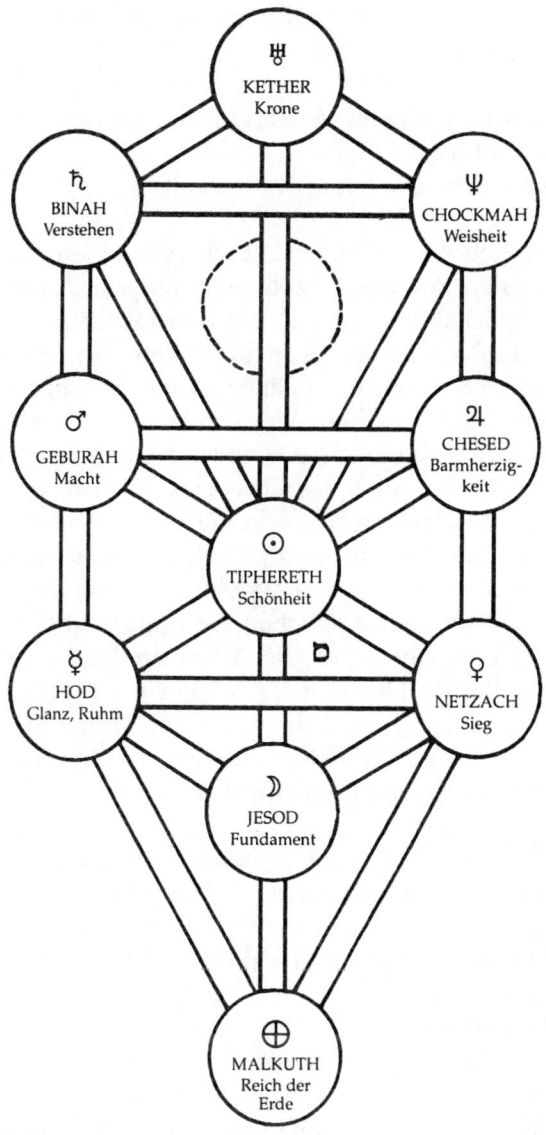

Der mystische Baum des Lebens in der jüdischen Kabbala

»Selig, die um der Gerechtigkeit willen verfolgt werden; denn ihnen gehört das Himmelreich.«

Leitgedanke = höheres Verständnis des Opfers
Planet = Saturn
Baum des Lebens = Binah (Verstehen)

Alles im Leben dient einem Zweck. Auf seinem Pfad wird der Schüler mit einer Fülle von Entscheidungen und Wahlmöglichkeiten konfrontiert und bisweilen auch mit großen Problemen und Sorgen. Je mehr wir lernen, ihre verborgene Bedeutung zu verstehen, desto klarer zeichnet sich der Pfad, auf dem wir wandeln, vor uns ab. Wir können das Königreich erkennen, zu dem er uns hinführt. Hier spielt auch das Gesetz des Karmas mit herein. Ein wahrer Jünger möchte sein Wachstum beschleunigen, indem er die Prüfungen und Lektionen des Lebens in geballter Form auf sich nimmt. Er tritt dem Wirken des Karmas in jeder nur möglichen Weise gegenüber und versucht so, in einem Leben die Arbeit von zehn Leben auf sich zu nehmen. Eine derartige Aufgabe mag als Last erscheinen, aber es ist richtig, sich dem Karma zu stellen. Wenn wir unsere Pflichten erfüllen, verdienen wir uns unser Recht auf das Himmelreich.

»Selig seid ihr, wenn ihr um meinetwillen beschimpft und verfolgt und auf alle mögliche Weise verleumdet werdet.«

Leitgedanke = Selbstbeherrschung und die Macht des Glaubens
Planet = Neptun
Baum des Lebens = Chockmah (Weisheit)

Neptun wird als der Planet der Göttlichkeit angesehen. Er ist ein Symbol für den unbewußten Geist, der nach mehr Bewußtsein strebt. Durch die Entwicklung des Glaubens –

nicht als Überzeugung oder Religion sondern in Form einer Kraft im Universum – öffnen wir uns für die mystische Vision des Göttlichen. In der Kabbala symbolisiert Chockmah die Ebene, auf der wahre spirituelle Weisheit erlangt wird. Auf dieser Bewußtseinsebene ist die Energie so stark und so rein, daß sich letztendlich nichts Negatives manifestieren kann. Das kann sich so ausdrücken: obwohl die Dinge an der Oberfläche vielleicht nicht gut zu laufen scheinen, werden sie im Endeffekt dynamisch gesehen eine positive Wirkung haben. Unabhängig von unseren Lebensumständen ist es das Versprechen, daß am Ende alles gut wird und uns der Segen Gottes sicher ist. Es ist die Etappe auf dem Pfad der Jüngerschaft, wo der einzelne einen Einblick in das Räderwerk des Universums und sein Ineinandergreifen bekommt und plötzlich erkennt, worauf alle Ereignisse hinauslaufen, egal wie sie sich ihm darbieten. Es ist die Stufe, auf der wir über die Wolken des Lebens oder das Wasser der Welt hinausblikken können.

»Freut euch und jubelt: Euer Lohn im Himmel wird groß sein.«

Leitgedanke = Synthese und Vereinigung
Planet = Uranus
Baum des Lebens = Kether (Krone)

Wenn der Schüler und Jünger auf dem spirituellen Pfad anfängt, die spirituellen und materiellen Dinge miteinander zu verschmelzen, wird er großen Lohn dafür erhalten. In der griechischen Mythologie war Uranus mit Gaia vereint. Uranus ist der Himmel und Gaia die Erde. Sie sind miteinander vermählt. Kether ist das Gegenstück zu Malkuth. Es ist die Krone der Jüngerschaft der christlichen Mysterien. Es ist der höchste Ausdruck der universellen Liebe und Intuition, die Verbindung zur Seele, die es uns ermöglicht, uns von der niederen Person in uns zu befreien.

Esoterische und paranormale Phänomene in der Bibel

Immer noch werden Menschen, die sich mit metaphysischen, außersinnlichen und spirituellen Themen beschäftigen, zur Zielscheibe allseitiger Kritik. Viele der traditionelleren und fundamentalistischeren Gläubigen, die nur den wörtlichen Sinn der Bibel gelten lassen, machen sich immer noch über die Para-Wissenschaften lustig. Darstellungen paranormaler Phänomene werden oft als »Werk des Teufels« oder einer anderen negativen oder unsichtbaren Kraft bezichtigt. Was dabei oft nicht verstanden wird, ist die Tatsache, daß dieselben Phänomene von Jesus Christus demonstriert wurden. Die Apostel und Jünger wurden im Gebrauch von verschiedenen Energien unterwiesen, um diese »Wundertaten« ebenfalls vollbringen zu können. Im Folgenden haben wir einen kleinen Katalog der paranormalen Phänomene zusammengestellt, auf die im Neuen Testament hingewiesen wird. (Auch das Alte Testament ist voll von Beispielen, aber wir wollen uns im vorliegenden Werk auf die Christus-Mysterien beschränken.)

Hellsichtigkeit
Matthäus 3,13–17
Lukas 1,39–45
Johannes 4,4–42
Apostelgeschichte 16,9

Aurakontrolle
Matthäus 14,34–36
Markus 9,2–8
Matthäus 14,22–33

Psychometrie
Johannes 4,16–19
Lukas 2,36–40

Matthäus 20,17–19
Apostelgeschichte 6,5
Apostelgeschichte 8,5–40
Apostelgeschichte 21,8

Kontrolle über die Elemente (Alchemie, Levitation usw.)
Matthäus 14,22–33
Lukas 8,22–25
Johannes 2,1–12
Johannes 6,1–14
Johannes 6,16–24
Apostelgeschichte 5,19–21

Prophezeiung
Lukas 1, 67–80

Himmlischer Rat
Johannes 4, 16–26
Apostelgeschichte 5, 3–6,
9–10

Spirituelle Gaben
1 Korinther 12, 1–30

Kommunikation mit höheren Mächten in Träumen
Matthäus 1, 20–25
Matthäus 2, 13
Matthäus 27, 19

Kommunikation mit dem Heiligen Geist und Engeln
Matthäus 26, 53
Matthäus 28, 9
Markus 16, 20
Lukas 1, 1–38
Lukas 4, 10–11
Markus 16, 20
Johannes 14, 26
Apostelgeschichte 11, 12–15

Apostelgeschichte 4, 31
Apostelgeschichte 8, 26–30
Hebräer 1, 13–14

Heilung durch magnetisierte Gegenstände
Matthäus 14, 34–36
Apostelgeschichte 19, 11–12

Die Gabe der Heilung
Matthäus 9, 27–30
Matthäus 9, 32–33
Matthäus 8, 28–32
Matthäus 17, 14–21
Matthäus 9, 2–7
Matthäus 8, 14–15
Markus 8, 22–25
Markus 10, 46–52
Markus 1, 40–44
Lukas 9, 2
Lukas 10, 9
Lukas 7, 1–10
Lukas 8, 43–48
Johannes 9
Johannes 11, 1–44
Johannes 4, 46–53
Johannes 5, 8–9

Diese Liste ist natürlich keineswegs vollständig. Darüber hinaus finden sich viele Phänomene und Formen von Mediumismus. Dazu gehören Trancezustände, Séancen, Lichterscheinungen des göttlichen Geistes, Apporte, unabhängiges Verlautbaren der Stimme Gottes und des Heiligen Geistes, Materialisation, Feuer-Mediumismus und vieles mehr. Die esoterischen Phänomene des spirituellen Pfades spiegeln sich in den Lehren der christlichen Mysterien wieder.

Vielen bleibt die Bedeutung dieser Phänomene noch verschlossen. Doch es gibt immer mehr Menschen, die sich für
die metaphysischen Bereiche und Lehren öffnen. Viele fangen an, die ätherischen Ebenen genauer zu erforschen und
mit ihnen vertraut zu werden, und dadurch verlieren diese
Phänomene immer mehr von ihrem »furchterregenden«
Charakter. Der Schüler des spirituellen Pfades sollte sich
jedoch immer bewußt sein, daß das Hervorbringen der Phänomene nicht das Ziel ist. Das Ziel des wahren Schülers ist
die *Wahrheit*. Die Entwicklung dieser paranormalen Fähigkeiten werden uns helfen, die Wahrheit in unserem Leben zu
entdecken.

Ich bin der Weg und die Wahrheit und das Leben ...

Johannes 14,6

VIERTES KAPITEL

Die Wiedererweckung
der weiblichen Mysterien

Dann erschien ein großes Zeichen am Himmel: eine Frau, mit
der Sonne bekleidet; der Mond war unter ihren Füßen und
ein Kranz von zwölf Sternen auf ihrem Haupt.

Offenbarung 12,1

Ein wichtiger Teil der Aufgabe der wahren Christus-Mysterien bestand darin, das Weiblich-Göttliche wiederherzustellen. In jeder Mysterienschule wurde das Gleichgewicht von
männlichen und weiblichen Energien im Menschen gelehrt.
Nur durch das Erreichen dieses Gleichgewichts konnte das
göttliche Kind geboren werden. Leider sind die Schriftensammlungen in der Form, wie sie uns heute vorliegen, was
die Funktion der weiblichen Energie im allgemeinen und die
weiblichen Eingeweihten im besonderen betrifft, nicht sehr
ergiebig.

Schüler der traditionellen Mysterienschulen huldigten
und verehrten die weiblichen Lebensaspekte in gleichem
Maße wie die männlichen. Innerhalb der Mysterienschulen

gab es viele Mythen über die göttliche Weltenmutter: Isis in
Ägypten, Tiamat in Babylonien, Gaia in Griechenland, die
Wechselfrau bei den Navajo-Indiandern, Nu-kua in China
und viele andere. Jede Kultur hatte ihren Schatz an Mythen
und Legenden, durch die die Mysterien des Lebens und des
Universums verschleiert weitergeben wurden. Und in jeder
Kultur gab es eine Vielzahl von Mythen und Legenden, die
sich um die weiblichen Lebensaspekte drehten. Es gab keinen Mangel an prachtvollen weiblichen Gestalten und Göttinnen.

Intuition und Phantasie sind zwei der Hauptprinzipien des
Weiblichen. Und sie sind wiederum die Quelle von Fruchtbarkeit und Göttlichkeit. In der westlichen Welt wurde in
der Spätzeit der vorchristlichen Ära grober Mißbrauch mit
den heidnischen Religionen getrieben. Die Mysterienideale
wurden mißverstanden und gerieten durch eine zunehmen-
den Verschiebung des Schwerpunkts in das äußere Gehirn-
bewußtsein des Menschen aus dem Gleichgewicht. Die Menschen stimulierten die männlichen Elemente ihres Wesens zu
stark.

Die Eingeweihten des frühen Christentums wußten, daß
sie durch das Leben nach den christlichen Mysterien in der
Folgezeit das weibliche Element wieder erwecken und so
immer mehr Menschen für die höhere Vision und Erleuchtung öffnen würden. Das weibliche Element ist ein Sinnbild
für die erweckte und erleuchtete Seele – die einzige Seele, in
der das Göttliche in uns zum Leben erweckt werden kann.

Die Lehren von Jesus Christus hatten zum Ziel, das
Gleichgewicht zwischen den männlichen und weiblichen
Lebensaspekten in jedem einzelnen Menschen und in der
Welt wiederherzustellen. Die damaligen Herrscher in Palästina – insbesondere jene, die in einigen der esoterischen
Prinzipien ausgebildet waren – mußten dies in den Lehren
von Christus erkannt haben. Und in einer Gesellschaft, die
extrem patriarchalisch war, wie das Judentum zu jener Zeit,
stellte das natürlich eine Bedrohung dar.

Wie schon erwähnt, waren die Sadduzäer und die Pharisäer damals die zwei wichtigsten Sekten des Judentums. Die
Einweihung in die Mysterien war bei ihnen nur wenigen
Auserwählten vorbehalten. Und dann kam da einfach dieser
Jesus Christus daher und machte die Mysterien allen zugänglich und legte darüber hinaus auch noch den Schwerpunkt seiner Lehren auf das weibliche Element. Der Aspekt
von Liebe und Weisheit, der bei den Lehren von Jesus Christus im Vordergrund stand, ist das weibliche Prinzip, auf
dessen Grundlage sich die wahre Erleuchtung manifestiert
und das Reich Gottes geschaffen werden kann. Liebe ist eine
zentrale Eigenschaft des Weiblichen. Da wundert es einen
nicht mehr, daß die jüdischen Herrscher so verwirrt und
erbost waren.

Es ist die Eigenschaft, die es uns ermöglicht, uns mehr auf
die subjektive Seite des Lebens einzustimmen. Es ist diese
verborgene Seite, für deren Wiederherstellung Jesus Christus in die Welt kam. Obwohl in den Schriften nur wenige
weibliche Personen auftauchen, sind die Lehren voll von
Offenbarungen der weiblichen Mysterien. Wenn wir nach
den christlichen Mysterien leben, kommt das weibliche Element in uns ganz von selbst zum Vorschein, ob wir es nun
als solches erkennen oder nicht. Nach der »Goldenen Regel«
zu leben, über die wir auf S. 102 im Zusammenhang mit der
Bergpredigt gesprochen haben, bedeutet, die weiblichen Seiten in unserem Leben stärker zu leben und unsere subjektive
Seite zu erwecken. Und das geht einher mit einer Erweite-
rung unseres Bewußtseins über den Zusammenhang und
die enge Verflechtung allen Lebens und aller Ereignisse.

In allen alten Traditionen gibt es eine reiche Vielfalt von
Symbolen, Sinnbildern, Wendungen und Metaphern, die alle
für die weiblichen Energien des Universums stehen. Viele
dieser Sinnbilder und Symbole finden sich auch in den Lehren von Jesus Christus, was wiederum Aufschluß über die
weiblichen Lehren der Schriften gibt. Nicht alle der folgenden aufgeführten Symbole finden sich auch in der Heili-

gen Schrift, aber doch viele. (Es muß hier noch einmal daran
erinnert werden, daß in den ersten Jahrhunderten der christlichen Kirche Zensur an der Tagesordnung war.) Die folgenden Symbole und viele mehr finden sich in allen Traditionen
und beziehen sich auf verschiedene Aspekte der weiblichen
Kraft im Universum: Vase, Braut, Mond, Sonne, verschiedene Planeten, Höhle, Vulkan, Fluß, See, Löwin, Schlange,
Kuh, Stute, Wal, Krähe, Reiher, Taube, Feigenbaum, Korn,
Ringelblume usw. Für die Astrologen von gestern und heute
ist die Erde ein weiblicher Planet – was darauf hinweist, daß
die Menschen auf die Welt gekommen sind, um mehr über
das Weiblich-Göttliche zu lernen.

Es gibt Gleichnisse und Lehrsätze in der Bibel, die dieselben Bilder und Symbole benutzen. Das deutet darauf hin,
daß Jesus Christus tatsächlich durch seine Lehren Aspekte
des weiblichen Elements vermittelte. Manchen Erzählungen
über die Geburt Jesu zufolge befand sich die heilige Familie
in einer Höhle und nicht in einem Stall. Dann ist da das
Gleichnis von der Braut, die Hochzeit von Kana und die Tatsache, daß die meisten Reisen und Predigten von Jesus in
unmittelbarer Nähe von Wasser stattfanden, einem universellen Symbol für die weiblichen Kräfte des Universums.
Das läßt tiefe Schlüsse zu. Jesus Christus kämpfte gegen die
patriarchalische Gesellschaft an und nannte ihre Führer
Heuchler, denn ohne Ausdruck des weiblichen Weisheits-
aspekts kann niemand erleuchtet sein. Es ist die Weisheit der
Mutter, die uns dabei hilft, das Kind in uns wiederzufinden,
und Jesus Christus hat oft von Kindern geredet.

Jesus Christus hauchte den alten Sinnbildern und Lehren
des Weiblichen neues Leben und Aussagekraft ein. Er regte
die Vorstellungskraft und die schöpferische Kraft aller an,
die er berührte. Diese weiblichen Aspekte stellen bei jedem
einzelnen von uns das Gefühl wieder her, unser Leben im
Griff und Macht darüber zu haben. Die Schriften sind ein
Gleichnis für die Erlösung des Weiblich-Göttlichen. »Seid
barmherzig, wie es auch euer Vater ist« (Lukas 6,36). Für

den modernen Mystiker Matthew Fox sagen diese Worte viel über die Wiederherstellung und Erlösung des Weiblich-Göttlichen aus. Wahre Erlösung hat für ihn immer etwas mit Barmherzigkeit zu tun – mit dem Erwecken des Mitleidens mit Gott, seiner ganzen Schöpfung und seinen Kindern.

Auf diesen Aspekt wollen wir im Laufe dieses Kapitels noch näher eingehen. Wir werden uns einige der wichtigsten esoterischen Lehren über das weibliche Element in den christlichen Mysterien näher ansehen. Wir werden die wichtigsten Ereignisse im Leben der historischen Jesus-Gestalt in Form des Gleichnisses von den sieben weiblichen und den sieben männlichen Initiationen, sowie andere Ereignisse untersuchen, die uns besondere Aspekte der weiblichen Mysterien lehren. Wir werden besondere Auszüge aus der Heiligen Schrift und ihre Bedeutung im Zusammenhang mit der Erweckung der weiblichen Kräfte in unserem Leben näher betrachten sowie die wichtigsten weiblichen Gestalten in der Heiligen Schrift – insbesondere die höchste Eingeweihte jener Zeit, Maria, die Mutter Jesu.

Das verborgene Weibliche
im Leben von Jesus Christus

Wie wir schon weiter oben gesehn haben, haben alle Ereignisse im Leben Jesu Christi über ihre historische Bedeutung hinaus auch noch eine andere Bedeutung. Die wichtigsten Ereignisse waren ein In-Szene-Setzen der Mysterien, was zuvor nur in Ritualen in den Mysterientempeln geschehen war. Sein ganzes Leben ist ein lebendiges Beispiel der Mysterienlehren. Deshalb kann jeder, der sich die Mühe machen will, die Mysterien zu erforschen, einfach bei den wichtigsten Ereignissen beginnen.

In den meisten alten Traditionen wurde das Gleichgewicht von weiblichen und männlichen Elementen gelehrt, von positiv und negativ, Yin und Yang, Elektrischem und

Magnetischem, Vernunft und Intuition. Durch Zusammenbringen der männlichen und weiblichen Kräfte wird das heilige Kind in uns geboren. Beide Eigenschaften haben ihre
Aufgabe und ihren Sinn bei der Entfaltung und Evolution
der Menschen. In allen von uns gibt es diese beiden Eigenschaften. Und jeder muß für sich lernen, in seinen ganz individuellen Lebensumständen zwischen ihnen einen Ausgleich zu schaffen, eine Harmonie herzustellen. Jeder muß
lernen, sie zu erfahren und sie auszudrücken.

In der zweiten Hälfte dieses Buches werden wir den
Zyklus der Christus-Energien im Jahreslauf näher untersuchen und erkennen, wie er uns und unser Leben in jeder
Jahreszeit beeinflußt. Wie wir noch sehen werden, stimuliert
die Christus-Energie alles Leben auf ganz besondere Weise
im Einklang mit dem Wechsel der Jahreszeiten. Es gibt also
eine Jahreszeit, in der die Christus-Energie das Aufleben
und die Ausrichtung unserer weiblichen Energien stärker
anregt, und eine Jahreszeit, in der der männliche Aspekt in
uns leichter zugänglich ist. Und es gibt eine Jahreszeit der
Vorbereitung und eine Jahreszeit der Verschmelzung der
beiden Aspekte.

In den alten Mysterientraditionen war Sieben eine heilige
Zahl. Sieben war das Symbol für das Loslösen des einzelnen
von der materiellen Ebene und das Streben nach der spirituellen. Sie verkörpert den spirituellen Pfad, der zurück zum
Ursprung führt. Sieben wird als heilige Zahl angesehen, weil
sich darin die Antworten auf die Mysterien des physischen
Lebens finden. Die Erschaffung der Welt dauerte sechs Tage,
und am siebten Tag – dem Sabbath oder Tag der Ruhe – fand
die Synthese des Ganzen statt. Sieben ist die Zahl des Wissens der – materiellen und spirituellen – Welt. (Das spiegelt
sich in der in Sieben enthaltenen Drei und Vier wider. Die
Vier steht für die materielle Welt und die Drei für die spirituelle, die auf dem materiellen Fundament ruht.)

Es gibt viele Entsprechungen, die mit der Zahl Sieben
zusammenhängen. Die Woche hat sieben Tage; der Regen-

bogen setzt sich aus sieben Farben zusammen; es gibt sieben Hauptplaneten; der Mensch hat sieben Sinne (Gehörsinn, Geschmackssinn, Tastsinn, Geruchssinn, Gesichtssinn, praktischer Sinn oder Synthese und Intuition); der Körper verfügt über sieben Hauptsysteme; es gibt sieben Chakren im Körper; die Metaphysik lehrt uns, daß der Mensch sieben Körper besitzt, den physischen Körper und sechs feinstofflichere; die Heilige Schrift lehrt uns die sieben Gaben des Heiligen Geistes (das weibliche Element, das in den Menschen aktiv ist). Deshalb wird also Sieben auch oft die »heilige Zahl« genannt.

Die sieben weiblichen Christus-Mysterien

Die folgenden Mysterien werden in der zweiten Hälfte des Buches im Kapitel »Das Ritual der Wintersonnenwende« noch näher ausgeführt.

1. *Die Verkündigung*
   Mariä Verkündigung durch den Erzengel Gabriel, daß sie Jesus gebären wird.
   Darin offenbart sich eine glorifizierte Vision und Erleuchtung, die von der Ausgeglichenheit der männlichen und weiblichen Kräfte herrührt.
   Astrologische Entsprechung: Mond im Stier.
2. *Die unbefleckte Empfängnis*
   Das Empfangen des Jesuskindes.
   Die spirituelle Kraft einer neuen Vision prägt sich dem Körper ein.
   Astrologische Entsprechung: Mond im Stier.
3. *Die heilige Geburt*
   Die Geburt des Jesuskindes.
   Dadurch wird die Geburt des kreativen Willens manifestiert und neue Kraft erweckt.
   Astrologische Entsprechung: Mars im Steinbock.

4. *Die Weihe im Tempel*
Jesus wird, wie vom Gesetz des Mose vorgeschrieben, ge-
segnet und Gott geweiht.
Der Schüler verschreibt sein Leben dem Spirituellen.
Astrologische Entsprechung: die Sonne, wo immer sie
steht.

5. *Die Flucht nach Ägypten*
Die Familie flieht, nachdem Herodes sein Dekret zur Kna-
bentötung erlassen hat.
Das vorübergehende Verbergen des inneren Lebens, das
in der Entwicklung jedes spirituellen Schülers aufgrund
des Einflusses der äußeren Welt vorkommt.
Astrologische Entsprechung: Saturn in der Waage.

6. *Das Lehren im Tempel*
Im Alter von zwölf Jahren wird Jesus von seinen Eltern
getrennt, und sie finden ihn schließlich im Tempel von Jerusalem wieder, wo er mitten unter den Lehrern sitzt und
sich mit ihnen unterhält.
Darin offenbart sich das sich erweiternde Bewußtsein
durch die Verschmelzung von Herz und Verstand.
Astrologische Entsprechung: Merkur in der Jungfrau.

7. *Die Taufe*
Die Taufe Jesu durch Johannes den Täufer.
Die Initiation zur vollen, bewußten Einsicht und zum vol-
len Verständnis und Unterscheidungsvermögen, wie durch
die anschließende Versuchung gezeigt wird.
Astrologische Entsprechung der Taufe: Jupiter im Krebs.
Astrologische Entsprechung der Versuchung: Mars oder
Uranus im Skorpion.

Die sieben männlichen Christus-Mysterien

Diese werden in der zweiten Hälfte des Buches im Kapitel über das »Ritual der Frühlingstagundnachtgleiche« noch
näher ausgeführt. Die weiblichen Mysterien helfen uns bei
der Entwicklung von Gaben und Energien und die männ-

lichen helfen uns dabei, diese in geeignete Bahnen zu lenken und richtig auszudrücken.

1. *Die Verklärung*
Jesus enthüllt Petrus, Jakobus und Johannes seine wahre Erzengelnatur.
Darin offenbart sich die Fähigkeit, das Bewußtsein auf höhere Stufen zu erheben und unabhängig von Zeit und Raum in direkten Kontakt mit dem Göttlichen zu treten.
Astrologische Entsprechung: Mars oder Uranus im Skorpion.

2. *Der triumphale Einzug*
Jesus Christus zieht in Jerusalem auf dem Rücken einer Eselin ein, und die Menschen begrüßen ihn mit Palmzweigen und »Hosanna«-Rufen.
Darin spiegelt sich das Erlangen der Seelenweisheit durch die Erhöhung des Bewußtseins und den Ausdruck des weiblichen Aspekts wider.
Astrologische Entsprechung: Merkur im Wassermann.

3. *Die Feier des Paschamahls im Obergeschoß eines Hauses*
Das Ritual des letzten Abendmahls mit Jesus Christus und den Aposteln.
Die Lehre des alchemistischen Prozesses der Umwandlung von Energien durch das Gleichgeweicht von weiblichen und männlichen Elementen.
Astrologisch entspricht ihm das Gleichgewicht zwischen dem der Sonne im Tierkreis genau gegenüberliegenden Zeichen und der Sonne selbst.

4. *Der Garten Gethsemane*
Die Zeit, in der sich Jesus Christus in den Garten zurückzieht, um zum letzten Mal seine Opferbereitschaft und seine Selbstlosigkeit zu prüfen.
Darin wird der Teil des Einweihungspfads erkennbar, auf dem der Schüler sein letztes bißchen eigenen Wille aufgibt und sich in den Willen Gottes schickt. Manchmal

wird diese Phase auch die dunkle Nacht der Seele ge-
nannt – die letzte Hingabe an das Mitgefühl.
Astrologische Entsprechung: Venus in den Fischen und
Saturn im Steinbock.

5. *Die Prüfung*
Die Prüfung Jesu Christi vor dem höchsten Rat, vor Pilatus und Herodes.
Darin kommt das Sich-der-Versuchung-Stellen zum Ausdruck, seine höhere Vision und seine Macht für sich oder
für selbstlose Liebe einzusetzen.
Astrologische Entsprechung: Saturn oder Neptun im Skorpion.

6. *Die Kreuzigung*
Das Ans-Kreuz-Nageln von Jesus Christus und der dar-
auffolgende Tod.
Für diese Stufe ist die Fähigkeit erforderlich, der Grau-
samkeit anderer ins Auge zu sehen, indem wir auf alles
– außer auf unsere Aufgabe der spirituellen Verwirklichung – verzichten.
Astrologische Entsprechung: Venus im Sternzeichen Fische.

7. *Die Auferstehung*
Jesus Christus überwindet den Tod.
Der Schüler lernt, was unsterbliche Liebe und Leben heißt,
und lernt, die Grenze zwischen Schlaf und Wachzustand,
zwischen Leben und Tod, bewußt zu überschreiten.
Astrologische Entsprechung: Sonne im Widder.

Das verborgene weibliche Prinzip im Kreuzessymbol

Das dynamische Kreuzessymbol ist sehr bedeutungsreich.
Viele gehen davon aus, daß es ausschließlich ein Symbol des
Christentums ist. Doch das Kreuz war nahezu in allen Kulturen der Welt ein wichtiges Symbol. Die Bedeutungen vari-
ierten etwas, aber die Gemeinsamkeiten sind stärker. Das

wahre Kreuz der christlichen Mysterien ist das gleichschenklige Kreuz, auch »griechisches Kreuz« genannt. Es ist
ein Symbol für die ausgeglichene Vereinigung der männlichen und weiblichen Energien.

Der waagrechte Balken des Kreuzes ist ein Symbol für das
Weibliche und der senkrechte ein Symbol für das Männliche.
Unglücklicherweise ist bei dem »Kalvarienkreuz«, das mit
dem modernen Christentum assoziiert wird, der waagrechte
Balken kürzer als der senkrechte – ein Ausdruck der patri-
archalischen Weltsicht, die immer noch gegen die kraftvolle
Bedeutung des weiblichen Aspekts von Gott ankämpft. Ein
Teil der esoterischen Bedeutung der Kreuzigung besteht
im Opfern des männlichen Elements (in der Form von Jesus
Christus), damit das weibliche Element wieder seinen recht-
mäßigen Platz in der modernen Welt einnehmen kann.

Der »Kreuzweg« ist der Einweihungspfad der Christus-
Mysterien. Die 14 Stationen des Kreuzwegs, die im modernen Katholizismus eine wichtige Rolle spielen, haben einen
stark esoterischen Bedeutungscharakter, und zwar weitaus
mehr als die letzten Ereignisse im Leben von Jesus Christus. Der Kreuzweg spiegelt auf einer Ebene die spirituellen
Feuer der schöpferischen Lebenskraft (Kundalini) wider, die
über die Wirbelsäule aufsteigt, und auf anderen Ebenen
viele Aspekte der weiblichen Mysterien. Für den christlichen
Gnostiker gelangt die Menschheit durch das weibliche Prinzip zum »erlösenden Blut Christi«. (Das kommt in der folgenden Darstellung der Kreuzwegstationen zum Ausdruck,
die der *New Age Bible Interpretation* von Corinne Heline entnommen sind. Jedesmal, nachdem Jesus Christus fällt, trifft
er anschließend eine Frau. Er schöpft Kraft aus dem weiblichen Element, um wieder stark genug zu werden.)

Die Kreuzwegstationen

1. Jesus Christus wird zum Tode verurteilt.
   (Beginn der Initiation)
2. Jesus Christus nimmt das Kreuz auf seine Schultern.
   (Der Einweihungspfad)
3. Jesus fällt zum ersten Mal.
   (Symbolisch für die menschliche Schwäche)
4. Jesus Christus trifft seine Mutter.
   (Ideal der höchsten weiblichen Kraft)
5. Simon von Zyrene hilft ihm das Kreuz tragen.
   (Simons vollkommene Hingabe als Jünger)
6. Veronika reicht Jesus das Schweißtuch.
   (Umwandlung der weiblichen Energien)
7. Jesus fällt zum zweiten Mal.
   (Symbolisch für das menschliche Versagen aus Begierde)
8. Jesus Christus spricht mit den weinenden Frauen.
   (Trauer über die Erniedrigung der Frauen)
9. Jesus fällt zum dritten Mal.
   (Symbolisch für den materiellen Geist)
10. Jesus Christus wird seiner Kleider beraubt.
    (Verzicht auf alle weltlichen Güter)
11. Jesus Christus wird ans Kreuz genagelt.
    (Entwicklung der Stigmata)
12. Jesus Christus stirbt den Kreuzestod.
    (Die Initiation ist vollkommen.)
13. Jesus Christus wird vom Kreuz genommen.
    (Befreiung vom Körper)
14. Jesus Christus wird ins Grab gelegt.
    (Der Pfad für die nächste Initiation)

Die weiblichen Eingeweihten der christlichen Mysterien

Den meisten Menschen, die sich näher mit den Schriften beschäftigen, kommt es auf den ersten Blick so vor, als würden
die weiblichen Anhänger von Jesus Christus kaum erwähnt.
Beschäftigen wir uns jedoch eingehender damit, so merken
wir, daß Frauen in den christlichen Mysterien sogar eine
vorherrschende Rolle spielen. Zu jener Zeit und in jenem
Teil der Welt hatten Frauen im allgemeinen in der Gesellschaft eine untergeordnete Rolle gegenüber den Männern
inne. Deshalb ist es häufig schwierig, den Einfluß von Maria,
der Mutter Jesu, und den anderen weiblichen Eingeweihten
aufzuspüren.

Das spielt auch bei der Aufzeichnung der Mysterien für
alle Menschen eine wichtige Rolle. Die weiblichen Eigenschaften, die Jesus Christus gelehrt und vorgelebt hat, sind
sehr kraftvoll, aber auch sehr fein. Wir müssen bei jedem
von uns nach dem Weiblichen suchen, und es zum Ausdruck bringen – und dasselbe gilt für die Schriften. Obwohl
viele Einzelheiten über die weiblichen Anhänger von Jesus
Christus in den kanonischen Büchern des Neuen Testaments
nicht explizit ausgeführt werden, können viele der fehlenden Teile in anderen erhalten gebliebenen Texten und den
Apokryphen nachgelesen werden. Die traditionellen Vorstellungen von der ausgeprägten weiblichen Feinsinnigkeit,
wie sie in allen esoterischen Traditionen gelehrt wird, findet
sich allerdings auch in den modernen Schriften. Die Frauen,
die erwähnt werden, zeichnen sich häufig durch große
Stärke und Mut aus, die es ihnen ermöglicht, in ihrem Leben
das Risiko einzugehen, neue Wege zu gehen – und es scheint
sogar, daß ihnen das leichter fällt als den Männern. Die
ersten Zeugen der Auferstehung sind Maria von Magdala,
Maria, die Mutter Jesu, und Johanna. Der intuitive weibliche
Aspekt machte sie empfindsamer für die starke esoterische

Bedeutung des Ereignisses. Das wird durch die Tatsache, daß die Apostel ihrer Erzählung nicht glauben, noch unterstrichen. Der männliche Aspekt kann nicht so klar sehen.

Johanna wird im Lukas-Evangelium als starke Frau beschrieben. Ihr Mann war ein hoher Beamter des Herodes. Sie verließ ihn, um diesen neuen Weg einzuschlagen. Sie ließ die alte männliche Energie hinter sich, um ihre eigene stärker zu leben.

Es gibt noch andere Frauen, die diese innere Stärke an den Tag legten, die es ihnen ermöglichte, das Risiko einzugehen, in ihrem Leben neue Schritte zu unternehmen. Da ist z. B. Salome, die Frau des Zebedäus, die ihre beiden Söhne Jesus Christus vorstellt, um sie zu seinen Jüngern zu machen (Jakobus und Johannes). Und sie selbst wird später ihren eigenen Weg in den christlichen Mysterien gehen. Es gab auch noch andere Frauen im Gefolge Jesu und »sie alle unterstützten Jesus und die Jünger mit dem, was sie besaßen« (Lukas 8,1–3). Unter diesen Frauen war auch eine namens Susanna. Maria, die Mutter des Markus, ließ Jesus Christus und seine Jüngern in Jerusalem in ihr Haus. In ihrem Haus fand am Ende auch das letzte Abendmahl statt. Sie ist ein dynamisches Symbol der weiblichen Energie, die über die Ebene des Dienens wirkt. Und wie Elisabeth Moltmann-Wendel in ihrem Buch *The Women Around Jesus* ganz richtig anführt, spricht Lukas von Prophetinnen wie Hanna und den Töchtern des Philippus sowie von Geschäftsfrauen, die zuvor Sklavinnen waren und ihre Freiheit erlangt haben, sowie von anderen starken Frauen, die Jesus Christus unterstützt haben.

Wenn in den Schriften von diesen Frauen die Rede ist, werden sie oft in den traditionellen Dreierkombinationen der alten Mysterien erwähnt. Das Weibliche findet seinen Ausdruck in drei Aspekten: Jungfrau, Mutter und weise Frau. Die Geschichte von Maria spielt sich auf drei Ebenen ab: als Jungfrau bei der unbefleckten Empfängnis, als Mutter von Jesus und als weise Frau, die in die Mysterien eingeweiht und sogar die Eingeweihte mit dem höchsten Initiationsgrad jener Zeit ist. Es sind drei Frauen, die zuerst von der Auferstehung erfahren. Die drei Frauen Anna, Marias Mutter, Elisabeth, Marias Cousine, und Maria selbst stehen als die drei Stufen der prophetischen Entwicklung in einer engen Beziehung zueinander. Weiterhin werden im Markus-Evangelium drei Frauen namentlich genannt, die am Fuße des Kreuzes von Jesu standen: Maria von Magdala, Maria, die Mutter von Jakobus dem Kleinen, und Salome.

In den Schriften wird von den Frauen berichtet, die Jesus beim Sterben zusahen, aber es wird nichts über Männer verlauten gelassen, die die Stärke beobachten, die von den weiblichen Lebensenergien ausgeht. Das wird auch durch die Verleumdung von Petrus deutlich. Der männliche Ausdruck von Liebe war nicht stark genug, um dem Druck der äußeren Welt standzuhalten. Hingegen ist die innere weibliche Liebe stark genug.

In den Schriften wird auch auf die Kraft des Weiblichen und die angeborene weibliche Feinfühligkeit verwiesen. Das gilt sogar für Personen, die gar nicht auf die Christus-Lehren ausgerichtet waren. Besonders deutlich wird dies am Beispiel der Frau des Pilatus. Aufgrund ihrer angeborenen Feinfühligkeit drängte es sie danach, den weisen Ratschlag zu geben, am besten nichts mit der Situation von Jesus zu tun zu haben.

Man wundert sich oft darüber, warum so viele Frauen in der Bibel den Namen Maria tragen. Der äußere, offensichtlichere Aspekt ist, daß es zu jener Zeit unter den Reicheren und in der Gesellschaft Höherstehenden ein weitverbreiteter Name war. Auf einer esoterischeren Ebene spielt der Name Maria eine große Rolle, weil er die Aufmerksamkeit auf die Bedeutung der weiblichen Mysterien lenkt. Der Name Maria geht im wesentlichen auf zwei Grundbegeriffe zurück: zum einen auf »Myrrhe« oder wenn man ihn weiter zurückverfolgt, »die aus dem Meer Stammende«. In vielen Kulturen wurde in den Mysterientraditionen das Element Wasser als

Symbol für das Weiblich-Göttliche verwendet. Alles Leben
kommt aus dem Meer. Aus dem großen Ozean des Göttlichen wird das Universum geboren. Aus den Wassern des Lebens entsteht neues Leben. In den meisten esoterischen Traditionen nahmen die Personen an einem bestimmten Punkt
ihrer Entwicklung einen »Initiationsnamen« an. Dieser Name
spiegelte die Energien wider, die die Person am meisten
ehrte und schätzte. Die in den Schriften erwähnten Frauen
waren ebenso wie die Männer häufig bereits in mehreren
Stufen der esoterischen Tradition ausgebildet.

Wir müssen uns ins Gedächtnis rufen, daß alles neben seinem historischen Aspekt auch eine esoterische Bedeutung
hat. Die Tatsache, daß wir immer wieder auf den Namen
Maria stoßen, sollte uns eigentlich dazu anregen, mehr darüber wissen zu wollen.

Die weiblichen Anhänger von Jesus Christus standen alle
in einer engen Beziehung zueinander und hatten darüber
hinaus eine esoterische Seite, die für alle, die sich intensiv
damit beschäftigen, leicht erkennbar wird. Mehr als nur eine
esoterische Tradition lehren, daß Maria, die Mutter Jesu, ihre
eigene Gruppe von Jüngern hatte, auf deren Ausbildung
und Entwicklung sie direkten Einfluß ausübte. In der Tradition der Rosenkreuzer wird davon ausgegangen, daß
im oberen Stockwerk des Hauses von Maria, der Mutter von
Markus, zwei Paschamahle in angrenzenden Zimmern stattfanden. An dem einen Mahl nahm Jesus Christus und sein
engster Kreis teil, am anderen nahm der engste Kreis der
weiblichen Jünger in seinem Gefolge teil, die von Maria, der
heiligen Mutter, betreut wurden. Das Männliche und Weibliche wurden also zusammengebracht, um die letzten Lehren über die alchemistischen Lebensprozesses zu erhalten.

Es ist schwer zu sagen, wer die zwölf weiblichen Jünger
waren. Viele Frauen werden in diesem Zusammenhang genannt, und jede von ihnen hat eine symbolische Bedeutung.
Doch ihre spezifischen Rollen sind nicht ganz so klar definiert wie die ihrer männlichen Gegenstücke. Daraus läßt

sich der Unterschied zwischen Intuition und Vernunft erkennen, den weiblichen bzw. männlichen Energien.

Anna, Marias Mutter, war in der alten essenischen Tradition ausgebildet, ebenso wie Elisabeth, Marias Cousine und Mutter von Johannes dem Täufer. Marias Besuch bei Elisabeth zu Beginn ihrer Schwangerschaft spiegelt die weibliche Tradition vieler anderer Kulturen wider, in denen die Mysterien der Geburt und der heiligen Wahrheiten der Zeit vor der Geburt von Frau zu Frau ausgetauscht werden.

Darüber hinaus gibt es Erzählungen und Legenden über eine Essenerin namens Judith, die Jesus Christus in seinen ersten Lebensjahren in der essenischen Tradition erzogen haben soll. Dann ist da noch Maria von Magdala. Sie ist ein eindrucksvolles Beispiel für die Verwandlung und das Leben, das mit dem richtigen Ausdruck der weiblichen Kräfte beginnt. Sie ist ein Symbol für die Bewegung, die allen, von den niedrigsten bis zu den höchsten, offensteht und damit ein Modell für die Eingeweihte in die christlichen Mysterien.

In den Schriften wird auch über die Schwestern Martha und Maria von Bethanien berichtet. Maria ist die Idealistin und ein Symbol für das weibliche Innenleben. Martha ist hingegen praktischer veranlagt und verkörpert den äußeren Ausdruck des Weiblichen. Beide Aspekte sind nötig, der innere und der äußere, und deshalb werden sie immer zusammen erwähnt. Der Legende zufolge reisten sie mit Josef von Arimathäa umher und halfen ihm, den Heiligen Gral in neue Länder zu tragen.

Maria aus Jerusalem, die Mutter des Markus, haben wir bereits erwähnt. Sie war wohlhabend, und ihr Haus stand Jesus Christus und seinen Jüngern offen. In den oberen Räumen ihres Hauses fand das letzte Abendmahl statt. Sie ist ein Symbol des weiblichen Elements, das sich im Bereich des Dienens hervortut.

Eine andere Maria, die Frau von Kleophas, Josefs Bruder, findet ebenfalls Erwähnung. Sie ist zu einem Symbol für

Stärke und Mut auf dem Einweihungspfad geworden. Auch
von einer Frau namens Marianne ist im Zusammenhang mit
den Christus-Mysterien die Rede. Sie war die Schwester des
Apostels Philippus. Einer Legende zufolge war sie es, die
das Brot (ein altes Symbol für die weiblichen Energien)
für das »Paschamahl in den oberen Räumen« gebacken
hat. Auch die Frau und die Tochter von Philippus werden
erwähnt, aber darüber hinaus ist wenig über sie bekannt,
außer daß sie stets dabei waren. Dasselbe gilt für die Frau
von Petrus, Petronilla, und seine Schwiegermutter.

Die letzte der ausdrücklich in den Schriften erwähnten
Frauen taucht auf, als Jesus sein Kreuz nach Golgatha hoch-
trägt. Es ist Veronika, die ihm ein Schweißtuch reicht, um
das Gesicht abzuwischen. Er hinterläßt einen Abdruck seines Gesichts auf dem Schweißtuch. Veronika ist ein Symbol
für die ätherische Energie der Menschen, die mehr sensibi-
lisiert werden muß (mehr auf das weibliche Element ausgerichtet), wenn die Christus-Energie im Leben des einzelnen einen Eindruck hinterlassen soll. Erst dadurch wird die
wahre Einsicht wiederhergestellt.

Auf demselben Weg nach Golgatha spricht Jesus Christus,
nachdem er zum zweiten Mal gefallen ist, auch zu einer
Gruppe von weinenden Frauen. Darin spiegelt sich die Anerkennung und Trauer über die Erniedrigung des Weiblich-
Göttlichen wider. Gleichzeitig ist es jedoch auch ein Beweis, daß der Mensch, wenn sich ihm der vollständige Einweihungspfad eröffnen soll, seine Kraft aus den weiblichen
Quellen schöpfen muß.

Insbesondere aus den Briefen des Paulus und der Apostelgeschichte erfahren wir viel über Frauen, die nach dem
Tod und der Auferstehung zu Jüngern und Eingeweihten
der christlichen Mysterien wurden. Um nur ein paar zu
nennen: die ersten weiblichen Jünger von Paulus waren
Priscilla, Claudia und Lydia. Außerdem wird über Lois,
die Großmutter von Timotheus, und seine Mutter, Eurenike,
berichtet. Die apokryphen Texte geben Aufschluß über die

Rolle von weiteren Frauen, u.a. Phöbe, Thekla und die Frau von Simon von Zyrene.

Die weiblichen Mysterien leben weiterhin im Stillen fort. Doch ihr Einfluß ist stark, und sie entwickeln sich in dieser Welt unter ständigem Empfangen und Hinzugewinnen neuer Energien. In den wahren Christus-Mysterien waren sie nicht auf irgendeine untergeordnete Stufe verbannt, sondern in hohem Maße verehrt. Dies galt besonders für alle, die danach strebten, wiedergeboren zu werden. Sie ehrten und förderten sie, da ohne männliche und weibliche Elemente keine Geburt zustande kommt. Eines kann ohne das andere nicht existieren.

Die Mysterien der heiligen Mutter

Zur Zeit von Jesus Christus ist Maria die Frau, die die höchste Initiationsstufe erreicht hat. In ihrem Umkreis finden sich die Schlüssel zu den wahren weiblichen Mysterien innerhalb der christlichen Lehren. Wir werden diesen Aspekt in dem Kapitel »Das Ritual der Wintersonnenwende« noch genauer untersuchen, denn das ist die Jahreszeit, in der durch die auf die Erde einwirkenden und in ihr wirkenden Christus-Energien die Erweckung der weiblichen Energien in uns gefördert werden kann.

Maria wird uns unter den drei traditionellen Aspekten der göttlichen Frau dargestellt: als Jungfrau, Mutter und weise Frau. Ihre Eltern Joachim und Anna, die der Gemeinschaft der Essener angehörten, hatten sie einem spirituellen Leben in der essenischen Tradition geweiht. Sie ist ein dynamisches Symbol der erleuchteten Seele – die einzige Art von Seele, die das göttliche Kind in ihr gebären kann.

Maria und Joseph sind typische Beispiele für den spirituellen Ausdruck des Weiblichen und Männlichen durch die Kleinen Mysterien des Initiationspfads. Diesen Pfad mußten auch die Apostel und die anderen Jünger vor dem

Tod von Jesus Christus beschreiten. Maria aber ging weiter.
Sie erlangte im Laufe ihres Lebens durch die Großen Initia-
tionen höhere Einweihungsgrade – höher noch als die der
Apostel.

Diese Großen Initiationen werden manchmal auch als die
Initiation durch Wasser, Feuer, Erde und Luft bezeichnet. Bei
der Wasser-Initiation geht es um die Kontrolle über die Gefühle. Wenn unsere emotionalen Wasser kontrolliert, also
ruhig, sind, können sie anderes widerspiegeln, reflektieren.
Sie verkörpern dann eine sich öffnende spirituelle Sichtweise. Im Leben von Maria wird dies durch die Verkündigung ausgedrückt.

Bei der Feuer-Initiation geht es um die Überwindung der
Begierdeaspekte der Seele. Feuer kann sowohl destruktiv als
auch kreativ sein. Es kann inspirieren oder verbrennen. Bei
dieser Initiation geht es darum, zu lernen, die inneren Kräfte
unserer eigenen schöpferischen Feuer – der Kundalini-Ener-
gie – im Zaum zu halten, damit die höchste Ausdrucksform
von Licht hervortreten kann. Diese Initiation spiegelt sich im
Leben von Maria in der unbefleckten Empfängnis wider.

Bei der Luft-Initiation geht es um die Kontrolle und
die bewußte Erleuchtung des Geistes. Es ist die Geisttaufe,
durch die Zeit und Raum transzendiert werden. Durch sie
wird die »Macht des Wortes« in uns erweckt. Im Leben
von Maria wird sie durch die Ereignisse des Pfingstfestes
verkörpert.

Die vierte Große Initiation, die sie durchläuft, ist die Erd-
Initiation. Dabei geht es um die Umwandlung physischer
Atome in spirituelle Kraft. Es ist die Beherrschung der Mate-
rie insgesamt. Es gibt viele Mythen und Sagen über Meister
und Gottheiten, die nicht altern oder sich mit Vorliebe in
einer bestimmten Gestalt zeigen. Das ist ein Aspekt der Erd-
Initiation. Im Leben von Maria findet sie ihren Ausdruck in
Form von Mariä Himmelfahrt.

Dieser Aspekt von Maria als der Eingeweihten höchster
Grade kommt auch im »Kreuzweg« zum Ausdruck. Maria

war die einzige der Anhänger und Freunde von Jesus Christus, die mit ihm den ganzen Weg bis nach Golgatha gegangen ist. Das ist ein Symbol dafür, daß sie die einzige war, die in der Lage war, dieses Ereignis auf seiner höchsten und wahrsten Stufe zu erleben. Sie hatte sich ihr ganzes Leben lang darauf vorbereitet.

Aus den Apokryphen und den deuterokanonischen Schriften geht hervor, daß sie ihr ganzes Leben lang mit den Engeln aller Hierarchien kommuniziert hat. In der heutigen Zeit gilt ihr Einsatz den Menschen, denen sie dabei helfen will, ihre weibliche Seite zu erwecken und sich zusammen mit den Engeln aktiv für die Evolution aller einzusetzen.

Während sich Christus von einem äußeren Sonnenlogos zu einem inneren planetarischen Logos bewegt hat, hat sich Maria von einem inneren Prototyp des Weiblichen zu einer äußeren göttlichen Kraft entwickelt. Mit der Entstehung der Christus-Mysterien begann der Prozeß der Umkehrung der Polarität des Energieausdrucks. Wo einst das männliche Element im äußeren Bereich ausgedrückt wurde und das weibliche im Inneren findet ein Wandel statt, und das weibliche Element fängt an, sich mehr im äußeren Leben der Menschen auszudrücken – und die Entwicklung wird sich in diese Richtung fortsetzen. Diese Energiekombination wirkt auf uns in Übereinstimmung mit der zyklischen Natur unserer Jahreszeiten und Monate ein.

Der Einfluß und die Verstärkung des Weiblichen auf Erden folgen einem monatlichen Zyklus, der mit Zeremonien und Ritualen gefeiert werden kann. (Dieser monatliche Zyklus steht seit alters her in enger Verbindung mit dem Menstruationszyklus der Frauen auf der ganzen Welt – mit dem Wechsel der Gezeiten unter dem Einfluß des Mondes.) In jedem Monat des Jahres haben wir Gelegenheit, einen der Aspekte des Weiblich-Göttlichen zu feiern, wie sie durch Maria in den christlichen Mysterien ausgedrückt wurden.

JANUAR – *Fest der Geburt*
Leitgedanke – Geburt des Höheren Selbst; Besseres wird
nachkommen
Symbol – Morgenröte
Blume – Hyazinthe

FEBRUAR – *Fest der Reinigung*
Leitgedanke – Hingabe an das Spirituelle
Symbol – Tor
Blume – Schneeglöckchen

MÄRZ – *Fest der Verkündigung*
Leitgedanke – Seelenkraft und neue Vision
Symbol – Wurzel
Blume – Weiße Lilie/Ringelblume

APRIL– *Die Sonnenaufgangszeremonie*
Leitgedanke – Leben, Tod und Unsterblichkeit
Symbol – Traube
Blume – Gelbe Schlüsselblume

MAI– *Fest der Umwandlung*
Leitgedanke – Segen der Natur
Symbol – Hüllblätter der Maiskolben
Blume – Rose

JUNI – *Fest der Liebe*
Leitgedanke – Höherer Ausdruck der Liebe
Symbol – Rose
Blume – Iris/Rose

JULI – *Fest der Heimsuchung*
Leitgedanke – Die heiligen Wahrheiten der Geburt
Symbol – Quelle
Blume – Weiße Lilie

AUGUST – *Fest der Himmelfahrt*
Leitgedanke – Umwandlung
Symbol – Kelch
Blume – Sonnenblume

SEPTEMBER – *Fest von Mariä Geburt*
Leitgedanke – Heilung, Erleuchtung und Frieden
Symbol – Tempel
Blume – Goldrute

OKTOBER – *Fest der erleuchteten Herzen*
Leitgedanke – Umwandlung des im Herzen bewahrten
Karmas
Symbol – Schrein
Blume – Rosmarin

NOVEMBER – *Fest der Toten*
Leitgedanke – Die dunkle Mutter und die Segnung der
Toten
Symbol – Leuchtfeuer
Blume – Chrysantheme

DEZEMBER – *Fest der unbefleckten Empfängnis*
Leitgedanke – Idealismus des mystischen Kindes
Symbol – Spiegel
Blume – Weihnachtsstern

Die Autorität der heiligen Mutter

Es wird immer viel darüber diskutiert, welchen Einfluß und
welche Rolle Maria für die Entwicklung der christlichen Mysterien nach dem Tod von Jesus Christus hatte. Der esoterischen Tradition zufolge beaufsichtigte Maria die Aktivitäten
der Apostel und der anderen Jünger als schweigendes Ober-
haupt. In der damaligen Gesellschaft konnten Frauen nicht

die äußere, dominantere Rolle übernehmen. Das war die Aufgabe der Apostel. Marias Aufgabe war es, alles, was vor sich ging, zu überwachen.

Der aufschlußreichste Anhaltspunkt hierzu wird uns gegeben, als Jesus Christus am Kreuz hängt. Wie schon gesagt, ging Maria den ganzen Kreuzweg mit Jesus Christus. Sie allein besaß die Fähigkeit, die volle Bedeutung der Ereignisse zu erfassen. Nicht einmal Johannes, den Jesus Christus liebte und der der Initiierte mit der höchsten Einweihungsstufe unter den Aposteln war, wurde in diesen Szenen entlang des Kreuzwegs bis hinauf zum Berg von Golgatha erwähnt. Trotz seines hohen Einweihungsgrades stand er also nicht auf der Stufe von Maria.

Im Evangelium nach Johannes, Kapitel 19, Vers 25–27, gibt es viel für uns zu entdecken. Darin sind die dritten, der »sieben letzten Worte« enthalten, die in den traditionellen christlichen Kirchen häufig diskutiert werden: »Bei dem Kreuz Jesu standen seine Mutter, Maria, die Frau des Klopas, und Maria von Magdala. Als Jesus seine Mutter sah und bei ihr den Jünger, den er liebte, sagte er zu seiner Mutter: ›Frau, siehe, dein Sohn!‹ Dann sagte er zu dem Jünger: ›Siehe, deine Mutter!‹«

In diesen Sätzen steckt viel esoterischer Bedeutungsgehalt auf verschiedenen Ebenen. Die offensichtlichste und die gemeinhin angenommene war, daß er sie bat, sich gegenseitig umeinander zu kümmern. Da Maria jedoch zu jenem Zeitpunkt die Person mit dem höchsten Einweihungsgrad war, wurde ihr mit diesen Worten die Autorität über die Konzeption und die Entwicklung der christlichen Mysterien übertragen. Sie sollte die Autorität über die Apostel haben, und die Apostel sollten sie als solche anerkennen. Ihre Rolle würde sie im Hintergrund spielen, als Führerin, Quelle der Inspiration und Lehrerin – die traditionelle Rolle der Mutter –, aber auf spirituellen Ebenen.

Es gibt natürlich auch noch andere Auslegungen und Bedeutungen dieser Sätze. Was für unseren Zweck jedoch wichtig ist, ist das Verständnis, daß das weibliche Element ein starker und lebendiger Bestandteil der Lehren bleiben soll. Interessant an dieser Bibelstelle ist auch, daß darin drei weibliche Eingeweihte beim Kreuz genannt werden und nur ein Apostel. Auch das ist ein Hinweis darauf, daß die Frauen in der Lage waren, das Ereignis in seiner ganzen spirituellen Bedeutung zu verstehen, während nur ein männlicher Jünger das zu jener Zeit konnte. (Hier haben wir auch wieder die Bedeutung der »drei« Frauen.)

Diese ganze Szene im Evangelium nach Johannes gibt viele Hinweise auf die Rolle von Maria in der späteren Entwicklung und Entfaltung der christlichen Lehren. Es sind starke Parallelen zu dem ersten wichtigen Ereignis zu erkennen, das bei Johannes beschrieben wird – die Hochzeit zu Kana im zweiten Kapitel. »Hochzeit« war eines der Schlüsselwörter in vielen esoterischen Traditionen. Versteckt finden sich darin die geheime Bedeutung der Alchemie und das Zusammenbringen von Gegensätzen durch Liebe.

Bei der Hochzeit zu Kana weist Maria Jesus Christus darauf hin, daß kein Wein mehr da ist. Jesus antwortet darauf: »Was willst du von mir, Frau? Meine Stunde ist noch nicht gekommen.« Maria reagiert nicht weiter darauf und gibt den Dienern nur Anweisung, alles zu tun, was Jesus verlangt. Sie weiß, daß Jesus Christus dem Impuls durch das Weiblich-Göttliche Folge leisten wird. Und Jesus Christus verwandelt daraufhin Wasser zu Wein – und vollzieht damit die alchemistische Umwandlung.

Sowohl in dieser Szene als auch in der am Fuße des Kreuzes wird auf die Gegenwart der Mutter, anderer Frauen und die Stunde angespielt. Jetzt, da die Stunde gekommen ist, ist Maria ihre Rolle übertragen worden. Die Autorität und der Christus-Impuls für die Menschheit und die Ewigkeit wurde auf die Symbolfigur des Weiblich-Göttlichen übertragen.

Es wäre nachlässig, über Marias Autorität und den Impuls für die Menschen zu sprechen, das Weiblich-Göttliche in uns allen stärker zu aktivieren, ohne auf das Ereignis in ihrem Leben einzugehen, das wir Mariä Himmelfahrt nennen.

Durch die Himmelfahrt gehen Marias Körper und Seele in
das Reich der Engel und ihrer Hierarchien ein. Es gibt verschiedene Interpretationsmöglichkeiten dafür, von denen
jede etwas für sich hat.

Wie Christus durch das »Aushauchen seines Geistes«
einen Prozeß einleitete, der ihn zu dem »innenwohnenden
Geist« der Erde werden ließ, der alles Leben und die ätherischen Energiemuster der Erde erfüllt, symbolisiert die Himmelfahrt Mariens einen Wechsel der Wirkungsebene. Christus, der bis dahin mit seinem Wirken außerhalb der Erde
stand, konnte nun von innen wirken und die Menschen im
Zyklus der inneren Muster der Erdenergien selbst beeinflussen. Die Frau, das weibliche Element, das bisher unter den
Menschen verborgen war, konnte nun von der äußeren Ebene
aus wirken und so stärker in den Vordergrund treten.

Von Maria wird gesagt, daß sie jetzt mit den Engeln arbeitet und deren Einfluß auf die Menschen stärker als je zuvor
anregt. In der katholischen Tradition wird sie auch die »Königin der Engel« genannt. Sie bemüht sich darum, die Zusammenarbeit von Engeln und Menschen zu erweitern und
zu intensivieren. Im nächsten Teil des Buches werden wir
erfahren, wie die Engel die Menschen durch die Rhythmen des Jahreszeitenwechsels und durch die verschiedenen
Sternkreiszeichen beeinflussen und ihnen beistehen. Es ist
Maria, die das Wirken der Engel Monat für Monat im Ein-
klang mit den Christus-Energien lenkt, die auf die Menschen
im Wechsel der Jahreszeiten einwirken und sie beeinflussen.
Dieser monatlich wechselnde »Dienst« der Engel unter der
Aufsicht von Maria läßt die uralten Verbindungen zu dem
Weiblich-Göttlichen und dem Monatszyklus erkennen, dem
Frauen ein Leben lang unterworfen sind. Jetzt haben alle
Menschen an den weiblichen Energien teil, die uns jeden
Monat dynamischer und in kraftvolleren Rhythmen in ihren
Kreislauf einbinden.

Eines der schönsten und kraftvollsten Gebete der Heiligen
Schrift handelt von dieser göttlichen Frau als neuer Auto-

rität über die Erde. Es stammt aus dem ersten Kapitel des Evangeliums nach Lukas und wird häufig auch als »Lobgesang Marias« oder »Magnificat« bezeichnet. Es hat stark esoterischen Charakter und enthält eine esoterische Formel, die das Weiblich-Göttliche in uns allen erwecken soll:

> Meine Seele preist die Größe des Herrn,
>   und mein Geist jubelt über Gott, meinen Retter.
> Denn auf die Niedrigkeit seiner Magd hat er geschaut.
> Siehe, von nun an preisen mich selig
>   alle Geschlechter.
> Denn der Mächtige hat Großes an mir getan, und sein
>   Name ist heilig.
> Er erbarmt sich von Geschlecht zu Geschlecht über
>   alle, die ihn fürchten.
> Er vollbringt mit seinem Arm machtvolle Taten.
> Er zerstreut, die im Herzen voll Hochmut sind.
> Er stürzt die Mächtigen vom Thron und erhöht
>   die Niedrigen.
> Die Hungernden beschenkt er mit seinen Gaben und läßt
>   die Reichen leer ausgehen.
> Er nimmt sich seines Knechtes Israel an und denkt
>   an sein Erbarmen,
> das er unsern Vätern verheißen hat,
> Abraham und seinen Nachkommen auf ewig.
>
> *Lukas 1,46–55*

In diesem Lobgesang sind Wörter und Wendungen enthalten, die das Weiblich-Göttliche anrufen. Es lassen sich darin Verbindungen zu den Grundlagen der christlichen Mysterien und Hinweise auf die Vorbereitung ihrer Enthüllung seit der Zeit Abrahams erkennen. Die Lehre, die im esoterischen Christentum im Vordergrund stand, war die Lehre von der »Polarität des Männlichen und Weiblichen«. Es war dieses Mysterium, das Melchisedek Abraham eröffnete und das Christus an seine Jünger und die ganze Welt weitergab.

FÜNFTES KAPITEL

Das Ritual vom Kreuz
und dem Stern

Das Kreuz und der Stern sind die zwei wichtigsten Symbole der christlichen Mysterien. In den Christus-Mysterien selbst versinnbildlichen sie die »große Überwindung«. Das Kreuz ist das Erdzeichen Christi und der Stern das Seelenzeichen. Das Kreuz stellt den Bewährungspfad des Schülers dar, während der Stern das Symbol für die Vollendung seiner Jüngerschaft ist.

Sowohl das Kreuz als auch der Stern sind beide uralte Symbole, die sich fast in allen Kulturen auf der ganzen Welt finden. Der Stern war das große göttliche Licht, das die Menschen führt und erweckt. Gleichzeitig war er Sitz von Göttern, Göttinnen, Engeln und Erzengeln. Dieser Aspekt spiegelt sich besonders im Stern von Bethlehem wider. Auf einer Stufe ist er das Licht Christi, das über Jesus schwebt und seinen Segen auf ihn herabsendet, denn durch Jesus war es Christus erst möglich drei Jahre auf Erden zu wandeln. In den christlichen Mysterien verkörpert der Stern das innere Licht der Seele, das wir in unserem Leben zu verwirklichen suchen. Es wird durch den esoterischen

Pfad der Jüngerschaft, den Pfad des Kreuzes, zum Leuchten gebracht.

Das Kreuz ist in allen alten Mysterientraditionen ein wichtiges Symbol. Es ist das Symbol für den archtypischen Menschen. Es veranschaulicht die Harmonisierung der vier Elemente und ihre Vereinigung, die für den höchsten Ausdruck der Seele nötig ist. Der Schnittpunkt des Kreuzes wird als das »heilige Zentrum« des Lebens angesehen. Dort liegt der Kommunikationspunkt der höheren mit den niederen Ebenen. Es ist der Punkt, an dem die spirituelle und die materielle Welt sich treffen. Es ist der Punkt der größten Energie und Schöpferkraft. Es ist der Punkt, an dem Neues geboren wird. Das ist um so bedeutungsreicher, wenn wir uns bewußtmachen, daß der Längsbalken des Kreuzes die männliche Energie des Universums symbolisiert und der Querbalken die weibliche Energie. Wann immer sich die beiden vereinen, kommt es zu einer neuen Geburt.

Leider ist das »Kalvarienkreuz« zum Symbol des modernen Christentums geworden. Bei dieser Kreuzesform ist der Querbalken kürzer als der Längsbalken, was die Vorherrschaft der männlichen Energie im Universum deutlich macht. Die wahre Kreuzesform der christlichen Mysterien ist das gleichschenklige Kreuz, das eine ausgeglichene Überschneidung der männlichen und weiblichen Kräfte darstellt. Sobald die Menschen lernen, zuerst ein Gleichgewicht zwischen den beiden Energiepolen herzustellen (gleichschenkliges Kreuz) und dann ihren höheren Gaben Ausdruck zu verleihen, wird sich das Kreuz als Symbol der Christus-Mysterien verändern. Die beiden sich überschneidenden Kreuzbalken werden zu den parallelen Doppelsäulen der wahren christlichen Einweihung – die Doppelsäulen der christlichen Mysterien, durch die der Initiand des Neuen Zeitalters in die inneren Tempel eintreten wird.

Das Kreuz und der Stern
der christlichen Mysterien

Die Visualisierung der folgenden Abbildung hat auf jeden
eine kraftvolle Wirkung. Sie führt vor allem zu einer Sensibi-
lisierung für die wahren Christus-Energien, die auf den einzelnen Menschen einwirken und unter den Menschen wirksam sind. Sie aktiviert und stärkt unsere Aura. Wird die
Übung über längere Zeit wiederholt (etwa ein Jahr), können
dadurch innere Fähigkeiten geweckt werden, und es kann
eine Bewußtseinsöffnung erfolgen, die auf völlig bewußte
Weise weit über das normale Sinnenerleben hinausgeht. Sie
eignet sich ausgezeichnet zur Steigerung der außersinnlichen
Wahrnehmung.

Bei dieser Art von Meditation dringt der einzelne zu tieferen Stufen und Erfahrungsebenen von archetypischen
Energien vor – in unserem Falle den Energien der Christus-
Mysterien. Bei vielen Formen der Meditation geht der Meditierende oft nicht weit genug in die Tiefe. Anfangs, wenn die
Person zu meditieren beginnt, konzentriert sie sich auf eine
Vorstellung, ein Geräusch, ein Bild, einen Grundgedanken
usw. Dies löst wiederum eine damit verbundene Energiefreisetzung in das Bewußtsein des einzelnen aus. Der Meditierende erlebt oft lebhafte Bilder oder Eindrücke.

Während die Person tage- oder wochenlang mit demselben Symbol meditiert, nehmen die Intensität und Lebhaftigkeit der dabei empfangenen Bilder ab. An diesem Punkt
geht der Meditierende zu einem anderen Symbol über, auf
das er sich konzentriert. Dadurch wird eine neue Energiefreisetzung in sein Bewußtsein ausgelöst. Doch auch bei diesem Symbol nimmt die Lebhaftigkeit der Bilder mit der Zeit
ab, und der Meditierende wechselt wieder zum nächsten
über. Auf diese Weise dringt der Meditierende nie weiter als
bis zur Oberfläche der von der archetypischen Kraft hinter
dem Symbol herrührenden Energie vor.

Das Kreuz und der Stern der Christus-Mysterien

Die Freisetzung der archetypischen Energien durch Meditation

In den *statischen Phasen* wird dem physischen und feinstofflichen Energiesystem des Meditierenden Gelegenheit gegeben, die in sein Leben freigesetzte archetypische Energie aufzunehmen und sich an sie zu gewöhnen. Wenn die Person nun weiter über dasselbe Symbol meditiert, »scheint« es zwar so, als würde nichts passieren, aber in Wirklichkeit wird die nächste Intensitätsstufe der archetypischen Kraft erreicht. Das geht immer weiter so, bis die Person sich schließlich für die vollkommen bewußte Erfahrung des Archetyps öffnet.

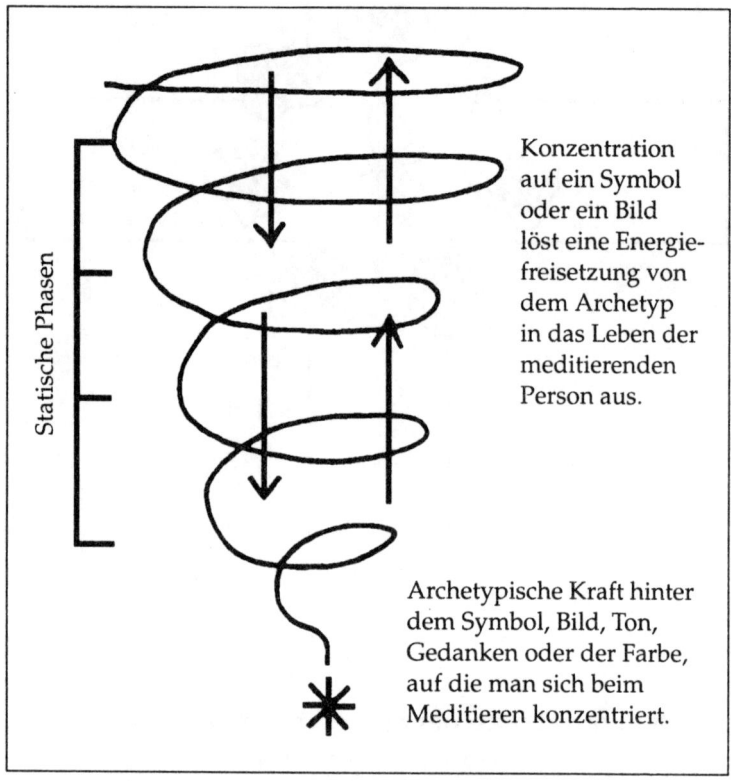

Konzentration auf ein Symbol oder ein Bild löst eine Energiefreisetzung von dem Archetyp in das Leben der meditierenden Person aus.

Statische Phasen

Archetypische Kraft hinter dem Symbol, Bild, Ton, Gedanken oder der Farbe, auf die man sich beim Meditieren konzentriert.

Symbole, Bilder, Töne und Vorstellungen
als Meditationsobjekte

Der Meditierende muß begreifen, daß für den Prozeß des bewußten Sich-Öffnens für die vollständige Erfahrung der Archetypen des Universums Ausdauer vonnöten ist – besonders während der statischen Phasen. Das sind die kritischsten Zeiten.

Die Konzentration auf irgendein Bild, Symbol oder einen Gedanken beim Meditieren bewirkt die Freisetzung von der mit diesem Symbol verbundenen archetypischen Energie in das Leben des Meditierenden. Diese Energie ist die Quelle der Bilder, die beim Meditieren vor unserem geistigen Auge auftauchen, der neuen Einsichten, des erweiterten Bewußtseins usw. Diese Energie wird durch das Symbol, auf das sich der Meditierende konzentriert, angezogen und muß von ihm aufgenommen werden. Sein persönliches Energiesystem muß sich an diese neue Freisetzung von archetypischer Energie erst einmal gewöhnen.

Oft gibt es beim Meditieren Zeiten, in denen nichts zu passieren scheint. Wir spüren wenig Resonanz, wie beim ersten Mal, als wir auf dieses Symbol meditierten. Das sind die sog. statischen Phasen – in denen sich unser System an die bereits freigesetzte Energie gewöhnt. Das muß so sein, bevor die nächste, tiefere Intensitätsstufe von uns erreicht werden kann. Man muß beim Meditieren nur Ausdauer haben. Irgendwann geht die statische Phase vorüber, und eine noch intensivere Erfahrung der archetypischen Energie wird stattfinden. Das geht immer weiter so, bis unser Bewußtsein am Ende für die archetypische Kraft voll entfaltet ist und mit ihr verschmilzt.

Die meisten Menschen schaffen es nicht, die erste statische Phase durchzustehen. Sie fangen an, sich zu langweilen oder zu glauben, daß da nichts zustande kommt. Oft wird die statische Phase nicht als das erkannt, was sie ist, und so geht man zum nächsten Symbol über, und endlich kommt es wieder zu neuen »Erfahrungen«. Doch auch wenn wir längere Zeit bei diesem Symbol bleiben, erreichen wir wieder den Punkt, an dem eine statische Phase beginnt.

Diese Art von Meditation ermöglicht nur eine oberflächliche
Erfahrung der archetypischen Kraft hinter dem Bild oder
Symbol.

Das heißt jedoch nicht, daß diese Meditation keinen Sinn
hat, nur sollten wir zumindest ein Symbol haben, auf das
wir unsere Aufmerksamkeit längere Zeit richten. Wenn es
uns gelingt, die archetypische Kraft auch nur eines Symbols
tiefer zu erleben, so werden dadurch auch die Wirkungen
der anderen Meditationsarbeit verstärkt.

Wenn wir mit der folgenden Meditationsübung Ausdauer
zeigen, wird sie uns im Laufe eines Jahres Zugang zu den
verborgenen Christus-Mysterien in aller Reinheit verschaffen – besonders wenn sie in Kombination mit den Jahreszei-
tenritualen angewandt wird, auf die wir im zweiten Teil des
Buches noch näher eingehen. Sie wird uns Erleuchtung in
allen Lebensbereichen bringen. Sie wird unsere Träume bunter und intensiver machen. Sie wird unsere Aura wiederherstellen und ins Gleichgewicht bringen. Sie führt zu einer
Harmonisierung der männlichen und weiblichen Energien
in uns. Sie bringt Erleuchtung und stimuliert höhere Formen
der Intuition. Sie beschleunigt den Prozeß der Erweckung
zum Schüler und der Einweihung in die wahren Christus-
Mysterien.

Das Kreuz und der Stern

Diese Meditation hat große symbolische Bedeutung und
Einfluß auf das Leben der Person, die sie mit Ausdauer anwendet. Sie basiert auf der Abb. von S. 143. Es beinhaltet
drei Aspekte: das schwarze Kreuz, die sieben (roten) Rosen
und den Stern. Es ist wichtig, daß wir die Bedeutung aller
Aspekte verstehen, bevor wir sie visualisieren und darüber
meditieren.

Das schwarze Kreuz ist ein sehr kraftvolles Symbol.
Zum Meditieren stellen wir uns ein Kreuz mit gleich langen

Längs- und Querbalken vor, dem Sinnbild für ein Gleichgewicht zwischen männlichen und weiblichen Energien. Das schwarze Kreuz symbolisiert den physischen Körper und das physische Lebensbewußtsein. Es ist ein dynamisches Symbol für die Überwindung unseres materiellen oder niederen Wesens. Es steht für den Jünger auf dem Pfad der Bewährung, der Stabilität und Harmonie in das irdische Leben bringt.

Die Harmonisierung und Kontrolle des niederen Selbst ermöglicht es uns, höhere Ausdrucksformen von Energie zu entwickeln. Dieser Aspekt wird durch die sieben (roten) Rosen versinnbildlicht. Sieben war schon immer eine mystische Zahl, die häufig mit höherem Wissen und dessen Umsetzung im irdischen Leben assoziiert wurde. In der Bibel finden sich (von Jesaja bis Paulus) mehrere Hinweise darauf im Zusammenhang mit den sieben Gaben des Heiligen Geistes.

Wenn wir den Pfad der Bewährung einschlagen und uns für die wahren christlichen Mysterien öffnen, werden sich unsere inneren Kräfte offenbaren. Diese Kräfte oder Gaben, die durch die Rosen dargestellt sind, können alles sein, was wir uns nur wünschen. Oft sind es die Gaben, die wir schon immer am meisten entwickeln wollten. Wichtig ist dabei nur, daß wir bei dem bleiben, was die Rosen für uns verkörpern, und nicht ständig hin- und herschwanken. Ändere nicht jede Woche oder jeden Monat den Symbolgehalt der Rosen. Behalte die Bedeutung, die jede Rose für dich hat, mindestens einen Jahreszyklus der Christus-Energien lang bei.

Die sieben Gaben des Heiligen Geistes
   Weisheit der Rede (Worte der Weisheit)
   Worte des Wissens (die Fähigkeit, Wissen auszudrücken)
   Gabe des Glaubens
   Gabe des Heilens und des Wunderwirkens
   Gabe der Weissagung
   Gabe des geistigen Unterscheidungsvermögens
   Gabe der Sprachen

Die sieben Gaben des Lichts
Weisheit
Verständnis
Ratschlag
Stärke
Wissen
Ehrfurcht vor dem Herrn
Frömmigkeit

Die sieben Gaben der Erleuchtung
Liebe
Freude
Frieden
Geduld
Sanftheit
Güte
Glaube

Die Rosen können für dich verkörpern, was du willst – von großem Reichtum bis zu höherer Intuition (Du bist nicht auf die genannten Beispiele beschränkt). Überlege dir genau, welche sieben »Gaben« du am meisten entwickeln und in deinem Leben zum Ausdruck bringen willst. Welche Dinge sind für dich und für das Ziel, auf das du dich zubewegst, am wichtigsten? Denke sorgfältig darüber nach, denn durch diese Übung werden die archetypischen Energien in deinem Leben in Bewegung gesetzt, die dir Gelegenheit bieten werden, diese Gaben zu entwickeln und zu entfalten. Oft werden sich diese »Gaben« auf hintergründige Weise manifestieren. Hierzu ein Beispiel: Eine der Gaben, die du stärker zum Ausdruck bringen möchtest, ist *Geduld*. Im Laufe des Jahres wirst du immer wieder in Situationen kommen, bei denen deine Geduld auf die Probe gestellt und dadurch immer stärker entwickelt wird.

Diese Gaben tauchen nicht etwa wie von »Zauberhand« plötzlich auf. Sie entwickeln sich im Laufe unseres täglichen

Lebens. Die Einweihung und Entwicklung findet nicht in künstlich erzeugten Situationen statt, sondern durch das Reagieren auf Gelegenheiten und die Anwendung unserer Gaben in ganz normalen Lebensumständen. Wir können diese Gaben visualisieren und unsere ganze emotionale Energie darauf lenken, aber wenn wir nichts Konkretes in der physischen Welt unternehmen, um sie zur Entfaltung und zum Ausdruck zu bringen, werden sie sich nie zeigen. Wir müssen also lernen, die ätherischeren Energien im Laufe unseres ganz normalen, materiellen Lebens zu manifestieren. Und auch wenn wir diese Gaben in einem vergangenen Leben bereits entwickelt hatten, müssen sie in diesem Leben auf einer höheren Stufe neu entwickelt und ausgedrückt werden.

Meditation
Stell dir die sieben roten Rosen in einem Kreis um den Schnittpunkt der beiden Balken des schwarzen, gleichschenkligen Kreuzes vor (wie in der Abb. auf S. 143). Visualisiere, wie sich jede Rose auf dem Kreuz entfaltet – wie jede Gabe sich in deinem Leben entfaltet, während du dein niederes physisches Selbst im Griff hast und lenken kannst.

Stell dir inmitten des Kreises aus den sieben roten Rosen den Stern vor, der daraus hervorscheint. Visualisiere den strahlenden Stern, der aus deinem innersten Herz durch die Gaben der Rosen hervorleuchtet und über jeden Bereich deines irdischen Lebens, das durch das schwarze Kreuz symbolisiert wird, hinausstrahlt. Der Stern ist die Christus-Energie, die im Herzen jedes irdischen Lebewesens auf unserem Planeten fortlebt, und uns größere Impulse und Gelegenheiten zum Ausdruck des Göttlichen in unserem persönlichen Leben gibt.

Das Bild des Sterns ist eine Abstraktion des Göttlichen in uns, das uns als Signalruf dient, um es in unserem Leben stärker zum Ausdruck zu bringen.

Laß zu, daß das Bild deinen physischen Körper überdeckt und in ihn hineinsinkt. Dadurch wird deine Aura in hohem Maße beeinflußt, gestärkt und mit neuer Energie belebt.

Stell dir vor, der Kreis der roten Rosen, der den inneren Stern umgibt, umgebe dein Herz, in dem der göttliche Funken wohnt, der in uns allen ist. Visualiere zuerst das gleichschenklige Kreuz des Gleichgewichts und der Polarität, und stell dir dann vor, wie sich eine Rose nach der anderen auf dem Kreuz entfaltet. Denke bei der Entfaltung jeder einzelnen Rose intensiv an die »Gabe«, die sie für dich verkörpert, die sich jetzt auch in deinem Leben entfalten wird. Visualisiere, wie sich eine Rose nach der anderen im Kreis vor dem Schnittpunkt des schwarzen Kreuzes entfaltet, bis alle sieben offen sind. Stell dir dann in der Mitte des Kreises aus den sieben roten Rosen den Stern vor. Stell dir vor, er nähre und versorge dich ständig mit der Christus-Kraft für dein Leben und die Verwirklichung deiner höchsten Kräfte. Visualisiere diesen Vorgang, beim Wachen und beim Schlafen, bewußt und unbewußt, dann wirst du jeden Tag innerlich ein bißchen stärker werden.

Beschränke dich nicht auf die Bedeutungen des Bildes, die wir im vorliegenden Buch geben. Nimm sie einfach zum Ausgangspunkt, und verbinde mit dem Bild soviel persönliche Bedeutungsfacetten wie möglich. Laß seine Bedeutung und damit seine Energie wachsen.

Nimm dir jeden Tag mindestens zehn Minuten Zeit, um dich auf dieses Bild zu konzentrieren. Dadurch wird es deinen physischen Körper und dein Leben bald überdecken und sich dir einprägen.

Schnittpunkte sind immer Punkte großer Energie, deshalb manifestieren sich die Rosen am Schnittpunkt der männlichen und weiblichen Energien des Kreuzes. Wird diese Visualisierung und Meditation zu einer Tageszeit vollzogen, wo eine Überschneidung, d.h. ein Übergang stattfindet, so wird die Wirkung dadurch verstärkt. Die Morgen- und die Abenddämmerung sind die Übergänge von Tag und Nacht. Ebenso ist die Zeit vor dem Zubettgehen und die Zeit vor dem Aufstehen am Morgen ein Übergang zwischen Wachen und Schlafen.

Wenn diese Übung als letzte Handlung vor dem Zubettgehen gemacht wird, hat sie eine dynamische Wirkung auf den Traumzustand. Sie macht die Träume lebendiger und bunter, aber auch bedeutungsvoller in bezug auf die Wachstumsmuster, die dadurch enthüllt werden.

Wenn du diese Übung ein Jahr lang jeden Tag machst, werden sich dadurch Wahrnehmungsebenen für dich öffnen, die nur schwer durch andere Meditationsformen zu erreichen sind. Allerdings muß sie wirklich täglich gemacht werden. Achte darauf, daß du sie nicht »vergißt« oder dich dem Gedanken hingibst, daß »das Überspringen von ein oder zwei Tagen« schon nichts ausmachen wird. Ausdauer ist der Schlüssel zum Ganzen.

Durch diese Übung ist es möglich, eine bewußte Vorstellung von dem spirituellen Hintergrund der materiellen Welt zu bekommen. Meist offenbart sich uns der spirituelle Hintergrund in unseren Träumen. Dadurch bekommen wir ein neues Bewußtsein von der materiellen Welt und erfahren sie ganz neu. Unser Unterscheidungsvermögen wird geschärft, und es können sich mehr Gelegenheiten bieten, mit den spirituellen Welten zu kommunizieren. Letztendlich führt es zu einer intuitiven Erfassung der Welt auf vielen verschiedenen Ebenen verbunden mit einer größeren Fähigkeit, eine Synthese der eigenen Lebenserfahrungen zu vollziehen.

Aber am wichtigsten ist, daß sich uns dadurch die Wahrheit der auf der Erde wirksamen Christus-Mysterien offenbart und daß der einzelne auf einer erhabeneren Stufe daran teilhaben kann. Unser individueller Wille wird zu einem »Organ« der spirituellen Wahrnehmung umgewandelt, das den Liebes- und Weisheitsaspekt des Universums in allen Dingen lebendig werden läßt.

Das Herz wird oft anatomisch als ein Hohlorgan beschrieben, das »versteckt in der Brust gelegen ist«. Im tiefsten Herzensgrund der christlichen Mysterien befindet sich jedoch die Liebe und Weisheit, die in der Herzensnatur der Men-

schen erweckt werden soll. Das Kreuz und der Stern sind die
Symbole für dieses Erwecken der höheren Kraft und des
Ausdrucks der Herzensenergien. Der Mensch ist Gottes
Tempel, und das Herz ist das Allerheiligste. Es ist der inner-
ste Raum, zu dem nicht jeder Zutritt hat und in dem das
Göttliche lebt. Durch diese Meditation können wir das hei-
lige Kind erwecken, das in unserem Herzen wohnt!

In Israels Allerheiligstem hört man das leise Flattern von
Engelsschwingen, das Flüstern und Rascheln von Vorhän-
gen und inmitten von all diesem die Flamme der göttlichen
Verheißung – Gott in seiner Welt.   *Manly P. Hall*

ZWEITER TEIL

Die Initiationsriten
der Jahreszeiten

Alles hat seine Stunde. Für jedes Geschehen unter dem Himmel gibt es eine bestimmte Zeit: eine Zeit zum Gebären und
eine Zeit zum Sterben, eine Zeit zum Pflanzen und eine Zeit
zum Abernten der Pflanzen, eine Zeit zum Töten und eine
Zeit zum Heilen, eine Zeit zum Niederreißen und eine Zeit
zum Bauen ...   *Kohelet 3,1–3*

Der physische Körper und seine Bedürfnisse werden durch
den Tagesrhythmus gesteuert. Der Seelenkörper erneuert sein
Kräfte im Einklang mit dem Rhytmus der Jahreszeiten. Der
Geist nährt sein Wesen in Übereinstimmung mit der rhythmi-
schen Wellenbewegung des Reinkarnationszyklus.
Corinne Heline

Gehört sind Klänge süß, doch ungehört
Noch süßer; drum spielt, Pfeifen, fort im Chor;
Nicht dem Gehörsinn, nein, von größerem Wert,
dem Geist pfeift Lieder keiner Töne vor ...   *John Keats**

---

* Keats, John: *Werke und Briefe. Aus: Ode auf eine griechische Urne.* Stuttgart:
Reclam, 1995, S. 137.

SECHSTES KAPITEL

Die Engelkräfte der Jahreszeiten

Wer die Natur liebt, dessen innere und äußeren Sinne stehen noch wahrhaft im Einklang miteinander; er hat sich den
Geist der Kindheit bis ins Mannesalter erhalten. Sein Umgang
mit Himmel und Erde wird Teil seiner täglichen Nahrung. ...
Nicht alleine die Sonne oder der Sommer zollen ihren Freu-
dentribut, sondern jegliche Stunde und Jahreszeit; denn jede
Stunde und jeder Wechsel entspricht einer anderen Geistes-
verfassung und bestätigt sie.   *Ralph Waldo Emerson**

In jeder Kultur wurde zu irgendeinem Zeitpunkt gelehrt,
daß die Jahreszeiten heilig sind. In den alten Mysterien wurden die Rhythmen und Zyklen der Natur und des Geistes
gelehrt und wie man sich am besten harmonisch auf sie einstimmt. Ein Teil unserer Aufgabe des Entfaltens unserer
höchsten Kräfte besteht darin, unsere ganzen Energien auf
die Rhythmen des Universums auszurichten. Wir müssen
lernen, sie zu erkennen, uns auf sie einzustellen und sie

---

* Emerson, Ralph Waldo: *Die Natur.* Stuttgart: Reclam, 1990, S. 88.

dann zu benutzen, um unsere eigenen Lebensumstände vor-
teilhafter zu gestalten.

In den alten Mysterienschulen lernten die Schüler über
die Heiligkeit der Jahreszeiten und die Kraft, die zu den verschiedenen Zeiten des Jahres zur Verfügung stand. Jede Jahreszeit bringt eine entsprechende Energieverschiebung mit
sich, die den Menschen auf sehr reale, wenngleich subtile
Weise beeinflußt.

Es gibt viele Möglichkeiten, den Jahreslauf zu betrachten.
Wir können z.B. das Kalenderjahr vom 1. Januar bis zum
31. Dezember zugrunde legen. Oder aber wir folgen dem
Pflanz- und Erntezyklus, d.h., wir beginnen mit dem Frühling, bewegen uns durch den Sommer und Herbst und erreichen den Höhepunkt im Winter. In vielen alten Kulturen
folgte das Jahr einem anderen Verlauf, einem Verlauf, der für
das esoterische Christentum große Bedeutung und Trag-
weite erlangte. Das Jahr begann mit der Herbsttagundnachtgleiche und erreichte nach der Wintersonnenwende und der
Frühlingstagundnachtgleiche in der Sommersonnenwende
seinen Höhepunkt.

Bei dieser Sichtweise des Jahreslaufs wird der Kraft-
einfluß des Jahres auf die Seelenenergie des einzelnen zugrunde gelegt. Jedes Jahr wird als »Seelenjahr« betrachtet,
denn jedes Jahr bringt neue Gelegenheiten für das Wachstum der Seele mit sich, wenn es uns gelingt, uns auf die
natürlichen Rhythmen einzustimmen.

Im allgemeinen wurden die drei Tage vor und der Tag des
Übergangs von einer Jahreszeit zur anderen selbst als »heilige Zeit« betrachtet. In diesen Tagen kommt es zu einer
Überschneidung von zwei verschiedenen Energieformen,
durch die ein Wirbel entsteht, der den Schleier zwischen
der spirituellen und der materiellen Welt ganz dünn werden
läßt und eine besondere Dynamik im Leben der Mysterien-
schüler entfaltet. Während dieser Zeit ist der Zugang zu Energien möglich, die zu anderen Zeiten des Jahres nicht so leicht
zu erreichen sind. In diesen vier Tagen, die das Ende einer

Jahreszeit und den Anfang der nächsten markieren, kommen die spirituellen Kräfte in ihrem spiralenförmigen Tanz der Erde ganz nahe. In jeder Jahreszeit herrscht eine ganz bestimmte Ausdrucksform der spirituellen Kraft des Universums vor und beeinflußt jedes Lebensatom auf der Erde.

Das »Seelenjahr« ist ein Jahr konzentrierten Wachstums und Wandels für den einzelnen Menschen, der sich auf die verfügbaren Energien einstimmt und sie für sich zu nutzen weiß. Jeder von uns hat Jahre, in denen ein größeres Seelenwachstum stattfindet als in anderen. Die Aufgabe des Schülers der christlichen Mysterien ist es, jedes Jahr zu einem »Seelenjahr« zu machen.

Der Anfang des »Seelenjahrs« ist die Herbsttagundnachtgleiche. Jeder Jahreszeitenwechsel bringt danach einen neuen spirituellen Impuls mit sich, der sich durch die Natur auf unser Leben auswirkt – indem er jeden von uns auf der Ebene unserer Energieatome stimuliert. Im Herbst fördern die auf uns einwirkenden Energien unsere Empfänglichkeit für einen neuen spirituellen Impuls in unserem Leben. Während des Winters reift er dann heran, um im Frühling als neue Ausdrucksform in unserem Leben aktiv werden zu können. Im Sommer entfaltet er sich zu seiner vollen Kraft und erreicht seinen Höhepunkt.

An jedem Wendepunkt des Jahres öffnen sich die Pforten der inneren spirituellen Tempel und Welten für die Erde und lassen einen neuen Strom spiritueller Energie auf die Erde herabfließen. Je mehr wir uns dieser Zeiten gewahr werden und sie feiern, desto mehr können wir diese Kräfte zur Beschleunigung unseres Wachstums und zur Intensivierung unseres Lebens nutzen.

Hinter allen physikalischen Phänomenen wirken bestimmte archetypische spirituelle Kräfte. Deshalb wurde die Physik auch in früheren Zeiten als heilige Wissenschaft angesehen. Die Natur wurde als der Weg angesehen, über den Gott zum Menschen spricht. Deshalb wurden zu den alten Weisheiten auch die Religion, Wissenschaft, Kunst und

Astronomie gerechnet. Der Lauf der Sterne und der Wechsel
der Jahreszeiten spiegelten das besondere Wechselspiel der
Kräfte zwischen den göttlichen Welten und der materiellen
Welt wider.

Die atomare Lebensstruktur aller Lebewesen wird durch
jeden Jahreszeitenwechsel beeinflußt. Diese Stimulierung
erzeugt Bedingungen im Leben jedes einzelnen, die einzigartige Gelegenheiten zum persönlichen Wachstum, Ausdruck und Wandel schaffen. Die Kommunikation mit anderen Wesen und Dimensionen wird dadurch erleichtert und
in breiterem Umfang möglich. Der erste Schritt besteht im
Lernen, welche Energien zu jeder Jahreszeiten vorherrschen
und in welcher Form sie sich offenbaren. Erst dann können
wir lernen, sie zu lenken, damit sie ihre Wirkungen in unserem Leben kraftvoll entfalten können.

Das Leben jedes Mannes und jeder Frau entspricht und
spiegelt sich in den Jahreszeiten wider: Der Winter ist die
Zeit der Geburt des heiligen Kindes, der Frühling ist die Zeit
der Jugend und des Ausdrucks, der Sommer ist Zeit das Er-
wachsenseins, und der Herbst ist die Zeit der Ernte und der
Rekapitulation, es ist die Zeit der Trennung von Altem und
Neuem.

Eine der bedeutendsten Quellen der modernen westlichen
Mysterientradition und die Bedeutung der Jahreszeiten in
den christlichen Mysterien ist die ägyptische Tradition. Die
biblische Gestalt des David verbrachte einige Zeit in Ägypten, als er vor Saul flüchten mußte. Josef wurde als Sklave
nach Ägypten verkauft und erreichte ungeahnte Höhen des
Ruhms. Moses studierte in Heliopolis, der Sonnenstadt. Im
ägyptischen Leben nahm die Heiligkeit der Jahreszeiten
einen besonderen Platz ein. Die heiligen Jahreszeiten folgen
der Erddrehung um die Sonne im Laufe eines Jahres. Über
die griechische und die esoterische jüdische Tradition – und
den ägyptischen Einfluß in beiden – haben wir auch heute
noch Zugang zu dem Verständnis der Anwendung der
christlichen Mysterien auf diese heiligen Zeiten.

Die Schlüsselbegriffe des Seelenjahrs in den christlichen Mysterien sind: Geburt, Tod, Auferstehung und Himmelfahrt. Seit der »Aushauchung des Geistes« am Kreuz ist die Christus-Energie mit dem Energiemuster der Erde verschmolzen und manifestiert sich im Leben des Menschen in Übereinstimmung mit den natürlichen Rhythmen der Erde. Die Christus-Energien verstärken die Wirkungen der normalen Rhythmen um ein Vielfaches und werden dies auch weiterhin einem geheimen Zyklus folgend tun, bis die Entwicklung der Menschheit soweit fortgeschritten ist, das sie die materielle Welt nicht mehr benötigt.

Die vier Jahreszeiten rufen uns auf, in der Spirale höher zu steigen. Sie geben uns Gelegenheit, unsere göttlichen Energien, größere Hellsichtigkeit und Initiation auf eine neue Weise auszudrücken. Die vier Jahreszeiten dienen dazu, die Christus-Energien in uns zu erwecken und als lebendige Impulse für unseren Wachstumsprozeß nutzen zu lernen.

Die Herbsttagundnachtgleiche

Der Herbst ist die Zeit, in der die Christus-Energien uns Menschen auf eine Art beeinflussen, die eine Läuterung unseres Lebens fördert und Raum schafft, um uns von Altem zu Trennen und neue Saat auszubringen. Die Natur mit der ihr jetzt innewohnenden Christus-Kraft übt in jeder Jahreszeit einen etwas anderen Einfluß auf uns aus. Damit verbunden offenbaren sich für jene, die ein Bewußtsein dafür entwickelt haben, subtile Veränderungen des Energiemusters und der Gelegenheiten, die sich uns bieten. Der Herbst ist die geeignete Zeit, um neue Werte festzulegen, neue Entscheidungen zu treffen und neue Ziele ins Auge zu fassen. Es ist die Erntezeit, in der wir die Ereignisse des vergangenen Jahres noch einmal Revue passieren lassen und abwägen können, und es ist die Zeit, um neue Ziele für das kommende Jahr ins Auge zu fassen. Es ist die Zeit, in der die alle Menschen beeinflussenden Energien für die Läuterung unseres Geistes und für die Umwandlung von allem, was den vollständigen und höchsten Ausdruck der Eigenschaften des Weiblich-Göttlichen behindern könnte, am günstigsten sind. Dadurch wird sichergestellt, daß die in Gang gesetzten Energien das ganze restliche Jahr über in vollem Umfang genutzt werden.

Im Herbst herrscht eine Energie vor, die uns hilft, uns zu läutern und zu reinigen und unsere niedere Natur umzuwandeln sowie Hindernisse zu überwinden und unsere schöpferischen Lebenskräfte auf ihre Regeneration vorzubereiten. Es ist die Zeit der Ernte und der spirituellen Rückschau. Es ist die Zeit, in der wir uns von Altem lösen und Neues vorbereiten können. Es ist die Zeit des Übergangs und des In-Angriff-Nehmens eines neuen Übergangs. Wenn wir richtig darauf eingestimmt sind, bieten sich uns alle möglichen Gelegenheiten für nötige Veränderungen und die dafür erforderliche innere Läuterung.

Im Herbst wird eine Energie freigesetzt, die die Verbindung zu den Engeln erleichtert. Sie kann sich im Laufe des Jahres ausweiten. (Wie wir weiter hinten in diesem Kapitel noch sehen werden, wirken viele Engel durch den Rhythmus der Jahreszeiten und durch die verschiedenen Tierkreiszeichen, um den Menschen bei ihrem Wachstum zu helfen.) Der Herbst bietet uns auch Gelegenheit, unsere körperlichen und spirituellen Ebenen auszugleichen. Unsere Träume enthüllen uns in dieser Jahreszeit viel über unsere Wertmaßstäbe und -einschätzungen. In dieser Periode wird auch unsere Urteilsfähigkeit bis zu einem bestimmten Grad auf die Probe gestellt werden. Es ist die Zeit, in der die letztjährige Saat aufgeht und die Möglichkeit besteht, neue Samen für die Ernte im nächsten Jahr auszusäen. Die Saat, die im Herbst bestellt wird, wird spätestens im darauffolgenden Herbst Früchte tragen.

Wie sich diese Energien im Leben des einzelnen auswirken, ist ganz unterschiedlich; deshalb ist es wichtig, daß wir in dieser Jahreszeit die Ereignisse in unserem Leben so

»wachsam« wie möglich verfolgen. Die Energien wirken so, daß in den drei Tagen vor und am Tag der Herbsttagundnachtgleiche selbst die Ätherkörper aller Menschen auf die materielle Ebene herabgezogen werden. Dadurch bietet sich Gelegenheit zur Heilung, Harmonisierung und Stärkung des physischen Körpers. Gleichzeitig wird uns dadurch eine bewußterer Einblick in die Ätherwelt gewährt. Es ist eine Zeit der Vorbereitung, damit die Gaben des Weiblich-Göttlichen im Winter leichter entgegengenommen und durch die neuen männlichen Impulse im Frühling leichter beurteilt und ausgedrückt werden können, damit schließlich im Sommer durch die Vereinigung des Männlich- und Weiblich-Göttlichen das heilige Kind in uns geboren werden kann.

Die Wintersonnenwende

Wenn die Sonne auf der nördlichen Erdhalbkugel in das Sternzeichen Steinbock eintritt, fängt der Winter an. Diese Bewegung bringt eine Veränderung der Energien mit sich, die das gesamte Leben beeinflußt. Die der Erde innewohnenden Christus-Energien wirken nun darauf hin, die ätherischen und astralen Energien der Menschen und der Erde mit der physischen Energie in Einklang zu bringen.

Das ist die Jahreszeit, in der die Liebe im Vordergrund steht. Die Christus-Energien wirken von überall her auf den Menschen ein, um die weiblichen Energien in uns zum Leben zu erwecken. Aufgrund der zu dieser Zeit stattfindenden Ausrichtung der Energien und der erweckten weiblichen Energien rücken viele Engel näher an die Erde heran. Sie werden von vielen wahrgenommen und gespürt – wenngleich häufig auch nur im Traum. Diesen Aspekt werden wir später im Kapitel »Das Ritual der Wintersonnenwende« noch genauer unter die Lupe nehmen.

Die Energien der Wintersonnenwende und aller Feste, die in dieser Jahreszeit gefeiert werden, sind eng verknüpft mit

Heilung, Geburt und Neubeginn und dem Herzchakra der Menschen. Es ist die Jahreszeit, in der das Lebensgefühl vertieft wird, das über die Astralebene zu uns fließt. Sie kann uns Gelegenheiten bieten, Frieden in unsere Seele einziehen zu lassen und unsere inneren Kräfte zu neuem Leben zu erwecken. Die Energien dieser Jahreszeit haben auch einen starken Einfluß auf die Herzen von uns allen.

Es ist die Jahreszeit, in der unser inneres Licht angefacht wird, obwohl um uns herum Dunkelheit herrscht. Deshalb ist es auch eine kraftvolle Zeit für Offenbarungen in Träumen und für Meditation. Es ist eine gute Zeit, um in uns zu gehen und uns von dem Gefühl des Abgetrenntseins zu befreien. Es ist die Zeit, in der die weiblichen Energien in allen irdischen Lebensformen erwachen und die Samen in der Dunkelheit herankeimen und ihr Wachstum zum Licht beginnen können.

Die Christus-Energie, die in dieser Jahreszeit auf uns einwirkt, begünstigt bei allen, die sich ihr öffnen, jede Art von Heilung und Bewußtseinserweiterung. In dieser Zeit wird unsere Wahrnehmung für die Dinge geschärft, die in unserem Wachstumsprozeß noch ausstehen. Wir bekommen ein klares Bild von dem, was wir in uns noch klären und auflösen müssen, wenn wir das heilige Kind in uns gebären wollen.

Der Winter ist also eine gute Zeit, um uns von unseren äußeren Aktivitäten zurückzuziehen, um das Licht in der Dunkelheit in unserem Innern zu entfachen. Ziel dieser Jahreszeit ist es, aus der Dunkelheit des Schoßes neues Leben hervorzubringen. Und das ist auch der Zweck der Stimulierung der in dieser Jahreszeit auf die Menschen einwirkenden Christus-Energien. Die auf uns einwirkenden Rhythmen des Universums sind darauf abgestimmt, dem Suchenden die Erweckung seiner inneren Gaben und seines inneren Lichts zu ermöglichen.

Diese Energie ist besonders dafür geeignet, uns zu lehren, wie wir unsere Gefühle ins Gleichgewicht bringen und unsere astralen Energien konstruktiv nutzen können. Der Winter ist eine gute Zeit, um unser Herz und unseren Astralkörper zu klären und von unnötigem Ballast zu befreien, damit sich die tiefen weiblichen Mysterien in unserem Leben entfalten können – die Fähigkeit in jedem von uns, neues Leben hervorzubringen. Die winterlichen Energien fördern die Innenschau und inspirieren unsere Ernsthaftigkeit bei der Suche nach tieferer Meditation. Jeder, der intensiver meditieren und träumen möchte oder Schwierigkeiten damit hat, könnte sich keine bessere Zeit aussuchen, um in dieser Richtung Fortschritte zu machen.

Der Winter ist die Zeit, in der sich uns die Tore zu den Engelshierarchien öffnen. Es ist eine Zeit, in der Erleuchtung, Vergebung und Vergessen von kleineren Unstimmigkeiten und großem Unrecht durch die Christus-Energien und die Energien des Universums gefördert wird. Und es ist eine Zeit, um einen neuen Weg einzuschlagen.

Die Frühlingstagundnachtgleiche

Wenn die Sonne vom Sternzeichen Fische (Wasser) in das Sternzeichen Widder (Feuer) rückt, können wir das, was wir im Winter gereinigt und zum Leben erweckt haben, stärker nach außen zum Ausdruck bringen. Die jetzt einsetzende Verschiebung des Energiemusters auf der Erde leitet eine Phase des stärkeren Einflusses der männlichen Energie in allen von uns ein. Es ist die Zeit, in der wir unsere schöpferischen Kräfte enthüllen und dynamischer und produktiver umsetzen können – die Zeit, in der die weiblichen Kräfte aus der Dunkelheit ans Licht geholt werden.

Die schöpferische Kraft in jedem von uns regt sich und möchte sich stärker nach außen bekunden. Widder ist das Sternzeichen des kreativen Feuers, des Neubeginns. Von der Auferstehung des Thammuz bei den Sumerern bis zur Auferstehung Christi in der christlichen Tradition wurde

dieser Jahreszeit stets große esoterische Bedeutung zugeschrieben.

Der Leitgedanke dieser Jahreszeit ist Schöpfung und Ausdruck des Neuen. Es ist eine ausgezeichnete Zeit, um neue
Unternehmungen anzugehen und in unserem Leben Gelegenheiten dafür zu schaffen. (Wir werden darauf im Kapitel
»Das Ritual der Frühlingstagundnachtgleiche« noch näher
eingehen.) Es ist eine Zeit, in der die uns antreibenden Energien hervorragend dafür geeignet sind, um unser Leben neu
zu ordnen. Diese Energien stärken und fördern unsere Entwicklung auf der physischen Ebene. Sie helfen uns, Veränderungen vorzunehmen und anzufangen, ein ausgewogenens
Verhältnis zwischen den männlichen und weiblichen Kräften in uns herzustellen.

Im traditionellen westlichen Christentum wird mit dieser
Jahreszeit Leiden und Trauer verbunden. Der Schwerpunkt
wird häufig auf die »Kreuzigung« gelegt, während er eigentlich auf die »Auferstehung« gerichtet sein sollte, die die
wahren Energien widerspiegelt, unter deren Einfluß die
Erde in dieser Zeit steht. Es besteht ein Impuls des Wie-
deraufleben-Lassens, und wenn es nur das Wiederaufleben
nach der ruhigen Zurückgezogenheit des Winters ist. Es ist
die Zeit, in der wir uns auf bewußte Veränderungen in unserem Leben konzentrieren sollten. Die lebendigen Wasser des
Lebens (Fische) werden von einem neuen Licht durchflutet
(Widder), und wenn die Reinigung und Läuterung sowie die
Vorbereitung während der letzten beiden Jahreszeiten mit
genügend Hingabe vollendet wurde, kann dieses neue Licht
Veränderungen in allen Lebensbereichen bewirken. Es läßt
das »grüne Zauberfeuer« der gälischen Legenden entstehen,
die alchemistische Kraft. Diese ist aufgrund der heute auf
der Erde wirksamen Christus-Energie um so stärker.

Die Sommersonnenwende

Die Sommersonnenwende stellt den Höhepunkt des »Seelenjahres« dar. Eine kurze Zeitlang befinden sich alle vier Lebensebenen – die geistige Ebene, Mentalebene, Astralebene und ätherische Ebene – in Einklang mit der physischen Ebene. Aus diesem Grund steht uns ein direkterer spiritueller Energiefluß in der physischen Welt zur Verfügung. Es ist eine günstige Zeit, um eine Phase unseres spirituellen Wachstums abzuschließen. Es ist eine Zeit, in der wir unser getrenntes Dasein in allen Lebensbereichen aufgeben und uns als Teil des Ganzen empfinden können.

Zur Sommersonnenwende erreichen die Kräfte der Natur den Höhepunkt ihres Jahreszyklus, und die Christus-Energie steigert ihr wunderbares Wechselspiel mit unserem Leben noch. Der Leitgedanke in dieser Zeit ist Verwandlung und Umwandlung in Richtung größerer Spiritualität. Die in dieser Zeit zur Verfügung stehenden Energien erleichtern unseren Kontakt mit den Engeln. Wir können einfacher und direkter mit ihnen kommunizieren.

Die Sommersonnenwende ist die Zeit der Verschmelzung unserer männlichen und weiblichen Energien zu höherem Ausdruck und zur Entfaltung unseres göttlichen Bewußtseins. Das Symbol für das Sternzeichen Krebs ist hinsichtlich der esoterischen Bedeutung dieser Verschmelzung sehr aufschlußreich (♋). Im Winter werden die weiblichen Kräfte in uns angeregt und im Frühjahr die männlichen. Im Sommer verbinden sich die beiden, um neues Leben hervorzubringen – um das heilige Kind in jedem von uns zu gebären. Wenn wir uns dieser Rhythmen bedienen, ist es ein idealer Zeitpunkt, um eine neue Form des Lebensausdrucks zu wagen.

Nun findet also die »große Hochzeit« statt, die Verbindung des männlichen und weiblichen Aspekts in uns, der Hypophyse und der Epiphyse (des Stirn- und Kronencha-

kras), um uns für neue Wahrnehmungen unseres wahren
Wesens zu öffnen. Wenn diese natürlichen Impulse richtig
verstanden und angegangen werden, lassen sich dadurch
höchste Einsichten und Erleuchtung erzielen. Im Herbst
werden die Kräfte der Läuterung und Vorbereitung freigesetzt, im Winter die Kräfte der Liebe als Ausdruck des Weiblichen, im Frühling die Willenskraft als Ausdruck des Männlichen und im Sommer schließlich die »Macht des Lichts«!
Der Sommer ist die Zeit des *inneren Lichts,* das nur durch die
Erneuerung des Geistes zum Leuchten gebracht wird. Durch
das Licht wird Schönheit erst sichtbar und Weitblick möglich. Beides sind Leitgedanken des Sommers.

Auf seiner Suche muß sich der spirituelle Schüler nicht
nur auf die Energien seiner gesamten Inkarnation einstimmen und ausrichten, sondern auch auf die Energien des
Jahreskreislaufs. Zur höheren Einweihung in die Christus-
Mysterien ist die Einstimmung auf diesen Zyklus erforderlich. Wie wir in den folgenden Kapiteln noch sehen werden,
ist jede Jahreszeit auf ganz bestimmte Christus-Mysterien
ausgerichtet. Daraus wird für uns erkennbar, daß das Christentum als moderne Mysterienschule gedacht war. Durch
Einstimmung auf diese Mysterien und ihre jahreslaufbe-
dingten Rhythmen kann der Mensch seine physischen und
geistigen Energien mit ihnen in Einklang bringen und diese
Harmonie zur Erleuchtung, Offenbarung und wahren Entfaltung nutzen.

Unsere Körperenergien im Jahreskreislauf

In allen alten Traditionen wurde gelehrt, daß in jedem von
uns weibliche und männliche Energien wirksam sind. Die
Aufgabe des spirituell interessierten Schülers bestand darin,
eine Ausgewogenheit zwischen diesen Kräften herzustellen und sie in seinen ganz speziellen Lebensumständen
schöpferisch auszudrücken. Die frühen Alchemisten lehrten,

daß die wahre Erleuchtung und Einheit des Menschen mit Gott nur aus der Vereinigung der Sonne mit dem Mond, d.h. aus der Vereinigung der männlichen und weiblichen Energien zustande kommt. Auf einer Ebene kann dies auch als die Vereinigung des Unterbewußtseins mit dem Bewußtsein verstanden werden. Auf einer anderen Ebene ist es die Vereinigung der Lichtzentren im Körper – der sog. Chakren – und hier besonders des Stirnchakras (Hypophyse) und des Kronenchakras (Epiphyse). In diesen beiden obersten Chakren wird das göttliche Wirken zur Vollendung gebracht!

Die Epiphyse oder Zirbeldrüse wird als Ort der männlichen Energie des Menschen angesehen. In der esoterischen Tradition wird die männliche Energie oft auch als der Sonnensamen bezeichnet. Damit ist der aktive Teil unseres Energiesystems gemeint, der notwendig ist, um unsere göttlichen Fähigkeiten in der materiellen Welt überhaupt umsetzen zu können. Damit die männliche Energie in ihrer ganzen Kraft erfahren und ausgedrückt werden kann, muß der Mensch einigermaßen spirituell entwickelt sein – und weise genug, um zu wissen, wie man sie am besten aktiviert und nutzt.

Im Laufe des Jahres fließt die männliche Energie in einer Art Kreislauf durch den Körper, die in vieler Hinsicht dem Lauf der Sonne am Himmel gleicht. Bei ihrem Fluß durch den Körper regt die männliche Energie je nach Jahreszeit verschiedene Energiezentren und -ströme an.

Nach der Sommersonnenwende beginnt die männliche Energie zu fließen und sich in Bewegung zu setzen, und um die Zeit der Herbsttagundnachtgleiche hat sie dann das Herzchakra des Körpers erreicht und hilft den Energien des physischen Körpers sich auf die Rhythmen und Energien der Natur und Christi einzustimmen, unter deren Einfluß wir in dieser Periode stehen.

Nach der Herbsttagundnachtgleiche fängt die männliche Energie wieder zu fließen an, und um die Zeit der Wintersonnenwende hat sie dann das Solarplexuschakra erreicht,

das es zu stärkerer Aktivität stimuliert. In den alten Mysterien wurde dieses Zentrum auch oft als die »Krippe« des
menschlichen Körpers oder der menschliche Tempel bezeichnet. Es ist unser Kraftzentrum, an dem die Geburt und
Erleuchtung unseres niederen Selbst erfolgt, die stets der
Geburt unseres Höheren Selbst vorausgehen muß.

Bis zur Frühlingstagundnachtgleiche bewegt sich die
Sonne oder männliche Energie wieder nach oben und erreicht erneut das Herzchakra. Im Herbst regt sie das Herz
zur Reinigung und Läuterung an, im Frühling hingegen das
Herzzentrum zu einem höheren Ausdruck unserer schöpferischen Kräfte.

Bis dann die Sommersonnenwende ins Haus steht, ist die
männliche Kraft bis zum höchsten Energiezentrum hoch-
geflossen, das in der Zirbeldrüse (Epiphyse) des Gehirns
lokalisiert ist, um uns größere Möglichkeiten für eine höhere
Erleuchtung zu geben. Wenn wir aufmerksam auf unsere
eigenen Rhythmen achten und unsere Konzentration beim
Meditieren zu diesen Zeitpunkten gezielt auf diese Kraftzentren richten, wie wir es noch lernen werden, wird unser
Lebenskreislauf mit neuem Leben und Kräften erfüllt, die
Körper, Seele und Geist mit Vitalität und Lebensfreude erfüllen.

Natürlich wirken daneben auch noch die weiblichen Energien in uns. Ebenso wie männliche Energien folgen auch
sie einem bestimmten Kreislauf durch den Körper. Die weiblichen Energien folgen nicht dem Lauf der Sonne, sondern
eher dem Lauf des Mondes. Jede Mondphase bringt eine
Verschiebung und Bewegung der weiblichen Energien in
jedem von uns mit sich. Die weibliche Energie wird dadurch
jeden Monat erneuert, aber sie kann im Laufe des Jahres
auch durch verschiedene Methoden aufgenommen werden,
um unserem Leben auf allen Ebenen dynamische Kraft und
Stärke zuzuführen.

Der Sitz der weiblichen Energie ist die Hirnanhangsdrüse
(Hypophyse). Jeden Monat vollzieht sie einen Kreislauf und

spiegelt dadurch die Umlaufbahn des Mondes um die Erde und durch die zwölf Tierkreiszeichen wider. Bei Neumond befindet sich die weibliche Energie an ihrem Ursprungsort in der Hypophyse (Stirnchakra). Wenn das erste Mondviertel voll ist, fließt sie zum Halschakra hinunter und regt dieses Energiezentrum an, sich auf höherer Ebene auszudrücken.

Um den Vollmond erreicht die weibliche Energie unser Fortpflanzungszentrum (Sakral- oder Kreuzchakra). Das ist eine kritische Zeit. In dieser Phase werden ungeheure Mengen von Energie in das System des Menschen freigesetzt. Wenn wir uns dessen nicht bewußt sind, kann diese Mondsamen-Kraft leicht vergeudet werden und durch Mißbrauch der Energien verlorengehen. Durch entsprechende Meditationsformen kann sie jedoch bewahrt und für den Rest des Monats wieder auf die Ebene der Hypophyse angehoben werden. Wendet man diese Technik das ganze Jahr über an, läßt sich dadurch ein ungeheuerer Energiespeicher anlegen, der in der Folge für die großen alchemistischen Umwandlungen der Energie verwendet werden kann.

Wenn der Mond nach dem Vollmond das nächste Mondviertel erreicht, wird die weibliche Energie, die sich durch den Kontakt mit dem Sakralchakra im Unterleib im Normalfall verstärkt hat, wieder in das Halschakra hochgezogen. Und um die Zeit des Vollmondes kehrt sie dann wieder zu ihrem Ausgangspunkt in der Hypophyse zurück.

In vielen der alten Traditionen war es an den Sonnwendfeiern üblich, die weiblichen und männlichen Energien miteinander zur Veschmelzung zu bringen. Die im Laufe des vergangenen Jahres angesammelte weibliche Energie wird mit den während des vergangenen Jahres aufgenommenen männlichen Energien vereinigt. Durch besondere Meditationstechniken verschmelzen die Energien an der Stelle des dritten Hirnventrikels, der Brücke zwischen der Hypophyse und der Epiphyse. Eine Regenbogenbrücke entsteht, die uns für das volle spirituelle Bewußtsein und die Erleuchtung öffnet.

Hier liegt also die höhere Krippe, der Ort für die Geburt unseres Höheren Selbst. Die männlichen und weiblichen Energien – die durch die Ephiphyse und Hypophyse wirken – sind die Eltern dieser Vereinigung, aus der neues Leben für jeden einzelnen von uns auf der physischen und spirituellen Ebene entsteht. Das heilige Kind in dir wird geboren.

Die Engelkräfte der Jahreszeiten

Alles Leben ist hierarchisch geordnet. Die Menschen sind sich dessen häufig durch eine kurzsichtige Sichtweise des Lebens nicht bewußt. Zum Teil bestand der Zweck der christlichen Mysterien darin, uns den Blick dafür zu öffnen: »Der Geist des Herrn ruht auf mir; denn der Herr hat mich gesalbt. Er hat mich gesandt, damit ich den Armen eine gute Nachricht bringe; damit ich den Gefangenen die Entlassung verkünde und den Blinden das Augenlicht; damit ich die Zerschlagenen in Freiheit setze und ein Gnadenjahr des Herrn ausrufe. ... Heute hat sich das Schriftwort, das ihr eben gehört habt, erfüllt« (Lukas 4,18–21). Und bei diesem und allen anderen Unterfangen helfen Christus die himmlischen Lichtwesen, die wir als die Hierarchien der Engel kennen.

Diese Sichtweise des Lebens findet jedes Jahr mehr Verbreitung, und alle die bereit sind, ihr Wachstum und ihre Evolution zu beschleunigen, werden die Verantwortung übertragen bekommen, dieses Bewußtsein von den individuellen Lebensrhythmen auf universellere auszudehnen. Dazu wird ein umfassenderes Verständnis und Arbeiten mit den Lebensformen und -energien nötig sein, die weit über die Menschheit hinausreichen.

Wie bereits erwähnt, geht aus den christlichen Mysterien hervor, daß wir Christus als einen der Erde innewohnenden, planetarischen Logos ansehen können, der mit den Menschen über den zyklischen Lauf der Jahreszeiten in Kontakt tritt und sie stimuliert. Christus selbst wirkt und beeinflußt die Menschen auf inneren Ebenen, doch es gibt andere, die ihm auf einer mehr »äußeren« Ebene dabei zur Hand gehen.

Als großes Sonnenwesen und Erzengel bekommt Christus Hilfe von anderen aus seiner Hierarchie. Vier von ihnen dienen als die Herrscher über die vier Jahreszeiten. Sie stehen Christus während der jeweiligen Jahreszeit zur Seite, für die sie verantwortlich sind, so daß die Menschen möglichst viel von dieser Energie profitieren können.

Die vier Erzengel der Jahreszeiten sind:

Michael – Herbst
Gabriel – Winter
Raphael – Frühling
Uriel – Sommer

Diesen vier Erzengeln und ihren ganz besonderen Aufgaben innerhalb der christlichen Mysterien wollen wir in den nächsten vier Kapiteln unsere Aufmerksamkeit widmen. In jedem Kapitel werden wir uns mit einer Jahreszeit beschäftigen.

Darüber hinaus gibt es natürlich auch noch Engel anderer Hierarchien, die den Menschen ebenfalls hilfreich zur Seite stehen. Sie helfen uns über den Rhythmus der Jahreszeiten und der Monate und arbeiten dabei mit den Gesetzen der Polarität, indem sie versuchen, zwischen den weiblichen und männlichen Energien, die den Kern der christlichen Mysterien darstellen, in uns ein Gleichgewicht herzustellen. Seit die ersten Menschen die Erde bevölkerten, sind sie aktiv. Leider sind – oder waren – sich nur wenige ihrer Aufgaben bewußt. In vielen Kulturen wußten nur die Schüler, die in die Mysterien eingeweiht wurden, über sie Bescheid. Für die normale Bevölkerung waren sie weniger leicht erkennbar oder wurden als reine Gestalten des Aberglaubens abgetan.

Seit dem Entstehen des Christentums hat der Einfluß dieser Himmelswesen zugenommen. Da Christus seit seiner Menschwerdung innigst mit der Erde verbunden ist, hat bei den Menschen die Sensibilität gegenüber den Hilfsdiensten der Engel zugenommen. Dieser Einfluß wird noch verstärkt durch die Lenkung eines großen Teils ihrer Handlungen durch die »heilige Mutter Maria«, wie sie im Christentum genannt wird. Sie ist es, die jetzt das Wirken der Engel von außen beaufsichtichtigt, indem sie ihre auf den Menschen einwirkenden Energien von außen verstärkt – so, wie es Christus von innen tut.

Maria wird von den traditionellen Christen »Königin des Himmels und der Engel« genannt. Die Himmelfahrt Mariens bestand zum Teil im Erhöhen ihrer Energien, in der Initiation in eine Übernahme dieser Rolle im Universum und in den christlichen Mysterien. Es ist deshalb für den wahren Schüler der Christus-Mysterien um so wichtiger, die esoterische Bedeutung der Engel in unserem Leben zu erfassen.

Die Astrologie zeigt uns die Wechselwirkungen zwischen den Himmelswesen der höheren Ebenen und unserem Leben auf. Sie wirken auf subtile, aber reale Weise auf uns ein, und zwar durch ihre Konditionierung und durch die Steuerung ihrer Energien und Kräfte. Unser jeweiliges Horoskop enthüllt die Beziehung zwischen den einzelnen planetarischen und himmlischen Wesenheiten und uns selbst.

Auf einer Ebene ist der Tierkreis ein Symbol der zwölf schöpferischen Einflüsse der himmlischen Wesen, die wir Engel nennen, auf unser Leben. Und die zwölf Tierkreiszeichen spiegeln ihrerseits zwölf große Einfluß-»Muster« der Engel wieder. Diese Lichtwesen, die wir Engel nennen, wirken durch die Tierkreiszeichen während des gesamten Jahreslaufs auf uns ein, um Veränderungen der Energie auf Erden und im Leben jedes einzelnen von uns herbeizuführen. Je mehr sich der Mensch auf diese Rhythmen des Jahreslaufs einschwingt, desto stärker wird die Verbindung zu den Wesen, die dahinter stehen, und desto segensreicher wird sein Leben sein. Diese Engelswesen verbreiten ihre Energien im Universum und in unserem Sonnensystem durch die Sternzeichen und Planeten. Je mehr wir uns auf sie einstimmen, desto mehr können wir von ihrem Einfluß profitieren. Dies zu lernen ist ein Teil der Aufgabe jeder Person, die tiefer in die Geheimnisse der Christus-Mysterien eindringen möchte.

Wie die Jahreszeiten bestimmte Einflußmuster der Christus-Energien auf alles Leben erkennen lassen, spiegeln die Monate jeder Jahreszeit (und ihre entsprechenden Sternzeichen) den Engelseinfluß wider, der die freigesetzte Christus-Energie in Bahnen zu lenken hilft, die von dem einzelnen besser genutzt werden können. In jedem Monat findet – in Übereinstimmung mit dem Wechsel der Jahreszeiten – ein anderer, ganz bestimmter Energiewechsel statt.

Jede Jahreszeit hat ihr ganz eigenes Energiemuster. Und jeder Monat einer Jahreszeit hat wiederum sein ganz eigenes Muster, das von den Engeln der Sternzeichen beeinflußt wird, die in die jeweilige Jahreszeit fallen. Die Engel, die durch die kardinalen Zeichen im Tierkreis wirken, unterstützen den Menschen darin, die Kraft der jeweiligen Jahreszeit zu erzeugen und in sein Leben zu integrieren. Die Engel hingegen, die einem fixen Zeichen im Tierkreis zugeordnet sind, helfen dem Menschen dabei, diese neu erzeugte Energie zu konzentrieren und zu bündeln, und jene, die einem veränderlichen Tierkreiszeichen zugeordnet sind, helfen dem Menschen dabei, die Energien der jeweiligen Jahreszeit auf die angemessensten Bereiche in seinem Leben zu verteilen:

Herbst (Reinigung und Vorbereitung)
1. Die Engel, die durch das Sternzeichen Waage wirken, helfen uns, eine stärkere Energie zur Reinigung und Vorbereitung zu erzeugen.
2. Die Engel, die durch das Sternzeichen Skorpion wirken, helfen dem einzelnen, die Energien der Reinigung und Vorbereitung auf seine jeweiligen Ziele und Vorhaben zu lenken.
3. Die Engel, die durch das Sternzeichen Schütze wirken, helfen dem einzelnen, die Energien der Reinigung und Vorbereitung auf weitere Bereiche in seinem Leben auszudehnen.

Winter (Erweckung weiblicher Energien)

4. Die Engel, die durch das Sternzeichen Steinbock wirken, helfen uns, mehr weibliche Energie zu erzeugen.

5. Die Engel, die durch das Sternzeichen Wassermann wirken, helfen dem einzelnen, die erzeugten weiblichen Energien zu bündeln.

6. Die Engel, die durch das Sternzeichen Fische wirken, helfen dem Menschen, die neu erzeugten und verdichteten weiblichen Energien zu verteilen.

Frühling (Ausdruck der männlichen Energien)

7. Die Engel, die durch das Sternzeichen Widder wirken, helfen uns, dynamischere Ausdrucksformen für unsere männliche Energie zu schaffen.

8. Die Engel, die durch das Sternzeichen Stier wirken, helfen dem einzelnen, die neu erzeugte männliche Energie zu konzentrieren.

9. Die Engel, die durch das Sternzeichen Zwillinge wirken, helfen dem Menschen, die erzeugte und verdichtete männliche Energie produktiver zu verteilen.

Sommer (Vereinigung der männlichen und weiblichen Energien)

10. Die Engel, die durch das Sternzeichen Krebs wirken, helfen uns, Fähigkeiten und Gelegenheiten zu schaffen, die weiblichen und männlichen Energien zu vereinen.

11. Die Engel, die durch das Sternzeichen Löwe wirken, helfen dem einzelnen, die Kraft der vereinten Energien des weiblichen und männlichen Elements zu sammeln.

12. Die Engel, die durch das Sternzeichen Jungfrau wirken, helfen dem Menschen, die aus der Vereinigung von männlichen und weiblichen Kräften entstandenen neuen Energien zu verteilen und zum Ausdruck zu bringen.

Es ist wichtig, daß wir die enge Beziehung zu den Engeln und ihren Einfluß auf uns durch die verschiedenen Sternzeichen und die Monate, in denen sie am aktivsten sind, verstehen. Jeder steht in unterschiedlichem Maße unter ihrem Einfluß. Die Tierkreiszeichen unseres Geburtshoroskops, in denen wir viele Planeten haben oder insbesondere jenes, unter dem wir geboren sind und in dem unser Aszendent und unser Mond steht, haben einen stärkeren Einfluß auf uns. Wir sind zu diesen Zeiten empfänglicher für die von den Engeln kommende Energie. Deshalb müssen wir uns bewußt sein, wie jede Gruppe von Engeln ihre Energien in unser Leben entsendet, um uns in unserer Entwicklung beizustehen und vor allem um uns die wahren christlichen Mysterien zu enthüllen.

Die Herbstengel

Die Engel der Waage

Diese Gruppe der himmlischen Engeln wirkt darauf hin, den einzelnen Menschen dabei zu helfen, ihre verborgene Göttlichkeit zu entfalten. Ihr Symbol ist die Waagschale – die Waage –, die Lehre der Polarität in den christlichen Mysterien. Die Engel der Waage wirken auf den Astral- und Ätherkörper des Menschen ein und überwachen das, was oft als das »Tor der Prüfungen und Entscheidungen« bezeichnet wird. Die Engel helfen dem Menschen in diesem Monat, seine intuitive Wahrnehmung für das Gleichgewicht im Leben des einzelnen zu entfalten. In dieser Jahreszeit der Vorbereitung und der Reinigung wirken sie durch die Zeit der Prüfungen. Sie stellen geistige Konflikte und Persönlichkeitskonflikte in den Vordergrund. Bei dem unentwickelten Menschen werden die Energien als unausgeglichene feurige Leidenschaft erfahren und ausgedrückt. Bei dem Fortgeschritteneren regen die Energien die Fähigkeit an, Gegensätze abzuwägen und ein Gleichgewicht durch einen stärkeren Ausdruck von Liebe herzustellen. Die Engel der Waage helfen dem Menschen, sich zu öffnen und sich durch menschliche Liebe der Hingabe und dem Streben nach Höherem zuzuwenden, um so zu einer höheren Ebene des Verständnisses vorzudringen. Sie regen in uns die Suche nach dem Gleichgewicht an.

Die Engel des Skorpions

Diese Lichtwesen wirken darauf hin, die Stärke des menschlichen Geistes zu bewahren. Sie geben dem Menschen Anleitungen und Hilfe bei der Umwandlung seiner eigenen Energien – der fortgeschrittensten Aufgabe des Schülers. Das stellt einen Teil der Vorbereitungsphase auf die Initiation dar. Die Engel des Sternzeichens Skorpion helfen dem Schüler der christlichen Mysterien zu lernen, sein Selbst wieder auf das Leben und die Energie der Seele auszurichten. Sie sorgen dafür, daß sich Gelegenheiten ergeben, bei denen der einzelne zeigen kann, ob er für die Initiation bereit ist. Sie schaffen Möglichkeiten, unsere wachsende Empfindsamkeit zu zeigen. Sie stehen uns bei allen Umwandlungs- und Läuterungsprozessen bei. Es ist ihre von Christus übertragene Aufgabe, das Licht der äußeren Form, der Seele und des Lebens zu vereinen, damit der Mensch wie eine Sonne erstrahlen möge. Im Herbst helfen sie jeden Mangel an Einheit, jede selbstsüchtige Handlung oder jeden Konflikt mit der Dualität der Lebensprinzipien aufzudecken. Die Engel des Skorpions wirken darauf hin, den spirituellen Krieger in uns zu leben, damit sich im Laufe des Jahres eine höhere Einheit bilden kann.

Die Engel des Schützen

Im letzten Monat des Herbstes kommen die durch das Tierkreiszeichen Schütze wirkenden Engel ins Spiel. Sie unterstützen uns in diesem Monat bei unseren letzten Vorbereitungen auf die Erweckung der weiblichen Kräfte, die in den folgenden drei Monaten stattfinden wird. Ihre Aufgabe besteht darin, bei dem Schüler der christlichen Mysterien ein gebündeltes und gerichtetes Licht zu erzeugen. Es ist ihre

Aufgabe, dem Menschen zu helfen, zu einem Lichtstrahl zu werden, der das größere Licht vor uns erhellt. Durch ihre Anstrengungen konnte der Mensch über das Reich der Tiere hinauswachsen. Sie wirken, um den Menschen Christus, den Geist, näherzubringen. Während dieser Zeit kann es vorkommen, daß die Auseinandersetzung mit dem unausgebildeten und materialistischen Aspekt des Geistes in den Vordergrund tritt. Die Engel des Schützen unterstützen den einzelnen bei der Entwicklung seiner gedanklichen Freiheit und Schärfe. Sie wirken besonders auf eine Läuterung der niederen Begierden in uns und auf ein Wiedererwachen des Strebens hin, das letzlich die weiblichen Kräfte des Idealismus und der Intuition in uns zu neuem Leben erwecken wird. Dem Individuum dabei zu helfen, seine Ichbezogenheit zu überwinden, gehört ebenfalls zu ihrer Aufgabe. Mit der Zeit wird der Mensch dann durch ihren Einfluß von einem »Herumexperimentieren« mit den Mysterien zu einem gezielten Umgang mit ihnen kommen, der ihn zu den Toren der Initiation hinführen wird. Einer der Pfade, der sich dem gewissenhaften Schüler der Mysterien dabei eröffnen kann, ist der sogenannte »Pfad des wohlwollenden Zauberers«. Auf diesem Pfad lernt der einzelne, mit dem Gesetz der Versorgung umzugehen und ein wahrer »Sämann« in seiner ganzen esoterischen Bedeutung zu werden – wie sie uns in den neueren christlichen Schriften offenbart wird.

Die Winterengel

Die Engel des Steinbocks

Die Engel des Sternzeichens Steinbock helfen den Winter einzuläuten. Sie wirken darauf hin, den Menschen die wahre Bedeutung des Astralkörpers zu lehren und wie sie seine Energien formen und gestalten können. Sie helfen dem einzelnen dabei, seine Gefühle im Gleichgewicht zu halten und seine inneren Kräfte zum Leben zu erwecken. Sie bewirken beim Menschen die Innenschau und Einsicht, und sie regen ihn zu einer neuen Ernsthaftigkeit bei der Suche nach größeren Tiefen der Meditation und Selbstverwirklichung an. Sie unterstützen den einzelnen bei seiner Öffnung für den Einweihungsprozeß in die weiblichen Mysterien. Sie helfen ihm, einen Weg zum »Gipfel« freizuräumen und seine Seele zu verwandeln. So sorgen dafür, daß dem einzelnen Gelegenheit geboten wird, in irgendeiner Form in seinem Leben, den Tod zu bezwingen – und sich so für die Mysterien einer neuen Geburt zu öffnen. Tod und Leben gehen Hand in Hand. Das ist ein Teil der Lehre der weiblichen Mysterien, die zu dieser Jahreszeit im Vordergrund steht. Für den noch nicht erweckten Menschen hat alles nur eine äußere, erdverbundene Bedeutung, aber für jemanden, der dabei ist, sich zu entwickeln, werden sich die tieferen Hintergründe der Lebenssituationen zu offenbaren beginnen. Es sind die Engel des Steinbocks, die den Menschen gemeinsam mit Christus über dieses Sternzeichen bei diesem Prozeß zur Seite stehen.

Die Engel des Wassermanns

Der zweite Monat des Winters kann uns direkter auf die Gruppe von himmlischen Wesen einstimmen, die durch das Sternzeichen Wassermann auf uns einwirken. Es ist diese Gruppe, die für einen großen Teil der Einweihung in das »Wassermannzeitalter«, das kurz bevorsteht, verantwortlich sein wird. Sie wirken in hohem Maße auf den Ätherkörper ein und versuchen ihn für höhere Energien empfänglicher zu machen. Sie wirken darauf hin, eine höhere Hellsichtigkeit anzuregen, so daß es eine ausgezeichnete Zeit ist, seine Neigungen in dieser Richtung zu entwickeln und zu trainieren. Sie werden allen, die schon zu höheren Initiationsstufen vorgedrungen sind, dabei helfen, das sogenannte »goldene Hochzeitsgewand« der neutestamentarischen Schriften – den Seelenkörper – zu gestalten. Alle, die Christus auf den ätherischen Ebenen treffen wollen, müssen dieses Gewand durch Erfüllung ihrer Pflichten, Lebensaufgaben und Verantwortungen weben. Im Monat des Wassermanns leisten die Engel uns Beistand bei der Umwandlung von Oberflächlichkeit und Selbstsucht, die die Manifestation des Weiblich-Göttlichen in uns blockieren können. Dem noch unentwickelten Wesen wird es so vorkommen, als müsse es versuchen, alles für alle zu sein, aber der Mensch, der sich zu dieser Jahreszeit vollkommen für die Hilfe der Engel des Wassermanns öffnet, wird sich ganz seiner Seele verschreiben. Ihm wird sich ein größeres Verständnis der Mysterien in bezug auf die lebenswichtigen Funktionen des Körpers erschließen. Die Engel des Wassermanns helfen dem einzelnen in dieser Jahreszeit, das Licht des Christus in ihm zu erwecken, das bis in alle Ewigkeit die Dunkelheit erleuchten wird. Sie helfen uns, uns für das heilende und nährende Licht zu öffnen.

Die Engel der Fische
Der letzte Monat des Winters steht unter dem Einfluß einer Gruppe von Engeln, die durch das Sternzeichen Fische wirken. Diese Wesen haben den Schlüssel zur Vervollkommnung der Menschen in der Hand. Sie stehen all jenen bei, die das Lebenslicht selbst auf sich einzustimmen verstehen. Sie öffnen uns für das Bewußtsein, wie wir der Dunkelheit verschiedener Bereiche in unseren persönlichen Lebensumständen ein Ende bereiten können. Es ist ihre Aufgabe, den Menschen dabei zu helfen, das Gleichgewicht zwischen männlichen und weiblichen Kräften in ihrem physischen Körper besser zu kontrollieren. In diesem Monat erfolgt der Ruf, in die inneren Tiefen vorzudringen. Es ist ein idealer Zeitpunkt, um große Begeisterung zu entwickeln. Es ist eine Zeit des Heilens – sowohl auf physischer als auch auf spiritueller Ebene. Die Fische-Engel unterstützen den Menschen darin, seinen ichbezogenen Traum in eine Vision zum höheren Dienst an der Menschheit umzuwandeln. Dieser Aspekt spiegelt sich auch in den christlichen Mysterien wieder. Das Fischezeitalter ist das Zeitalter der christlichen Mysterien. Es

ist die Zeit, in der die Engel dieser Hierarchie darauf hinwir-
ken, uns das Karma unseres Lebens zu enthüllen und damit
verbunden die umfassenderen Möglichkeiten, unser Karma
auszugleichen und unser Schicksal zu erkennen. Sie unterstützen uns dabei, unsere psychischen Energien zu einer
höheren geistigen Kraft zu entwickeln und den Prozeß der
Beendigung der Dunkelheit der Materie für uns selbst und
für andere einzuleiten. Die Engel dieses Zeichens wirken bei
allen, die dafür empfänglich sind, auf eine Öffnung für die
Einweihung in die weiblichen Mysterien hin – oder offenbaren zumindest allen diesen Initiationspfad, der uns noch
offensteht.

Die Frühlingsengel

Die Engel des Widders

Die Lichtwesen, die sich der Energie dieses Sternzeichens
bedienen, haben die Aufgabe, den »Aufruf zur großen Überwindung« zu verbreiten – den Sieg durch den Geist über die
Persönlichkeit. Sie erwecken und verstärken Energien, die
das Aufgeben des Ego und die Umwandlung unterstützen.
Den unbewußten oder unentwickelten Menschen scheint
sich der Einfluß dieser Engel nur in Form von ungerichte-
ten Erfahrungen im Leben zu offenbaren. All jenen, die an
sich selbst arbeiten, helfen sie dabei, sich noch stärker um
die eigene Entwicklung zu bemühen. Diese Engelswesen
fördern in jedem, der dafür offen ist, das Erkennen des »göttlichen Plans« und seine Umsetzung. Sie helfen dem einzelnen, Selbstkontrolle mit Weisheit zu verbinden. Je nach
Entwicklungsstand kann diese Energie als instinktive Handlung, intensives Verlangen oder klare Entscheidung erfahren
werden. Die Engel des Sternzeichens Widder unterstützen
uns bei der Suche nach dem Licht, das am besten dafür genutzt werden kann, um das Göttliche in jedem von uns auszudrücken.

Die Engel des Stiers

Diese Gruppe von Engeln spielt eine aktive Rolle bei der Manifestation der Christus-Energien während des Frühlings. In früheren Zeiten wurden die Feste zu Ehren des sich erneuernden Lebens oft im Monat Mai gefeiert. In dieser Zeit arbeiten die Engel mit allen Menschen, die sich auf sie einstimmen möchten, um Möglichkeiten für Veränderung und neue Ausdrucksformen für ihre Fähigkeiten und Wünsche zu finden. Sie helfen uns dabei, selbstsüchtige Wünsche zu überwinden und höhere Ziele in uns zu entwickeln – und sie zeigen Möglichkeiten auf, wie diese Ziele verwirklicht werden können. Sie erwecken in uns Licht und Liebe für die Erde und alle ihre Lebensformen. Die besondere Aufgabe der Engel des Sternzeichens Stier besteht darin, dem einzelnen dabei zu helfen, die Umsetzung seines persönlichen Lichtes selbst in die Hand zu nehmen und zu kontrollieren. Darüber hinaus fördern sie unsere Unterscheidungsfähigkeit und die Beseitigung falschen Glanzes aus unserem Leben. Erst wenn wir uns von diesem falschen Glanz befreit haben, sind wir in der Lage, in die höheren Sphären der Erleuchtung vorzudringen. Allen Menschen, die sich das wünschen, helfen die Engel dabei, sich enger mit allen Lebensformen der Natur – sei es aus dem Tier-, Pflanzen- oder Mineralienbereich – verbunden zu fühlen.

Die Engel des Zwillings

Wenn der letzte Monat des Frühlings anbricht, entfaltet sich der Einfluß der Engel des Sternzeichens Zwillinge auf der Erde. Sie haben die Aufgabe, sich um den Bereich der Polarität im Christentum zu kümmern. Das drückt sich auch im Symbol dieses Zeichens aus (♊). Diese Engel wirken darauf hin, die Seele noch stärker mit ihrem physischen Körper zu verbinden. Sie fördern in uns die Beherrschung der Polarität – die Gleichsetzung unserer männlichen und weiblichen Energien, damit sie vereint werden können, um neues Leben hervorzubringen. Bevor diese Vereinigung jedoch stattfinden kann – wie durch das Symbol des im Sternzeichens Krebs mit seinen sich aufeinanderzubewegenden Wirbeln (♋) ausgedrückt wird –, müssen die beiden Polaritäten erst einmal ausgedrückt und in ein ausgewogenes Verhältnis zueinander gebracht werden (versinnbildlicht durch das Symbol des Sternzeichens Zwillinge). Dieser Monat und die Energie der dazugehörigen Himmelswesen erzeugt eine Kraft, die bei uns einen Bewußtseinswandel in allen Bereichen des Lebens herbeiführt. Diese Engel bemühen sich darum, uns das Licht zu zeigen, das sowohl in geistiger wie auch in körperlicher Form existiert. Für alle, die sich durch die christlichen Rituale auf diese Wesen einstimmen, ist der Weg vom eigennützigen Handeln zum Dienst am Nächsten und zu Ehren des »Unendlichen Lichts« vorgezeichnet. Die Engel des Sternzeichens Zwillinge helfen uns dabei, die verschiedenen Arten von Beziehungen klarer zu unterscheiden – auf der körperlichen und auch auf der spirituellen Ebene.

Die Sommerengel

Die Engel des Krebses

Der Sommer beginnt, wenn die Sonne in das Tierkreiszeichen Krebs eintritt. Das ist der Höhepunkt des Seelenjahrs. Es ist die Zeit der »großen Hochzeit«, der Beginn der Vereinigung von männlichen und weiblichen Energien – der Abschnitt, in dem die Eier befruchtet werden, damit neues Leben entstehen kann. Die Geheimnisse der sexuellen Energien, die man sowohl auf körperlicher als auch auf geistiger Ebene einsetzen kann, liegen in der Hand dieser himmlischen Wesen. Sie sind die Hüter der »heiligen Orte« auf Erden und bewachen das Allerheiligste, die heiligen Gräber und Speisen. Sie lehren uns Menschen, wie wir unsere größten Schätze – das gesegnete Wasser und den heiligen Lebenssamen – weise nutzen können, anstatt sie zu verschleudern. Der einzelne wird darin unterstützt, seinen Intellekt in höhere Intuition zu verwandeln. Darüber hinaus bemühen sich die Engel des Sternzeichens Krebs um die Entwicklung von Reinheit und Keuschheit im spirituellen Umgang miteinander, damit die höchste Umwandlung der Feuer und Wasser des Lebens stattfinden kann. Sie wirken darauf hin, jedem, der dafür empfänglich ist, das Licht in allem zu enthüllen – ein Licht, das immer nur darauf wartet, stimuliert zu werden.

Die Engel des Löwen

Wenn die Sommersonne weiterzieht ins Sternzeichen Löwe, werden die dazugehörigen Engel aktiv. Ihre Aufgabe ist es, in den Menschen die Lebenskraft zu erwecken. Sie helfen bei der Umsetzung des Christusgebotes: »Du sollst den Herrn, deinen Gott, von ganzem Herzen, von ganzer Seele und von ganzem Gemüt lieben, und deinen Nächsten wie dich selbst.« Die ganze Menschheit wird von ihnen darin unterstützt, die gerade aus der Vereinigung von männlichen und weiblichen Energien neu geborene Kraft der Liebe umzusetzen. Wir Menschen lernen dadurch, daß wir alle untereinander verbunden sind und zur gleichen Familie gehören. In diesem Monat kann der einzelne mit Hilfe der Engel seine Individualität besser ausdrücken und fühlt sich angeregt, zu höherer Erleuchtung zu gelangen und die Dinge in die Hand zu nehmen. Die Aufgabe der Engel des Sternzeichens Löwe besteht darin, uns durch das Gleichgewicht zwischen den männlichen und weiblichen Kräften in uns zu mehr Selbsterkenntnis und größerer Selbstbeherrschung zu verhelfen. Wer für den Einfluß dieser Engelenergien empfänglich ist, wird in die Lage versetzt, das göttliche Licht ins Leben anderer Menschen hineinzutragen, das niedere Selbst zu überwinden, das Höhere Selbst auszudrücken und das Verborgene zum Nutzen aller zu enthüllen.

Die Engel der Jungfrau

Die letzte Gruppe von Engeln, die während des Sommers die Christus-Energie verkörpern, sind die Engel des Sternzeichens Jungfrau. Ihre Aufgabe ist es, den Funken des Christusbewußtseins anzufachen, so daß er im nächsten Seelenjahr, das im darauffolgenden Monat beginnt, noch deutlicher ausgedrückt werden kann. Sie enthüllen dem einzelnen den wahren Sinn und Zweck von Weisheit, Sophia. Das Tor zur Einweihung öffnet sich durch Dienst und Opferbereitschaft. Diese Engel fördern die Fähigkeit, den Kern unserer Erfahrung herauszufiltern, damit er sich in wahre Seelenweisheit verwandeln kann. In diesem Monat helfen sie uns, die innere Natur des Weiblich-Göttlichen in seiner Zusammensetzung zu erfahren. Darüber hinaus sorgen sie für Gelegenheiten zu innerem Wandel und einen Ansporn in Richtung Einweihungspfad. Die Engel des Sternzeichens Jungfrau können uns lehren, wie wir das göttliche Licht mit dem Licht unseres Wesens zur Verschmelzung bringen können. Im unentwickelten oder unbewußten Menschen liegt die Kraft wie in einem Saatkorn verborgen, aber wenn wir weiter fortschreiten und uns entwickeln, entfaltet sich die in jedem angelegte Kraft des Weiblich-Göttlichen in ihrem »Mutteraspekt«, und das Licht Christi bleibt nicht länger verborgen.

Empfänglichkeit für Engelenergien

Wie kann man empfänglicher werden für den Einfluß der Engel und die Umsetzung ihrer Energien in unserem Leben? Das ist nicht so schwierig, wie es vielleicht den Anschein hat. Allerdings ist es nötig, »allzeit wachsam« zu sein, wie alle Meister ihre Schüler immer angehalten haben. Schenke allem in deinem Leben Aufmerksamkeit, selbst den kleinsten Dingen. Denke immer daran, daß die geheime Bedeutung der Dinge »verborgen« ist und entdeckt werden muß.

Der Einfluß der himmlischen Wesen auf unser Leben ist heute spürbarer als früher, weil Christus sich unter uns verkörpert hat, aber wir müssen uns trotzdem weiterhin dafür öffnen und danach Ausschau halten. In den Meditationen und »Ritualen«, die ich in den nächsten Kapiteln vorstelle, werden nicht nur die christlichen Mysterien und ihr Ausdruck im Wechsel der Jahreszeiten eingehender erklärt, sondern auch wie wir uns noch besser auf die Christus-Energien und die Energien der unterstützenden Engel einstimmen können.

Nimm dir jeden Monat Zeit, um dich auf die jeweilige Jahreszeit und das entsprechende Sternzeichen mit seiner Engelgruppe einzustimmen. Denke über ihre speziellen Aufgaben in dem jeweiligen Monat nach. Es empfiehlt sich, dies sowohl zu Anfang zu tun, wenn die Sonne in ein neues Zeichen eintritt, als auch am Ende des Monats, wenn du auf die vergangenen Ereignisse dieser Phase zurückblicken und Zusammenhänge erkennen kannst. Halte dir immer vor Augen, daß die Engel sich auf der Erde so ausdrücken, daß alle ihren Einfluß spüren können. Gleichzeitig machen sie sich aber auch auf ein Art bemerkbar, die dich ganz besonders anspricht, denn du hast dein ganz eigenes, unverwechselbares Energiesystem.

Meditiere auch über die Apostel, die zu jedem Sternzeichen und Monat gehören, und zwar am besten beim Eintritt der Sonne in das jeweilige Zeichen. Die Liste der Apostel und die jeweiligen Entsprechungen wurden bereits im ersten Teil dieses Buches aufgeführt. Du kannst dadurch dein Bewußtsein und dein Wahrnehmungsvermögen für die Christus-Mysterien und für die Art und Weise, wie sie sich in deinen eigenen Lebensumständen bemerkbar machen, stärken.

Befasse dich in der Meditation auch intensiv mit der heiligen Muttergottes, Maria, der Königin der Engel. Benutze dazu die Bibelstelle, die ihre Stellung innerhalb der christlichen Mysterien und innerhalb der Engelreiche esoterisch widerspiegelt (siehe S. 186). Halte dir dabei immer vor Augen, daß die christlichen Mysterien eigentlich als Weisheitslehren einer Mysterienschule gedacht waren. Vieles von dem, was auch in anderen Kulturen gelehrt wurde, ist daher ebenfalls in der Bibel und den Schriften verborgen. Und es sind diese Weisheitslehren, die uns den Pfad der Einweihung und Erleuchtung weisen. Sie enthüllen uns, wie wir das Weiblich-Göttliche in uns erwecken und es auf allen Ebenen unseres Lebens lebendig zum Ausdruck bringen können. Stell dir einfach vor, du seist die archetypische Kraft der Christus-Mysterien. Visualiere diese Kraft, fühle sie, sehe sie, erlebe sie, und versuche zu erspüren, wie die Christus-Mysterien auf und durch den Verlauf der Erdevolution auf uns Menschen Einfluß nehmen:

> Dann erschien ein großes Zeichen am Himmel: Eine Frau, mit
> der Sonne bekleidet; der Mond war unter ihren Füßen und
> ein Kranz von zwölf Sternen auf ihrem Haupt.
>
> *Offenbarung 12,1*

SIEBTES KAPITEL

Das Ritual
der Herbsttagundnachtgleiche

Das stärkstwirkende Fest der Erinnerung, dieses Fest, das den Herbst beginnt, ist das Michael-Fest, denn da spricht zu gleicher Zeit die ganze Natur eine bedeutsame kosmische Sprache. [...] Die Natur, die durch ihre eigene Wirksamkeit dem Menschen geholfen hat durch Frühling und Sommer, zieht sich zurück. Der Mensch ist auf sich zurückverwiesen. Was jetzt erwachen muß, wo die Natur einen verläßt, das ist der Seelenmut. Wiederum werden wir hingewiesen, wie es ein Fest des Seelenmutes, der Seelenkraft, der Seelenaktivität sein muß, was wir als Michael-Fest auffassen können.

*Rudolf Steiner**

Mit der Herbsttagundnachtgleiche beginnt für jeden, der sich auf die wahren Christus-Mysterien einstimmen möchte, das Seelenjahr. In jeder Jahreszeit ist die Kraft, die auf die

---

* Steiner, Rudolf: *Der Jahreskreislauf.* Dornach: Rudolf Steiner Verlag, 1994, S. 85–86.

Erde herabfließt, eine andere, und jedesmal bringt sie subtile Veränderungen und Gelegenheiten für alle bewußten Menschen mit sich. Es ist wie das Pflanzen eines Samenkorns, das in den kommenden Monaten und Jahreszeiten keimen, Wurzeln schlagen, hervorsprießen und schließlich geerntet werden wird.

Man kann die Energie der Herbsttagundnachtgleiche schon Wochen vor ihrem tatsächlichen Eintritt spüren. Wenn die Sonne ins Sternzeichen Jungfrau tritt, beginnt die Zeit der unbefleckten Empfängnis. Die Erde und alle Lebewesen auf ihr können sich auf einen neuen Wachstumszyklus in ihrem Leben vorbereiten. Wenn die Sonne dann in das Sternzeichen Waage weiterzieht, fängt die Christus-Energie an, auf die ganze Erdoberfläche einzuwirken. So werden z. B. die Energien der Pflanzen dann nach innen gezogen; die Energien im allgemeinen bewegen sich zum Herzen hin, zum Sitz des Weiblich-Göttlichen. Die Christus-Kraft ist nun ein ständig wirksamer Bestandteil der Energiehülle der Erde und wird auch in uns spürbar. Sie dringt in unser Innerstes ein, um unser Herz zu läutern, damit sich zur Zeit der Wintersonnenwende eine neue Geburt ereignen kann. Was da neu geboren wird, wird dann im Laufe des weiteren Jahres immer deutlichere Ausdrucksformen annehmen.

Die Christus-Kraft wird auf eine Art und Weise aktiv, durch die Gelegenheiten zum Übergang geschaffen werden. Durch ihre Energien bricht eine Zeit an, in der es darum geht, neue Werte festzusetzen und neue Entscheidungen zu treffen. Es ist die Zeit der Ernte all dessen, was vorher gepflanzt wurde und eine ideale Zeit zur Klärung des Geistes und zur Einleitung des Umwandlungsprozesses für all die Dinge, deren Energien umgewandelt werden sollen. Der Erzengel Michael fügt in dieser Jahreszeit seine Energie der Christus-Energie hinzu, um die für diese Zeit charakteristischen Transformationen und Prüfungen einzuleiten.

Die auf uns einwirkenden Energien können uns in dieser Jahreszeit auf folgende Weise unterstützen:

1. Sie läutern und verwandeln unser niederes Selbst.
2. Sie helfen uns dabei, Hindernisse zu überwinden.
3. Sie öffnen die inneren Bereiche des Bewußtseins.
4. Sie klären die ursprüngliche Lebenskraft des Sakralchakras.
5. Sie reinigen und klären das Herzchakra, den Sitz des angesammelten Karmas.
6. Sie unterstützen uns darin, uns besser auf das Reich der Engel einzustimmen.
7. Sie helfen uns dabei, herausfinden, was noch umgewandelt werden muß, damit unser Wachstum im nächsten Jahr optimal fortschreiten kann.
8. Sie machen es uns leichter, unsere Aufmerksamkeit von den äußeren auf die inneren Welten zu lenken.
9. Sie helfen uns bei der Entwicklung eines harmonischen Verhältnisses zwischen dem Gesetz der Liebe und dem Gesetz des Karmas.
10. Sie fördern eine neue Seelenprüfung, die die Voraussetzung für höhere Einweihungen ist.
11. Sie helfen uns dabei, Körper und Geist miteinander ins Gleichgewicht zu bringen.
12. Sie läuten eine Zeit des Abwägens, Prüfens und Bestimmens von Werten, sowie neuer Entscheidungen für den weiteren Verlauf unseres körperlichen und spirituellen Lebens ein.
13. Sie schärfen unser Urteilsvermögen.
14. Sie schaffen Gelegenheiten, die Belohnungen und Früchte der Mühen des vergangenen Jahres zu ernten und die neue Saat für die Zukunft auszubringen.
15. Sie lassen uns den Wettstreit zwischen dem niederen und dem Höheren Selbst, dem linken und dem rechten Weg der Entwicklung erkennen.

Aus all diesen Gründen stehen die drei Tage vor und der Tag der Herbsttagundnachtgleiche selbst unter einem besonderen Energieeinfluß, aber auch jeder andere Tag im Herbst ist ein Teil der heiligen Vorbereitung und kann deshalb zum Meditieren genutzt werden.

Hinter allen physischen Erscheinungen stehen besondere spirituelle Archetypen, und das ist auch der Grund, warum die Naturwissenschaften in den alten Zeiten als heilig angesehen wurden. Die früheren Weisheitslehren der Gnosis und Sophia umfaßten Religion, Wissenschaft, Kunst und insbesondere Astronomie. Im Lauf der Sterne und im Wechsel der Jahreszeiten spiegelt sich das besondere Wechselspiel der Energien zwischen dem Göttlichen und dem Physischen wider.

Jeder Monat ist ein Abbild des Jahreskreislaufs im kleinen. Die vier Mondphasen entsprechen den vier Jahreszeiten – was uns beständig daran erinnern soll, die Jahreszeiten weiterhin als heilig zu betrachten.

Der westlichen Welt wurden die Mysterien Ägyptens über Griechenland und seine großen Philosophen und Meister (Orpheus, Pythagoras, Plato, Aristoteles usw.) überliefert. Die Griechen erkannten, daß die Menschheit von zwei Sternen besonders stark beeinflußt wurde. Diese beiden Sterne sind beim Wechsel der Jahreszeiten besonders deutlich zu sehen. Der erste, Sirius, leuchtet stärker bei den Sonnenwenden und der zweite, Alkyone, der hellste Stern der Plejaden, bei den Tagundnachtgleichen.

Die atomare Lebensstruktur aller Lebewesen ändert mit jedem jahreszeitlichen Wechsel die Frequenz ihrer Schwingungen. Dadurch werden Gelegenheiten für Wachstum, Ausdruck und Wandel im Leben jedes Menschen geschaffen. Kommunikation mit anderen Wesen und Dimensionen ist nun allgemeiner und leichter möglich. Um die zu jeder Jahreszeit wirksamen Energien lenken zu können, müssen wir sie zunächst einmal kennenlernen, um sie dann in unserem eigenen Leben wirkungsvoller nutzen zu können.

Die alten Ägypter sahen die Herbsttagundnachtgleiche als den Ursprung alles Bösen. Das muß natürlich symbolisch verstanden werden. Allgemeiner gesagt, kann man sie mit der Kreuzigung des kosmischen Christus vergleichen (nicht zu verwechseln mit dem historischen Jesus Chrisus). Es ist die Zeit, in der die Christus-Kraft, oder der große Sonnen-Erzengel, sich der Erde näherte, um die Menschheit spürbarer zu beeinflussen. Es ist die Zeit, in der der kosmische Zustand der Christus-Energie aufgegeben werden muß, um zu einem inneren Logos der Erde zu werden. Die Christus-Kraft erreicht um die Zeit der Wintersonnenwende ihren Tiefpunkt – wenn sie das innerste Herz der Erde berührt – und im Laufe des restlichen Jahres beginnt dann wieder der Prozeß der Auferstehung der durch die Christus-Energie genährten Lebenskraft in allen Lebewesen.

Der Herbst ist eine Zeit des Übergangs, in der sich Gelegenheiten bieten, die individuellen Lebensbedingungen zu verändern, zu klären und zu verwandeln. Jeder, der sich mit den christlichen Mysterien näher beschäftigt, muß die heiligen Feste der Jahreszeiten je nach seinem eigenen Entwicklungsstand begehen. In alter Zeit war der Herbst eine Zeit des ernsthaften Rückblicks auf die Ereignisse des vergangenen Jahres. Es war der ideale Zeitpunkt, um die Erfahrungen des vergangenen Jahres noch einmal zu betrachten und eventuell nötige Veränderungen zu beschließen. Im Herbst wurde die neue Saat für das kommende Jahr gepflanzt.

Wer zu dieser Zeit beginnt, sich auf die besonderen jahreszeitlichen Kräfte einzustimmen, wird sie als Katalysator nutzen können, so daß während dieser Jahreszeit auf der unteren Bewußtseinsebene eine Seelenprüfung stattfinden kann. Wer hingegen schon gut auf diese Kräfte eingestimmt ist, wird sich verschiedenen Möglichkeiten zur Vorbereitung und Entwicklung der Urteilsfähigkeit und Gelegenheiten zum Verzicht gegenübersehen. Für einige kann das zu einer Art »Berufung des Abraham« werden und die Aufgabe dessen bedeuten, was ihnen am meisten am Herzen liegt.

Den ganzen Herbst über müssen wir uns bewußt sein, daß es immer eine spirituelle Belohnung gibt, wenn die Zeit der Prüfungen vorüber ist. Besondere Unterstützung und

spirituelle Führung sind auch während dieser Zeit immer
gewährleistet. Zum einen stehen uns die Engel der einzelnen
Sternzeichen bei, aber noch hilfreicher ist die dynamische
Unterstützung durch den Herrscher über den Herbst, den
Erzengel Michael. Er gewährt all denen Schutz und harmo-
nische Ausgewogenheit, die sich während des ganzen Seelenjahrs für die Christus-Mysterien öffnen.

Der Michaelstag

Das Kommen Christi diente teilweise dazu, die heiligen Jahreszeiten mit einem größeren Impuls zu erfüllen, damit die
Menschen mit jedem Übergang in eine neue Phase des Jahreslaufs den Impuls der Christus-Energie deutlicher spüren
können. Das hatte den Zweck, den Einfluß der Jahreszeiten
zu verstärken und ihre Auswirkungen für alle spürbar zu
machen. Im traditionellen Christentum fällt Michaeli immer
mit der Herbsttagundnachtgleiche zusammen. Wie wir noch
sehen werden, ist das äußerst angebracht, denn wir brauchen einen sehr starken Helfer, der uns dabei unterstützt,
unser Leben ins Gleichgewicht zu bringen und zu transformieren.

Die Gestalt des Michael ist eng mit dem Christus-Impuls
auf der Erde verknüpft. Der esoterischen Tradition zufolge
war es der Erzengel Michael, der in Gethsemane über Jesus
Christus schwebte und ihm half, die irdischen Ströme von
Haß und Verzweiflung in »Wellen von Liebe und Heilung«
zu verwandeln. Das Wirken des Erzengels Michael war
schon immer auf Läuterung und Transformation ausgerichtet, aber als der Christus-Impuls noch keinen Eingang in
die Erde gefunden hatte, war sein Einfluß größtenteils auf
wenige Auserwählte beschränkt. Nun steht die Initiation
allen offen, und Michael ist nun zum Initiationsbegleiter
aller geworden, die sich mit den Mysterien beschäftigen.
Die Mysterien des Heiligen Grals sind die Mysterien der

Alchemie, der Transmutation oder der alchemistischen Umwandlung von Energien. Es ist überliefert, daß der Erzengel
Michael die Lehre und Ausbildung von Arthur und den
Rittern der Tafelrunde überwachte, damit diese Mysterien
weitergegeben würden.

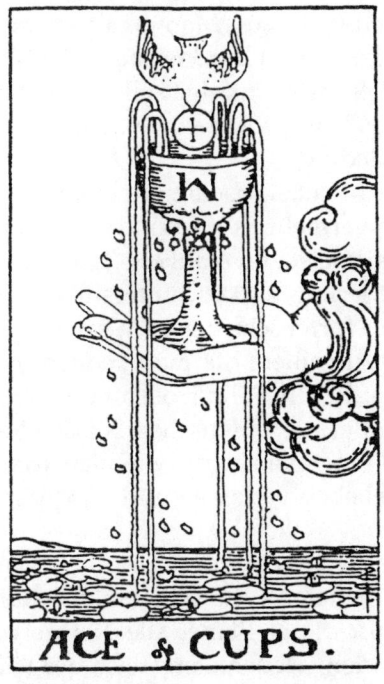

Der Heilige Gral diente als Inspiration für diese Tarotkarte,
das As der Kelche des Waite-Decks

Der Erzengel Michael wird auch oft als der »Drachentöter«
bezeichnet. Das ist von großer Bedeutung im Hinblick auf
»das Zusammentreffen mit den Hütern der Schwelle«, worüber wir bereits gesprochen haben. Es ist jedoch wichtig zu
wissen, daß Michael den Drachen nicht getötet hat. Er trieb

ihn nur bis in die tiefsten Tiefen der Hölle hinein. Es ist nicht die Bestimmung von Drachen, getötet zu werden. Sie sollen nur unter Kontrolle gebracht und transformiert werden.

Das große Lichtwesen Michael wird in der esoterischen Tradition oft wegen seines Einflusses auf die Entwicklung der Menschheit erwähnt. Er taucht in fast allen Schriften der Geheimgesellschaften und auch in vielen anderen esoterischen Überlieferungen auf. Man nennt ihn auch den »Prinzen der Herrlichkeit und der Weisheit«. Er ist der große Beschützer. Den Legenden zufolge soll er in naher Zukunft die Verantwortung Christi übernehmen. Uns allen bringt er das Geschenk der Geduld.

Der Erzengel Michael arbeitet mit anderen Engeln zusammen, um durch vermehrtes Wissen das göttliche Bewußtsein im menschlichen Geist zu verankern. Einige Engel, die durch den Planeten Merkur wirken, unterstützen Michael darin, die schon weiter fortgeschrittenen Menschen in die höheren Wahrheiten einzuweihen, die man kennen muß, um in der Zukunft eine spirituelle Führerrolle übernehmen zu können. Ihre Aufgabe ist es, den Menschen Selbstbeherrschung beizubringen und ihnen zu zeigen, wie man seinen physischen Körper nach Belieben verlassen und wieder in ihn eintreten kann.

Für die frühen Ägypter und Griechen war Merkur der »Kapitän der Planeten«. In seinem Jahresumlauf um die Sonne durchläuft dieser Planet alle Tierkreiszeichen. Er ist ein Symbol für den erleuchteten Geist, der wiederum jeden Herbst vom Erzengel Michael angeregt wird.

In manchen esoterischen Schriften wird Michael mit dem Planeten Saturn in Verbindung gebracht. Saturn ist die Große Mutter, der Große Lehrer. Einer Tradition zufolge versammeln sich auf Saturn die spirituellen Führer dieses Sonnensystems, und Michael steht dem Ganzen vor. In vielen Sagen und Geschichten taucht er unter den verschiedensten Namen auf und dient der Menschheit in einer Vielzahl von Rollen:

1. Als oberster Engel des Strahls der Macht.
2. Als Hüter des Geistes des Südens und des Elements Feuer.
3. Als Hüter und Bewahrer des flammenden Schwertes.
4. Die Chaldäer verehrten ihn als eine Art Gott und bezeichneten ihn als:»Er, der wie Gott ist«.
5. Als Anführer der Erzengel, der gleich nach Christus kommt.
6. Als Prinz der Gegenwart.
7. Als Anführer der Engelshierarchie der »Mächte«.
8. Als Engel der Reue, der Rechtschaffenheit, der Gnade und der Weihe.
9. Als Beschützer von Jakobus.
10. Als Begründer der Mysterienschulen zur Zeit von Atlantis.
11. Als Bezwinger des Satans.
12. Als Verfasser von Psalm 85.
13. Als Helfer, der Abraham während seiner großen Prüfung die Hand hielt.
14. Als Schutzpatron und Behüter der Weltkirche.
15. Der Orden bzw. die Bruderschaft Michaels schützen die Galaxien vor niedrigeren Formen des Lichts, außer in den Fällen, wo dadurch eine Seele geprüft oder ausgebildet werden soll.
16. In der Ostkirche von Konstantinopel wurde er mehr als Heiler denn als Beschützer verehrt.
17. Es war Michael, der zur heiligen Johanna von Orléans sprach.
18. Aus den Tränen, die er über die Sünden der Menschheit vergoß, entstanden die Cherubim.
19. In den Schriftrollen vom Toten Meer wird er im Krieg zwischen den Söhnen des Lichts und den Söhnen der Finsternis als Prinz des Lichts bezeichnet.
20. Der Tradition zufolge war es Michael, der dem ersten Menschen seinen Namen gab – Adam.
21. Er ist auch bekannt als Marduk von Babylon, der Tiamut tötete; als Apollon, der Python tötete, und als der heilige Georg, der Drachentöter.

22. In der jüdischen Tradition wurde er auch »das Antlitz Jehovas« genannt.
23. Als Hüter zu Zeiten von Lao Tse, Konfuzius, Buddha, Zarathustra, Pythagoras, Ezechiel und Daniel.
24. Er wirkt durch die transformatorische Kraft von Bildern, die ohne seine Hilfe weder geschaffen noch zerstört werden können.
25. Er war einer der vier Erzengel, die bei der Geburt von Jesus an der Krippe die Ehrenwache hielten.

Jeder, der sich mit den christlichen Mysterien beschäftigt, sollte eine Zeitlang über Michael und seine Aufgaben meditieren, vor allem über die Symbole des flammenden Schwerts und des vertriebenen Drachen. Der Drache steht für das niedere Selbst, die noch nicht transformierten Anteile der Seele. Michael hilft uns bei ihrer Umwandlung. Michael unterstützt alle, die sich auf die volle Kraft und Bedeutung dieser Jahreszeit eingestimmt haben, bei der »großen Überwindung« des niederen Selbst. Er tritt in deinem Leben in Erscheinung und hilft dir, dich zu läutern, damit dein Intellekt auf einer höheren Ebene erleuchtet werden kann. Durch seine Ausstrahlung hilft er jedem von uns, Möglichkeiten zur Überwindung und Transformation der Drachen in unserem Leben zu finden!

Das Ritual der Herbsttagundnachtgleiche

Wenn diese Übung drei Tage vor und am Tag der Herbsttagundnachtgleiche durchgeführt wird, werden dadurch Energien im Leben eines Menschen freigesetzt, die Gelegenheiten zur Reinigung und Vorbereitung schaffen. In diesem Zeitraum ist der Schleier zwischen der materiellen und der spirituellen Welt am dünnsten, und die Christus-Energien, die das Tor zu den Mysterien während der restlichen Jahreszeit öffnen, sind jetzt am leichtesten zugänglich. Das Ritual kann natürlich auch wiederholt werden, wenn die Sonne iri die anderen beiden Sternzeichen des Herbstes (Skorpion und Schütze) eintritt.

Sollte sich diese Meditation als Katalysator für zu viele oder zu intensive Veränderungen in deinem Leben herausstellen, kannst du ihre Wirkungen durch Konzentration und Meditation über Michael mildern – besonders indem du dir vorstellst, daß Michael dir das flammende Schwert des spirituellen Gesetzes und der Unterscheidungsfähigkeit überreicht. Durch dieses innere Bild wirst du zusätzliche Unterstützung, Stärke und Ausgeglichenheit erfahren. Halte dir immer vor Augen, daß wir um so mehr Neues während des restlichen Jahres erfahren, je mehr wir uns im Herbst reinigen und vorbereiten.

Diese Meditation wird außerdem mehr Gelegenheiten zur Veränderung und zur Einleitung neuer Prozesse in dein Leben bringen. Überlege dir vor Beginn der Meditation genau, ob du in deinem Leben überhaupt Veränderungen und neue Anstöße willst. Es gibt einen alten Spruch, der lautet: »Sei vorsichtig, was du dir wünschst, denn du wirst es bekommen.« Mit dieser Übung rufst du die Energien der Christus-Mysterien an und bittest sie, dein Leben so zu beeinflussen, daß es abwechslungsreicher wird.

Die wirkungsvollste Zeit für dieses Ritual in den vier »heiligen Tagen« sind die Übergangszeiten – die Morgen- oder Abenddämmerung oder die Zeit vor dem Einschlafen oder gleich nach dem Aufwachen. Am Tag der Tagundnachtgleiche selbst sollte es so nahe wie möglich an dem genauen Zeitpunkt durchgeführt werden, um die beste Wirkung zu erzielen. Wenn das aus irgeneinem Grund nicht geht, halte es wenigstens an jedem der vier Tage ab.

Vier ist die Zahl und der Rhythmus für das Schaffen neuer Grundlagen und Fundamente. Hier geht es um das Schaffen einer neuen Ausgangsbasis mit neuer Energie, die du in dein Leben bringst, um sie im kommenden Jahr dafür zu nutzen, mehr Schaffens- und mehr Schöpferkraft zu entwickeln und

auszudrücken. Du kannst die Meditation gerne nach deinem
Geschmack leicht abändern. Wir alle müssen die Energien
und Mysterien jeder Jahreszeit von unserem eigenen Blickwinkel und dem Stand unserer individuellen Entwicklung
aus angehen.

Vorbereitungen
Sorge dafür, daß du ungestört bleibst.

Wenn du mit Kerzen meditieren willst, nimm solche in
Herbstfarben: braun, grün, rostrot.

Getreideähren und Maisblätter, wie man sie oft auch bei
den Dekorationen an Halloween benutzt, verstärken die
Energie und den Symbolgehalt der Meditation.

Am wirksamsten wird diese Meditation bei Einbruch der
Dunkelheit im Freien durchgeführt.

Die Bilder sind äußerst kraftvoll und rufen die archetypischen Energien der Christus-Mysterien an, die sich im
Herbst offenbaren. Erlaube dir, dich zu entspannen, und
spüre dabei, wie du langsam und sachte zum Himmel emporgehoben wirst. Die Sterne leuchten hell und funkeln am
Nachthimmel wie Diamanten. In der Ferne entdeckst du
einen Stern, der noch heller als die anderen zu leuchten
scheint. Er glitzert und funkelt so hell und klar, daß sich
ganze Lichtströme aus ihm auf die Erde ergießen.

Meditation
Während du sachte über den Himmel schwebst, folgen
deine Augen dem Weg des Lichts, das von diesem einen
großen Stern aus auf die Erde unter dir herabfließt. Dort
befindet sich auf dem Gipfel eines hohen Berges ein Tempel,
von dem aus du die ganze Erde überschauen kannst. Im
Sternenlicht siehst du deutlich die vier Säulen, die den inneren vom äußeren Tempelbereich trennen. Von deiner hohen
Warte aus scheinen sie in der Form eines Kreuzes aufgestellt
zu sein, an dessen vier Enden je eine Säule steht.

Du spürst, wie du langsam hinunterschwebst und dann ganz sachte im weichen Gras landest, das diesen wunderbaren Tempel umgibt. Dann stehst du vor dem Tor zum Tempel. In den massiven Rahmen ist oben ein langes flammendes Schwert eingraviert. Während du dich dem Tor näherst, beginnt das Schwert zu glühen, und ein Ton erfüllt plötzlich die Nachtluft, der die Erde und dich erbeben läßt.

Du trittst einen Schritt vom Tor zurück, und dabei öffnet sich die Erde zu beiden Seiten, und zwei große Bäume schießen hervor. Ihre Äste und Zweige entfalten sich, strecken sich in alle Richtungen und verschlingen sich ineinander, bis das Tor zum Tempel kaum noch sichtbar und so gut wie nicht mehr passierbar ist. Die Bäume bedeuten zu schnelles Wachstum. Sie haben keine bestimmte Form oder Gestalt. Sie drehen und winden sich und verflechten sich so miteinander, daß sie nicht weiterwachsen können. Durch ihren Wildwuchs behindern sie sich gegenseitig in ihrem Wachstum.

Der Ton verklingt, und alles wird still. Du stehst vor dem versperrten Tor zum Tempel und weißt nicht genau, was du als nächstes tun sollst. Die Antwort kommt aus der Stille zu dir. Ein weiches Licht beginnt sich zwischen dir und dem Tor zu bilden. Es ist ein sanftes Hellrot, das zu einer mächtigen Lichtsäule anwächst, die sich von der Erde bis in den Himmel erstreckt. Ein Windstoß fegt über dich hinweg, die Säule leuchtet auf und zieht sich zusammen, und auf einmal steht vor dir ein wunderschönes Wesen, von dem große Stärke und Licht ausgehen.

Seine Augen sind stahlblau und kraftvoll. Die männliche Gestalt ist in rostrote und rote Gewänder, den Farben des Herbstlaubs, gekleidet. Er hält deine Aufmerksamkeit gefangen. In der Hand hält er ein Schwert, das mehr aus Licht als aus einem bestimmten Material zu sein scheint. Du kannst nicht umhin, die Stärke zu spüren, die zusammen mit der Energie seines eigenen Kerns von ihm ausgeht. Du wunderst dich, wie er eine solche Kraft unter Kontrolle halten kann, und dann lächelt er, als habe er deine Gedanken erraten.

Mit der Hand macht er eine Bewegung in Richtung seiner Füße, und daraufhin tut sich ein großes Loch in der Erde auf. Du kannst bis tief ins Herz der Erde und noch weiter schauen. Und dort in den Tiefen sitzt ein mächtiger, wunderschöner rotgoldener Drache. Mit jedem Atemzug strömen von ihm Licht und die Energie der erdigen Urkraft zu allen Lebewesen auf der Erde.

Michael erhebt sein flammendes Schwert über diese Urenergie, die heraufströmt, schwächer wird, ihn einhüllt und sich durch ihn hindurch und aus ihm heraus als segensreiche Stärke und Liebe auf alle Lebewesen ergießt.

»Wir alle müssen unseren eigenen Drachen ins Auge sehen. Wir alle müssen dem, was wir am meisten fürchten, entgegentreten. Wenn wir lernen, die Energie unserer Drachen umzuwandeln, bringen wir Licht und Liebe hervor. Wenn wir lernen, das flammende Schwert des spirituellen Gesetzes und des Unterscheidungsvermögens in allen Bereichen unseres Lebens einzusetzen, können wir die Drachen in Schach halten, damit sie keine Macht mehr über uns haben.«

Dann macht Michael mit der Hand wieder eine Bewegung zu seinen Füßen hin, und das Bild verschwindet. Du schaust ihn an und beziehst Stärke aus seinen sanften Worten. Dann tritt er seitlich neben das Tor zum Tempel.

»Zunächst sind da der Baum des Lebens und der des Wissens. Bevor wir in den inneren Tempel eintreten können, müssen sie beschnitten und gestutzt werden. So wie man einen Busch im Herbst beschneidet, damit er im nächsten Frühling in üppigerem Grün heranwächst und mehr Früchte trägt, so muß auch unser Leben beschnitten werden. Schau dir diese Bäume genau an und überlege dir, welche ihrer ineinander verschlungenen Zweige und Äste symbolisch für dein eigenes Leben herausgeschnitten und ausgeputzt werden müssen, damit dein Leben mehr Früchte tragen kann.«

Du schaust in das verschlungene, verwirrte Astwerk der beiden Bäume hinauf. Du siehst die Menschen und Situationen, die Gewohnheiten, Verhaltensmuster, Einstellungen und das Wissen, das dein eigenes Wachstum behindert. Während du die beiden Bäume betrachtest, wird dir klar, was du alles tun mußt, damit dein Leben entwirrt werden kann. Du siehst dich selbst, wie du den Baum beschneidest und stutzt, einen Ast nach dem anderen. Das scheint eine große, geradezu überwältigende Aufgabe zu sein.

»Es wird uns nie mehr auferlegt, als wir bewältigen können.«

Diese sanften Worte durchbrechen deine Träumereien und erfüllen dich mit neuem Mut.

»Schau jetzt noch einmal hin.«

Du blickst wieder zu den Bäumen, und jetzt sind sie nicht mehr verschlungen und verwirrt, sondern beschnitten und voll grüner Blätter. Auch Blüten sind zu sehen, die darauf hindeuten, daß die Bäume in Zukunft Früchte tragen werden. Das Tor zum inneren Tempel ist jetzt nicht länger versperrt. Langsam öffnet es sich, und ein goldenes Licht und singende Stimmen hüllen dich ein.

Du siehst einen Altar vor dir, auf dem ein gleichschenkliges Kreuz steht. In der Mitte des Kreuzes befindet sich eine große weiße Rose. Ein Licht scheint von oben auf sie herab, und du erinnerst dich an den Stern, dessen Lichtstrahl dich zu diesem Tempel geführt hat. Vor dem Altar steht ein wunderbares Wesen aus schimmernden blauen und goldenen Lichtstrahlen. Es dreht sich um und nimmt schweigend deine Anwesenheit zur Kenntnis. Langsam hebt es einen goldenen Kelch, den Gral des Lebens, in stillem Gebet zum Himmel empor.

Das Tor schließt sich langsam wieder, und die Freude, die du in diesem Augenblick empfunden hast, hat sich tief in dein Herz eingegraben. Vor dir steht der Erzengel Michael und sieht dich sanft und liebevoll an.

»Wir müssen alle Stärke aufbringen, um uns darauf vorzubereiten, den inneren Tempel der göttlichen Mysterien zu betreten. Es gab eine Zeit, in der jeder das allein vollbringen mußte, aber das ist nun vorbei. Für alle, die ihr Herz dafür öffnen wollen, gibt es heute Führung und Stärke aus vielen Quellen.«

Er erhebt sein flammendes Schwert und berührt deine Brust sanft mit der Schwertspitze. Dann schließt er die Augen und singt ein Wort, das dir gleichzeitig fremd und bekannt vorkommt. Du spürst, wie dein Herz von der Wärme und dem Licht des flammenden Schwerts erfüllt wird. Als du auf deine Brust hinunterschaust, siehst du jetzt in deinem Herzzentrum dein eigenes Schwert der Wahrheit aufleuchten.

»Wenn du dein Herz berührst und dir das flammende Schwert darin vorstellst, werde ich zu dir kommen. Denn wenn du dich für die Christus-Energie in dir öffnest und lernst, diese Kraft in deinem Leben auszudrücken, wirst du zu einem Sohn oder einer Tochter des flammenden Schwerts.«

Auf diese Worte hin wird sein Schwert gleißend hell, hüllt dich ganz in sein Licht ein und verblaßt dann. Kurz darauf findest du dich allein vor dem Tempel wieder, aber du spürst immer noch die Wärme des flammenden Schwerts in deinem Herzen weiterglühen. Du schaust zum Himmel hinauf und siehst den Stern, der dich hierher geführt hat. Während du ihn noch betrachtest, fühlst du, wie du wieder ganz sachte zum Himmel emporgehoben wirst und deine Erfahrungen, deine Erinnerungen und die angerufene Energie der Reinigung und Vorbereitung für den Eintritt in die Mysterien des inneren Tempels mit dir zurücknimmst.

ACHTES KAPITEL

Das Ritual
der Wintersonnenwende

Der Mensch lernte zur Weihnachtszeit die Erde in ihrer
Formkraft, in ihrer plastisch bildnerischen Kraft kennen und
lernte erkennen, wie ihm die Sphärenharmonien sein Ich
hereinklangen in sein Traumbewußtsein zur Johannizeit im
Hochsommer. Und so erweiterten zu besonderen Festeszeiten die alten Mysterien das Menschenwesen.

*Rudolf Steiner**

Die Wintersonnenwende ist mit dem Gefühlsleben des Menschen verbunden. Richtig verstanden vertieft sie das Lebensgefühl, das jeder von uns in sich trägt, und läßt es zu den
astralen Energien überfließen. Es ist eine Zeit, die großen
Seelenfrieden mit sich bringen kann. Und es ist laut der
christlichen Mysterien die günstigste Zeit, um das Weiblich-Göttliche in uns zu erwecken. So kommt es nicht von

---

* Steiner, Rudolf: *Der Jahreskreislauf.* Dornach: Rudolf Steiner Verlag, 1994,
  S. 68.

ungefähr, daß auch die sieben weiblichen Mysterien des esoterischen Christentums mit dem Winter in Zusammenhang
gebracht werden (siehe auch S. 113–114).

Häufig wird angenommen, daß die Zeit um die Wintersonnenwende hauptsächlich im modernen Christentum eine
so wichtige Rolle spielt, doch die besondere Bedeutung dieser speziellen Zeit wurde überall auf der Welt auf vielfältige
Weise durch Feste hervorgehoben. Die Wintersonnenwende
ist der Zeitpunkt, an dem sich die Sonne erneut nach Norden wendet. Auf der nördlichen Erdhalbkugel markiert sie
den kürzesten Tag des Jahres – von dem an die Sonne jeden
Tag ein bißchen länger scheint. In Ägypten und Asien war
die Wintersonnenwende eine Zeit großer Festlichkeiten zur
Feier des Sieges der Sonne über die Dunkelheit – eine Zeit, in
der das Licht über die Finsternis auf Erden triumphiert. Es
ist das Licht unseres inneren Potentials – des Weiblich-Göttlichen in uns. Chanukka, das jüdische Lichterfest, und Weihnachten, das christliche Fest zur Feier der Geburt Christi,
sind beides moderne Feste, die ein Ausdruck dieser alten
Feiern sind. In vielen Gegenden wird auch heute noch gerne
symbolisch der »Weihnachtsscheit« angezündet, der aus der
germanischen Tradition des heidnischen Julfestes übernommen wurde. Es ist das alte Ritual der Wiedergeburt des
Gottes durch die Feuer der Muttergöttin.

Alles Leben wird in dieser Jahreszeit durch die in der Erde
wirkenden und auf sie einwirkenden Energien berührt. Die
Astralebene wird mit der physischen Ebene in Einklang gebracht, und dadurch wird es für uns leichter, mit den Engeln
zu kommunizieren, die uns in verstärktem Maße zur Seite
stehen. Im Innersten unseres Herzens, das im Herbst geläutert und vorbereitet wurde, kann jetzt die Geburt eines
neuen Ausdrucks von Energien stattfinden, die dann im
restlichen Verlauf des Jahres herankeimen und sich entfalten
können. Die Christus-Energien verstärken dieses dynamische Spiel der Kräfte noch, indem sie auf der Ebene der
Atome in allen Menschen eine Stimulierung erzeugen. Nur

wenige werden von den Energien dieser Jahreszeit nicht berührt. Jeder hat die Fähigkeit und Gelegenheit dazu, sich auf diese Energien intensiver einzustimmen, und damit seinen innersten weiblichen Energien und Kräften größeren Ausdruck zu verleihen.

Mit der Wintersonnenwende beginnt eine Zeit, in der unser inneres Licht trotz der äußeren Dunkelheit genährt wird. Es ist eine ideale Zeit, um uns Zugang zu unserem Höheren Selbst zu verschaffen und es zu erwecken. Wenn wir die Wintersonnenwende richtig feiern, kann der Christus-Impuls in jedem von uns neu hervortreten, uns mit Licht erfüllen und das Prinzip der Liebe in uns stärken.

Schon immer haben sich zu dieser Zeit mitfühlende Wesen auf die irdische Ebene herabbegeben, um den Menschen als Führer zu dienen. Die hochentwickelte Seele dessen, den wir Jesus nennen, war eines davon, ein Wesen, das noch eine viel höhere Aufgabe verfolgte. Der Stern Christi näherte sich zur Zeit der Geburt Jesu der Erde, da er das Vehikel für die irdische Inkarnation Christi sein würde.

Die Zeit um die Wintersonnenwende ist bestens geeignet, um die alte Bedeutung des »Fests des inneren Lichts« zu erfassen. Es ist eine Zeit der Hingabe und der Abkehr von allem Falschen. Es ist eine gute Zeit, um sich von seinen äußeren Aktivitäten zurückzuziehen – die in den biblischen Geschichten durch die Geburt Jesu dargestellt werden. Es ist ein idealer Zeitpunkt, um sich nach innen zu wenden und auf die mystischen Rhythmen einzustimmen, die durch die Wintersonnenwende in Bewegung geraten.

Leider ist es in unserer heutigen Gesellschaft gerade in dieser Zeit üblich, sich ständig mit anderen zu treffen und äußere Feste und Feiern abzuhalten. Das steht im Gegensatz zu der Energie und den in dieser Periode wirksamen Rhythmen:

1. Die in das Leben der Menschen hereinspielenden Energien bewirken eigentlich eine verstärkte Innenschau und

fördern meditative Zustände des Bewußtseins. Dafür sollten wir uns Zeit nehmen.

2. Die Energien, die auf alle von uns in dieser besonderen Jahreszeit einwirken, bieten uns Gelegenheiten, unsere innersten Kräfte, die wir uns am meisten zu entfalten wünschen, zum Leben zu erwecken.

3. Es ist eine Zeit, um über die Vereinigung von Himmel und Erde nachzudenken, die sich in der Dunkelheit paaren, um neues Leben hervorzubringen.

4. Es ist eine Zeit, in der es jedem einzelnen von uns offensteht, das Licht in sich zum Leuchten zu bringen, das ewig die Dunkelheit erhellt.

Während dieser Zeit zieht sich das gesamte Geflecht aus Engeln um die Erde enger zusammen, damit sie ihre spirituelle Kraft besser auf sie herabfließen lassen können. Unter dem Schutz von Gabriel – dem Erzengel der Sanftheit, Gnade und Liebe – bewirkt diese Kraft eine Bewußtseinserweiterung über die Grenzen der physischen Welt hinaus für alle, die lernen, sich darauf einzustimmen. Dadurch ergibt sich die Gelegenheit, die Liebe als eine treibende Kraft in unserem Leben zu entwickeln.

Auch alle Seelen, die sich im darauffolgenden Jahr inkarnieren werden, drängen sich um diese Zeit ganz eng um die Erde zusammen, um sich in dem Segen Christi und der Engel zu sonnen. Sie nähern sich ihren zukünftigen Müttern, und wenn die Mütter sich gut auf diese Jahreszeit eingestimmt haben, können sie sich ihrer Gegenwart gewahr werden. Die ganze Welt ist in dieser besonderen Zeit in Ströme von Liebe eingetaucht, und wer sich diesem Fluß und diesen Rhythmen öffnet, kann den Ruf des Großen Sterns spüren.

Dem Schüler der Großen Mysterien öffnen diese Energien Tür und Tor zum Reich der Engel. Es ist eine Zeit der Erleuchtung und der Ausgangspunkt für den Prozeß des Entzündens des Sternenkörpers unserer Seele. Für alle, die im

Geist und Herz ganz Hingabe sind, müßte der Dezember eigentlich ein erfreulicher Monat sein, ein von der Seligkeit der Engel erfüllter Monat:

1. Es ist eine Zeit der Hingabe. Wenn man sich im Herbst gut vorbereitet hat, wird mit der Wintersonnenwende eine Zeit beginnen, in der wir ein neues Lebensgefühl erfahren. Wir werden spüren, wie sich das göttliche Kind in uns regt. Die Entsagungen des Herbstes werden im Winter voll kompensiert.

2. Der Mensch fängt an, sich bewußt zu werden, daß er ein wahres Kind Gottes ist und nie mehr ohne innere Führung sein wird.

3. Es ist eine Zeit, in der der Geist beginnen kann, sich über den Körper zu erheben.

4. Diese Zeit kann uns auf den Pfad der wahren Einweihung führen und uns den Stern Christi schauen lassen, der im Herzen der Erde leuchtet.

5. Sie öffnet uns für eine neue Hellsichtigkeit, die uns erkennen läßt, was noch getan werden muß, damit wir zu wahren Eingeweihten der christlichen Mysterien werden.

6. Wir können in dieser besonderen Zeit leichteren Zugang zu der Ätherebene und all ihren Energien bekommen.

7. Das auf einen bestimmten Punkt gerichtete Interesse des Mysterienschülers kann lebendiger werden.

8. Wir können von den engelhaften Lichtwesen mehr lernen, da sie uns näher stehen.

9. Wir können ein tieferes Verständnis von der geheimen Bedeutung der Taufe Christi durch Johannes den Täufer bekommen.

10. Wir öffnen uns für die spirituelle Sichtweise der Dinge, die all unsere irdischen Erfahrungen tiefer durchdringt.

11. Der einzelne kann große Visionen der gesamten Menschheit und der uns noch bevorstehenden Ereignisse bekommen, und dadurch erkennen, wie er sein Leben entsprechend ausrichten muß.

12. Wir können uns für die von der Christus-Energie durchdrungene, kreative Vorstellungskraft öffnen und so Licht
in alle dunklen Winkel des Lebens bringen!

Die esoterische Bedeutung von Weihnachten

Im traditionellen Christentum bereitet man sich während
der vier Wochen vor der Wintersonnenwende auf die Weihnachtszeit vor. Diese Zeit wird Advent genannt. In vielen der
alten Mysterientraditionen waren die letzten vier Wochen
des Herbstes – vor der Wintersonnenwende – eine Zeit
größerer und intensiverer Reinigung und Vorbereitung.
Letzte Anstrengungen wurden unternommen, um für die
Geburt des Weiblich-Göttlichen in uns völlig geläutert zu
sein. Wir sind schon auf S. 119 näher auf die sieben weiblichen Mysterien des Christentums eingegangen. Drei davon
stehen in engem Zusammenhang mit den letzten Vorbereitungen auf die Energie der Wintersonnenwende. Sie können
unsere Empfänglichkeit für neue Offenbarungen über unsere
spirituelle Entwicklung fördern.

Die Verkündigung
In Einklang mit der Energie der ersten Adventswoche sollte
der Schwerpunkt des spirituellen Schülers der Christus-
Mysterien auf die Entwicklung der Reinheit als Kraft gelegt
werden. Die körperliche, emotionale, geistige und spirituelle
Reinheit entfaltet in uns die höheren Fähigkeiten, die uns für
das Weiblich-Göttliche öffnen. Diese Reinheit hilft dem einzelnen, das Himmelreich und die wunderbaren Lichtwesen,
die es während dieser heiligen Tage des Winters bevölkern,
bewußt wahrzunehmen. Die Verkündigung war der Augenblick, als Maria sich der Gegenwart von Gabriel bewußt
wurde, und er ihr die Rolle verkündetete, die sie in den
Christus-Mysterien spielen würde. Reinheit als Kraft zu entwickeln kann uns für dieselbe Art von Offenbarung öffnen.

Die unbefleckte Empfängnis

In der zweiten Adventswoche sollten wir uns auf das zweite der sieben weiblichen Mysterien des Christentums konzentrieren. Wir sollten uns in dieser Zeit in immer stärkerem Maße bewußt werden, daß wir alle die Weisheit und Liebe, die im Weiblich-Göttlichen ihren Ursprung hat, in unser Leben aufnehmen können. Wenn wir uns in geeigneter Form gereinigt und geläutert haben, öffnen wir uns für das Versprechen, daß wir uns diese Eigenschaften aneignen können. Dieses Mysterium besteht in dem göttlichen Versprechen, daß wir *alle* Vollendung erlangen können. Und letztendlich beinhaltet es das Bewußtsein, daß das Selbst ein Abbild Gottes ist, aber es uns überlassen bleibt, uns in geeignter Form auf den Ausdruck dieser göttlichen Eigenschaften in unseren ganz persönlichen Lebensumständen vorzubereiten und zu öffnen.

Die Geburt des heiligen Kindes

In den letzten beiden Wochen vor der Wintersonnenwende, der dritten und vierten Adventswoche, sollten wir unsere Aufmerksamkeit ganz auf das dritte weibliche Mysterium des Christentums richten. Damit sind wir beim Kern der christlichen Mysterien angelangt. Geburt kann nur durch die Vereinigung von männlichen und weiblichen Energien stattfinden. Empfängnis und Geburt können nicht durch eines ohne das andere stattfinden. Damit stehen wir am Anfang des Prozesses, das heilige Kind in jedem von uns aus der Krippe des niederen Selbst an seinen rechtmäßigen Platz in unserem Leben zu erheben. Auf einer anderen Ebene ist damit das Aufsteigen der Energien in dem Kanal entlang der Wirbelsäule zum Herzen und weiter bis in den Kopf gemeint, bis in den dritten Hirnventrikel, wo die Geburt unseres Höheren Selbst stattfinden kann. Das ist das weibliche Mysterium, das darin besteht, zu lernen, dem Stern unserer eigenen höheren Natur zu folgen!

Damit sind wir bei dem Zeitpunkt der mystischen Mitternachtssonne angelangt, bei der Wintersonnenwende. Zu diesem Zeitpunkt fangen die Astralebene und die Engel an, ihre Tore zu öffnen und die Engelskraft Christi auf die Erde herabfließen zu lassen. Dieser Energiefluß erreicht um Mitternacht des Heiligen Abends seinen Höhepunkt und fließt dann 13 Tage lang bis einschließlich 6. Januar, dem Erscheinungsfest, mit unverminderter Stärke auf uns herab. In den traditionelleren Mysterienschulen wurde Epiphanias oder das Erscheinungsfest als eine Zeit der Taufe, des Übergangs in ein neues Leben und der Initiation begangen. In dieser Zeit erwecken die Engel mit ihrem lieblichen Gesang die weiblichen Energien in allen irdischen Lebensformen.

In den ägyptischen und persischen Mysterienschulen versammelten die Priester um Mitternacht (des Tages, den wir »Heiliger Abend« nennen) um sich den engsten Kreis ihrer Schüler und die Lehrer ihres Volkes und erzählten über das große Mysterium des Siegs der Sonne über die Finsternis. Im gleichen Atemzug lehrten sie sie das Mysterium der unsterblichen Seele, die die animalischen Kräfte der Natur besiegt, und die Wiedererweckung des Bewußtseins. Es war bei ihnen ein Fest des Vertrauens, der Zuversicht und der Hoffnung und wurde mit dem Begriff »die Sonne um Mitternacht schauen« umschrieben.

Die mit dieser Zeit verbundenen und sich auf der Erde manifestierenden Energien werden durch den Beginn der Wintersonnenwende freigesetzt und erreichen ihre höchste Intensität um Mitternacht des 24. Dezembers. Interessanterweise wird dieser Tag im traditionellen Christentum mit Adam und Eva in Zusammenhang gebracht. Dies macht erneut die Bedeutung des Mysteriums der Polarität in den christlichen Lehren deutlich. Wie bereits erwähnt, fließen diese Energien dann die nächsten 13 Tage lang mit derselben Intensität weiter. Dann hören sie auf zu fließen, doch die Energie bleibt uns über den ganzen Winter erhalten.

Es gibt ganz spezielle Meditationen, derer wir uns in diesen Tagen bedienen können, um uns für die wahre Vision der Christus-Energie in unserem eigenen Leben zu öffnen. Wenn wir während dieser Tage mit diesem Energiefluß arbeiten, wird am letzten Tag unsere von Christus-Energie durchdrungene schöpferische Vorstellungskraft erwachen und uns vor Augen führen, was noch getan werden muß. In dieser Zeit kann die Seele tiefe – bisweilen katharsisartige – Erfahrungen durchmachen. Ein aufmerksames Beobachten unserer Träume kann uns neue Einsichten bringen.

Die durch die konzentrierte Arbeit während dieser heiligen Zeit erworbene Vision kann in uns ein Bewußtsein dessen entstehen lassen, was die Menschheit in ihrer Evolution noch alles durchmachen muß. Häufig kommt dies aufgrund unserer erweckten Vorstellungskraft zustande. Jeder einzelne von uns kann sich für das öffnen, was er persönlich tun muß, um das Licht in seinen ganz individuellen Lebensumständen nach außen scheinen zu lassen.

Die zwölf heiligen Tage der Weihnachtszeit

Jeder dieser heiligen Tage steht unter der Obhut eines Apostels, der seinen Einfluß auf die Menschen geltend machen möchte, und unter dem Schutz einer Gruppe von Engeln, die durch je ein Sternzeichen wirken. Das heißt also, daß sich an jedem Tag zwischen Weihnachten und dem Erscheinungsfest die Engel eines der zwölf Tierkreiszeichen manifestieren und ihre große Energie auf uns überfließen lassen:

26. Dezember – Die Engel des Sternzeichens Widder verstärken den Einfluß ihrer Kräfte auf die Erde mit Hilfe von Jakobus, dem Bruder von Johannes. Das ist ein Tag, um sich darauf zu konzentrieren, ein spiritueller Pionier zu werden und sich als Schüler der Mysterien auf neue Ebenen der Einweihung zuzubewegen. Meditation über den folgenden Satz wird dir helfen, dich auf die Energie dieses Tages einzustimmen: »Seht, ich mache alles neu« (Offenbarung 21,5).

27. Dezember – Die Engel des Sternzeichens Stier verstärken an diesem Tag den Einfluß ihrer Kräfte auf die Erde mit Hilfe des Apostels Andreas. An diesem Tag sollten wir uns auf die Entwicklung unserer Bescheidenheit konzentrieren. Meditation über den folgenden Satz wird dir helfen, dich auf die himmlischen Energien dieses Tages einzustimmen: »Wer in der Liebe bleibt, bleibt in Gott« (1 Johannes 4,16).

28. Dezember – Die Engel, die durch das Sternzeichen Zwillinge wirken, verstärken an diesem Tag ihre Energien mit Hilfe des Apostels Thomas. Es ist ein Tag, an dem wir uns auf das Erhabenwerden über die Zweifel konzentrieren sollten, um unsere wahre christliche Kraft an den Tag zu legen. Meditation über den folgenden Satz wird dir helfen, dich auf die himmlischen Energien dieses Tages einzustimmen: »Laßt ab und erkennt, daß ich Gott bin« (Psalmen 46,11).

29. Dezember – Die Engel, die durch das Sternzeichen Krebs wirken, verstärken an diesem Tag ihre Energien mit Hilfe des Apostels Natanael. Es ist ein Tag, an dem wir uns auf die Entwicklung der Mystik konzentrieren sollten, ohne uns irreführen zu lassen. Meditation über den folgenden Satz wird dir helfen, dich auf die himmlischen Energien dieses Tages einzustimmen: »Wenn wir aber im Licht leben, wie er im Licht ist, haben wir Gemeinschaft miteinander« (1 Johannes 1,7).

30. Dezember – Die Engel, die durch das Sternzeichen Löwe wirken, verstärken an diesem Tag ihre Energien mit Hilfe des Apostels Judas und/oder Matthias. Es ist ein Tag, an dem wir unsere Aufmerksamkeit auf die transformatorische Macht der Liebe richten sollten. Meditation über den folgenden Satz wird dir helfen, dich auf die himmlischen Energien dieses Tages einzustimmen: »Liebe ist die Erfüllung des Gesetzes« (Römer 13,10).

31. *Dezember* – Die Engel des Sternzeichens Jungfrau verstärken an diesem Tag den Einfluß ihrer Kräfte auf die Erde mit Hilfe des Apostels Jakobus des Gerechten. An diesem Tag sollten wir uns auf Reinheit des Charakters und Selbstlosigkeit konzentrieren. Meditation über den folgenden Satz wird dir helfen, dich auf die himmlischen Energien dieses Tages einzustimmen: »Der Größte von euch soll euer Diener sein« (Matthäus 23,11).

1. *Januar* – Die Engel des Sternzeichens Waage intensivieren an diesem Tag den Einfluß ihrer Kräfte auf die Erde mit Hilfe des Apostels Judas. Es ist ein Tag, an dem wir uns auf die Schönheit aller Seelen und aller Menschen, ungeachtet ihrer äußeren Erscheinung, konzentrieren sollten. Meditation über den folgenden Satz wird dir helfen, dich auf die himmlischen Energien dieses Tages einzustimmen: »Dann werdet ihr die Wahrheit erkennen, und die Wahrheit wird euch befreien« (Johannes 8,32).

2. *Januar* – Die Engel, die durch das Sternzeichen Skorpion wirken, verstärken an diesem Tag ihre Energien mit Hilfe des geliebten Apostels Johannes. Es ist ein Tag, an dem wir unsere Aufmerksamkeit auf die Energien der Transmutation oder alchemistischen Umwandlung richten sollten. Meditation über den folgenden Satz wird dir helfen, dich auf die himmlischen Energien dieses Tages einzustimmen: »Selig, die ein reines Herz haben; denn sie werden Gott schauen« (Matthäus 5,8).

3. *Januar* – Die Engel, die durch das Sternzeichen Schütze wirken, verstärken an diesem Tag ihre Energien mit Hilfe des Apostels Philippus. An diesem Tag sollten wir uns auf die Entwicklung der höheren intellektuellen Fähigkeiten des von Christus-Energie durchdrungenen Geistes konzentrieren. Meditation über den folgenden Satz wird dir helfen, dich auf die himmlischen Energien

dieses Tages einzustimmen: »Ihr seid das Licht der Welt«
(Matthäus 5,14).

4. *Januar* – Die Engel des Sternzeichens Steinbock verstärken an diesem Tag den Einfluß ihrer Kräfte auf die Erde
mit Hilfe des Apostels Simon (Bruder von Jakobus und
Judas). An diesem Tag sollten wir uns auf die Erwek-
kung der Energie konzentrieren, die Widerstreben in
absolute Hingabe verwandelt. Meditation über den folgenden Satz wird dir helfen, dich auf die himmlischen
Energien dieses Tages einzustimmen: »Gut wäre es, wenn
ihr euch zu jeder Zeit in guter Absicht um mich bemühen
würdet und nicht nur dann, wenn ich bei euch bin, bei
euch, meinen Kindern, für die ich von neuem Geburts-
wehen erleide, bis Christus in euch Gestalt annimmt«
(Galater 4,18–19).

5. *Januar* – Die Engel des Sternzeichens Wassermanns verstärken an diesem Tag den Einfluß ihrer Kräfte auf die
Erde mit Hilfe des Apostels Matthäus. An diesem Tag
sollten wir uns auf die Erweckung der Energien konzentrieren, die uns helfen, der materiellen Welt zu entsagen,
um zu spiritueller Erleuchtung zu gelangen. Meditation
über den folgenden Satz wird dir helfen, dich auf die
himmlischen Energien dieses Tages einzustimmen: »Blei-
bet in mir, dann bleibe ich in euch« (Johannes 15,4).

6. *Januar* – Die Engel, die durch das Sternzeichen Fische
wirken, verstärken an diesem Tag ihre Energien mit Hilfe
des Apostels Petrus. An diesem Tag sollten wir uns auf
die Anrufung der Stärke konzentrieren, die dafür sorgt,
daß die neu erweckten weiblichen Energien zu einem
Fels werden können, auf dem wir unser Leben sicher
bauen können. Meditation über den folgenden Satz wird
dir helfen, dich auf die himmlischen Energien dieses
Tages einzustimmen: »Gott schuf also den Menschen als

sein Abbild; als Abbild Gottes schuf er ihn. Als Mann und Frau schuf er ihn« (Genesis 1,27).

Indem du dich also so durch die zwölf heiligen Tage arbeitest, die auf das Christfest folgen, sorgst du dafür, daß für die restliche Zeit des Winters die Grundlage für die Erweckung einer immer ausgedehnteren Vision und eines wachsenden Bewußtseins der inneren Schöpferkräfte geschaffen wird, die sich in deinem Leben durch dich offenbaren können. Das ist die Zeit, in der wir neu geboren werden!

Andere esoterische Symbole der Wintermysterien

In der biblischen Erzählung der Weihnachtsereignisse wird auch auf viele andere Symbole mit verborgenen Bedeutungsinhalten angespielt. Wenn wir unser Bewußtsein der wahren Christus-Mysterien erweitern wollen, ist es wichtig, daß wir diese Symbole verstehen.

Die Höhle (oder der Stall)
Die Höhle oder der Stall ist ein Symbol für unser niederes Selbst, in dem unsere Seele wohnt. Wir müssen zuerst unserem niederen Selbst Ausdrucksmöglichkeiten geben, bevor wir zu unserem Höheren Selbst vorstoßen können. Gleichzeitig sind sie alte Symbole für den Schoß, die Gebärmutter, und damit auch für die weiblichen Energien.

Die Krippe
Häufig ist in älteren Schriften von der »Krippe« die Rede, wenn der Solarplexus gemeint ist. Es ist der Ort der Geburt unseres niederen Selbst oder unserer physischen Geburt. Die höhere Krippe ist der Punkt zwischen der Epiphyse und der Hypophyse, der Brücke in die geistige Welt. Wir können

unser Höheres Selbst nur gebären, indem wir unsere Energien auf höhere Ebenen aufsteigen lassen. Wir müssen lernen die Krippe unserer niedrigeren Sinne zu verlassen und zu der neuen Krippe vorzustoßen, die durch die Große Hochzeit zwischen den männlichen und weiblichen Kräften in uns geschaffen wird.

Der Stern im Osten

Der Osten wird traditionell als Symbol für die aufgehende Sonne angesehen – das Licht Christi, das deutlich sichtbar über der Erde aufgeht. Andererseits spiegelt dieses Sinnbild auch den Aspekt wider, daß wir alle unserem eigenen Stern folgen müssen, um zu unserer höheren Seele zu gelangen. Das innere Licht führt uns, unseren Körper, Geist und Seele. Er verkörpert auch Christus, der mit seinem Licht auf jenen herabscheint, der es ihm ermöglichen würde, sich zu inkarnieren und auf der Ebene der Erde zu wandeln.

Die Heiligen Drei Könige
(oder Weisen aus dem Morgenland)

Auf einer Ebene stehen die Heiligen Drei Könige für die Hingabe unserer drei Aspekte, Körper, Verstand und Geist, an die spirituelle Suche. Die Zahl Drei ist ebenfalls bedeutsam, da sie die wahre Polarität verkörpert, aus der heraus die Geburt erst möglich wird. Laut Rudolf Steiner verkörpern die Heiligen Drei Könige auf einer anderen Ebene auch die Samen der drei wichtigsten Wurzelrassen der Menschheit, die durch Christus in allen Menschen harmonisiert und vereint werden – der neue Ausdruck der alten Mysterien für die gesamte Menschheit:

Kaspar – ist der Vertreter der Samen des lemurischen Zeitalters der Menschheit.

Balthasar – ist der Vertreter der Samen des atlantischen Zeitalters der Menschheit.

Melchior – ist der Vertreter der Samen des Beginns des arischen Zeitalters der Menschheit.

Die Geschenke der Heiligen Drei Könige
Weihrauch – ist ein Symbol für Reinigung und Erleuchtung und verkörpert den kosmischen Äther, in dem der Geist lebt und der unsere Vereinigung mit Gott beeinflußt.

Myrrhe – ist ein Symbol für den Sieg des Lebens über den Tod, des Höheren Selbst über das niedere Selbst.

Gold – ist ein Symbol für den alchemistischen Prozeß und das äußere weisheitserfüllte Wesen.

Die Rolle des Erzengels Gabriel in den christlichen Mysterien

Gabriel ist der Erzengel der Liebe und Hoffnung. Er regiert über den Winter und wirkt während dieser Jahreszeit zusammen mit Christus durch seinen Einfluß als Engel auf die Erde ein. Die Aufgabe Gabriels besteht in der Läuterung, Erhöhung und Spiritualisierung der Menschen. Er ist der Engel, der uns in die Mysterien der Liebe – der kreativen Urliebe – einweiht.

Dem Novizen der Mysterien bringt er Erfahrungen von Liebesbewußtsein durch die niederen Gefühle, die allerdings über die Grenzen des Freundes-, Familien- und Wohltäterkreises hinausgehen. Während des Winters wirkt er darauf hin, daß wir den göttlichen Kern in uns in höherem Maße schätzen. Er wirkt darauf hin, daß wir die Macht der Liebe in unserem individuellen Leben stärker entwickeln, eine Macht, die nichts mit emotionaler oder sinnlicher Erregung zu tun hat. Es ist die Macht der Liebe, die uns als eine Eigenschaft geschenkt wird, die es zu erlangen gilt.

Allen, die sich darum bemühen, sich auf die Rhythmen

des Winters einzustimmen, hilft Gabriel, die Bedeutung der
»Mysterien der Geburt Christi« als ein Schritt in Richtung
der Einweihung zu offenbaren. In der höchsten Mysterien-
nacht des Jahres versucht er unser Herz für den lieblichen
Gesang der Engel zu öffnen und das weibliche Element in
allen irdischen Lebewesen zu aktivieren, da es seine Aufgabe ist, alle durch die Natur zu nähren.

Gabriel ist der Hüter des heiligen Wassers des Lebens –
des Samens und des Eis im männlichen und weiblichen
Wesen. Er ist der Engel, unter dessen Schutz das Sternzeichen Krebs steht, das dem Sternzeichen Steinbock, das den
Winter einläutet, im Tierkreis genau gegenüber liegt.

Sein Symbol ist die Lilie, die auch ein Symbol Mariens
ist. Bisweilen wird sie auch durch die weiße Rose ersetzt –
da diese beiden Symbole häufig auswechselbar sind. Maria
weist allen Müttern und Vätern den Weg, damit es zu einer
Vereinigung der weiblichen und männlichen Elemente
kommt, durch die das heilige Kind in uns geboren werden
kann. Es ist die Aufgabe Gabriels, ihr bei diesem Prozeß zu
helfen.

Die Lilie ist ein Symbol der Reinheit und der Selbstkontrolle, die für jeden wahren Schüler der Mysterientradition
die Norm ist. Es ist ein Symbol, das die Hilfe der Engel an-
ruft – im Winter besonders die von Gabriel. Sie stimuliert die
Energie des Halschakras und aller Kraftzentren im Kopf, so
daß die schöpferische Kraft des »Wortes« im persönlichen
Leben jedes einzelnen von uns entfaltet und zum Ausdruck
gebracht werden kann.

Eine wunderschöne Übung ist das Visualisieren der Lilie,
wie sie in unserem Körper entsteht. Dazu stellen wir uns vor,
ihr Stiel wachse unsere Wirbelsäule hinauf, und wenn er
am Hals angelangt ist, entfaltet sich die Blume, bis ihre Blüte
unseren ganzen Kopf ausfüllt. Durch diese Vorstellung wird
unser Lichtkörper oder das aktiviert, was wir die »Lilie des
Lichts« in unserem Leben nennen könnten. Dadurch wird
uns allmählich die wahre Bedeutung der Unbefleckten Emp-

fängnis aufgehen, die einen Schlüssel zum Ende einer Krankheit und den anderen Behinderungen der Geburt des heiligen Kindes in uns darstellt. Diese Übung aktiviert die Fähigkeit, mit der Kraft der Liebe das Geschenkte zu empfangen.

Das Ritual der Wintersonnenwende

Diese Übung solltest du am besten zwischen der Nacht der Wintersonnenwende und der Nacht der mystischen Mitternachtssonne durchführen. Sie hat eine außerordentlich starke Heilwirkung auf den einzelnen und setzt Entwicklungen in Gang, die im Frühjahr zur Entfaltung gelangen werden. Sie legt den Samen des Überflusses, des Glückes, der Liebe und der Erleuchtung.

Bei dieser Übung werden Symbole benutzt, die uns dabei helfen, uns auf die dynamischen Rhythmen dieser Jahreszeit einzuschwingen und für die Einflüsse der Engels- und Christus-Energien während dieser Jahreszeit empfänglicher zu werden. Darüber hinaus kann diese Übung unsere Träume stark beeinflussen. Deshalb sollten wir ihnen in dieser Jahreszeit verstärkte Aufmerksamkeit schenken. Außerdem werden wir durch diese Übung beim Meditieren neue Schwingungen erleben, und in den Monaten danach werden sich uns alle möglichen Gelegenheiten bieten, unsere weiblichen Energien der Liebe, Erleuchtung und Intuition stärker auszudrücken. Diese Übung wird es dir ermöglichen, in den folgenden Monaten dein eigenes Licht nach außen erstrahlen zu lassen. Natürlich bleibt es dir überlassen, ob du diese Möglichkeit nutzen willst oder nicht.

Vorbereitungen

Sorge dafür, daß du während der Übung ungestört bist.

Verwende Kerzen, die farblich zu der Jahreszeit passen. Rot und Grün sind die traditionellen Farben des Winters, aber auch Schwarz und Weiß sind sehr kraftvoll bei Wintersonnwendfeiern.

Besorge dir außerdem eine weiße, dünne Wachskerze, die du zur Einleitung der Meditation in der Hand halten kannst. Des weiteren brauchst du eine Rose (möglichst weiß, aber auch eine rote Rose ist geeignet, da sie das äußere Symbol der inneren weißen Rose darstellt), die du dir während der Meditation in den Schoß legen kannst.

Besorge dir möglichst auch noch einen Zweig eines Weihnachtssterns, den du abwechselnd mit der Rose verwenden kannst.

Meditation

Zünde zuerst die weiße Wachskerze an. Während sich ihr Licht in der Dunkelheit deines Meditationsbereichs auszubreiten beginnt, konzentrierst du dich auf die Flamme. Schließe dann die Augen, und erinnere dich, wie die Flamme ausgesehen hat. Stell dir nun vor, die Flamme würde in deinem Körper im Bereich des Herzens bzw. Solarplexus weiterbrennen. Wenn du diese Flamme reinen Lichts in dir spüren und sehen kannst, mache die Kerze sachte aus. Stell dir weiter die kleine, helle Flamme vor, die in der Dunkelheit aufleuchtet. Dabei hörst du die sanften Worte: »Endlich, mein Kind, komm höher herauf.«

Du konzentrierst dich auf die innere Flamme und läßt zu, daß du immer weiter in den Nachthimmel hinaufschwebst. Sieh es wirklich vor dir, und spüre es. Der Himmel ist bis auf einen einzelnen Stern, der dir aus der Ferne entgegenleuchtet, schwarz. Du spürst, wie du zu dem Stern hingezogen wirst, und beim Näherkommen siehst du, daß er genau über einem großen Tempel schwebt, der auf einem hohen Berg steht, von dem man einen weiten Blick über die Landschaft hat. Du folgst dem Lichtstrahl des Sterns zum Tempel hinunter, bis du vor ihm zum Halten kommst.

Der ganze Tempel ist in ein weiches Licht getaucht, und obwohl du bereits bei der Herbsttagundnachtgleiche hier warst, erscheint dir jetzt alles ganz anders. Die beiden Bäume sind kahl und zurückgeschnitten, und du kannst

sehen, daß der Tempel sehr groß ist, größer als du dich erinnerst. Er hat zwölf Seiten, und der Stern über ihm läßt ihn
in leuchtendem Weiß erstrahlen. Über dem Tempel hängt ein
gleichschenkliges Kreuz vor einem fünfzackigen Stern.

Die Tür zum Tempel ist verschlossen, aber durch ein Fenster kannst du sehen, daß das Tempelinnere mit einem
leuchtendweißen Nebel erfüllt ist. In der Mitte des Tempels
steht ein Altar, und über dem Alter ist ein makellos weißes
Kreuz. Im Mittelpunkt des Kreuzes befindet sich eine einzelne weiße Rose. Um den Altar sind Stühle im Kreis aufgestellt. Sie sind belegt mit jenen, die sich dem Dienen verschrieben haben. Es sind die sogenannten »Mitfühlenden« –
und sie kommen dir einerseits bekannt und andrerseits unbekannt vor.

Sie vereinigen ihre geistigen Kräfte und richten sie auf die
Entfaltung der einzelnen weißen Rose. Ihre Stimmen erheben sich in Wellen harmonischen Gesangs, der den Tempel erfüllt und sich bis in die äußere Welt fortsetzt. Als ihr
Gesang die Rose erreicht, öffnet sie sich langsam, Blütenblatt
um Blütenblatt, und aus ihrem Innern strömt ein goldenes
Licht. Das Licht aus der Rose breitet sich aus, fließt durch die
zwölf Fenster des Tempels hinaus und durchflutet die ganze
Landschaft.

Das Licht umgibt und erfüllt dich. Du bist ganz in dieses
goldene Licht eingehüllt. Du spürst, wie du von allen selbst-
süchtigen Begierden gereinigt wirst und dein Geist klar und
funkelnd wie ein Diamant wird. Du schließt die Augen und
spürst, wie dich diese Energie heilt und nährt.

Dann öffnest du wieder die Augen, und vor dir steht ein
wunderschönes Wesen, von dem viel Licht und Sanftheit
ausgeht. Es ist ein weiches smaragdgrünes Licht, das deine
Seele berührt. In der Hand hält das Wesen eine Lilie von
wunderbarem Glanz, und du weißt jetzt, daß es der Engel
Gabriel ist.

Dann geht das Tor hinter dir auf, und es ist deutlicher zu
erkennen, was im Innern des Tempels vor sich geht. Gabriel

streckt seine Hand aus und berührt dich an der Stirn, um dich zu segnen. Du wirst von einer Liebe erfüllt, die grenzenlos ist. Du spürst, wie sie deinen ganzen Körper durchströmt und in deinem Herzen zum Überfließen kommt. Du schaust nach unten und siehst die innere Flamme, die dich mit ihrem Schein hierhergebracht hat. Sie tanzt und verwandelt sich zu einer samtweißen Rose. Dann nimmt dich Gabriel bei der Hand und führt dich durch die Tür ins Tempelinnere.

»Du hast dein Herz für die Hilfe der Diener des Lichts geöffnet. Stunde um Stunde werden sie ihre Energien zu dir hinfließen lassen. Dir wird dies gezeigt, damit du dich daran erinnerst und eines Tages andere an diesen Punkt führen kannst.«

Die Stimme ist sanft und spricht in deinem Geist zu dir. Sie rührt dein Herz an. Deine Augen erfüllen sich mit Liebe für dieses wunderbare Wesen, und das Kreuz und die Rose im Tempelinneren leuchten daraufhin noch stärker auf und verströmen noch mehr Energie zum Tempel hinaus und den Berg hinunter an die Welt.

»Mit jedem Ausdruck von Liebe wird die ganze Welt berührt. Zu dieser Jahreszeit werden die großen Lichtwesen aufsteigen und absteigen, die Welt umgeben und ihre Energien herabfließen lassen, um die Herzen aller auf der Welt zu berühren und zu öffnen.«

Dein Blick wird zur Tempeldecke hingelenkt. Doch der Tempel hat keine Decke, sondern ist nach oben zum Nachthimmel und dem großen leuchtenden Stern offen. Zwischen dem Stern und dem Tempel fließen Ströme von Licht hin und her. Das sind die Engel aller Hierarchien, die die Erde mit den Strömen der Liebe durchfluten.

»Diese Ströme werden alle Winkel der Erde erreichen. Manche sind auf die schlimmsten Gegenden der Erde gerichtet. Manche werden auf die Gegenden gelenkt, wo Krieg herrscht. Manche werden zum Segen für die Krankenhäuser. Viele sind Balsam für sorgenbeladene Herzen. Manche helfen den neuen Seelen wieder in den Lebensstrom der Erde einzutreten, und andere helfen den Seelen, die sich gerade von ihrem Körper gelöst haben, bei ihrem Übergang, den ihr Tod nennt. Das sind die Liebesdienste für die Welt.«

Gabriel wendet sich dir zu und berührt dein Herz.

»Schau in die innere weiße Rose des Lichts, und sieh die Liebe, die dein göttliches Erbe ist.« Du schaust in dein Herz in der Rose. Blütenblatt um Blütenblatt öffnet sie sich, und dabei siehst du, was du tun mußt, um das wahre Kind Gottes zu werden. Du hast die Vision von Christus in dir.

Wenn du die Augen von dieser Vision erhebst, ist der Tempel verschwunden. Auch Gabriel ist verschwunden. Zu deinen Füßen liegt eine rote Rose, ein Geschenk und eine äußere Erinnerung an das, was auf immer im Herzen weiterlebt. Du erhebst deine Augen zum Nachthimmel und spürst, wie du zu dem Stern in der Ferne emporgezogen wirst. Die Musik aus dem Inneren des Tempels hallt leise in deinem Geist wider, und dein Herz ist erfüllt von dem Lied der Engel: »Ehre sei Gott, dem Allmächtigen, und Friede auf Erden den Menschen!«

Neuntes Kapitel

Das Ritual
der Frühlingstagundnachtgleiche

Seht, ich mache alles neu.   *Offenbarung 21,5*

Die alten Mysterien rufen uns zu einer Rückkehr zu den
Rhythmen der Natur auf einer intuitiven Ebene auf. Geist
und Natur in Harmonie! Die Jahreszeiten der Erde sind darauf ausgerichtet, bestimmte entwicklungsmäßige Bedürfnisse zu fördern. Der Herbst ist die Zeit der Aussaat; der
Winter ist die Zeit, in der die Saat unter der Erde heran-
keimt und Wurzeln schlägt; der Frühling ist die Zeit des
Aufgehens und Hervorsprießens der neuen Saat, aus der
neues, zum Licht strebendes Leben hervorgeht, das im Sommer geerntet werden wird. Auch diese Aspekte spiegeln sich
in den wahren Christus-Mysterien wider.

Die Frühlingstagundnachtgleiche lüftet den Schleier zwischen den materiellen und den spirituellen Seinsebenen, so
daß ein Wiederaufleben in unserem Leben möglich wird.
Der Leitgedanke dieser Jahreszeit ist Schöpfung. Es ist der
Drang, unser Leben auf eine höhere Ebene zu erheben, wie

ein Keim, der sich durch die Erde ans Licht schiebt. Der Frühling ist die Zeit, in der wir die schöpferischen Kräfte, die wir den Winter über genährt haben, zum Ausdruck bringen können, um eine neue Welt der Möglichkeiten für uns zu schaffen.

Zu dieser Jahreszeit verläßt die Sonne das Wasserzeichen Fische und tritt in das schöpferischen Feuerzeichen Widder ein. Feuer wurde schon immer als etwas Heiliges und Geheimnisvolles angesehen. In vielen Traditionen hieß es, daß das Feuer zuerst den Göttern gehörte. Und es gibt genausoviele Mythen über die Feuerräuber und die Schöpfungsgeschichte der Menschheit. Feuer ist ein verzehrendes und veränderndes Element – und damit gleichzeitig zerstörerisch und schöpferisch.

Widder ist das Feuerzeichen des Neubeginns, weshalb dieser Jahreszeit ein hohes Maß an esoterischer Bedeutung zugeschrieben wird. In den alten jüdischen Traditionen heißt es, daß Gott die Welt zu dieser Jahreszeit erschaffen und Moses die Israeliten aus Ägypten in den Frühling geführt habe. Eine Vielzahl von Auferstehungsmythen handeln im Frühling: von Jesus Christus bis zu Osiris bei den Ägyptern, Adonis bei den Babyloniern und Thammuz bei den Sumerern. In den römischen Mysterien wurden der Tod und die Auferstehung von Attis zu dieser Jahreszeit begangen.

Es ist die Zeit der Feuer der Erneuerung. Der Frühling stellt den Anfang des alchemistischen Prozesses des Wechsels der Jahreszeiten dar. Da die Menschen die Sensibilität verloren hatten, sich auf die Jahreszeiten einzustimmen, wurde es nötig, daß die Christus-Energie auf diese zyklische Weise auf die Menschen Einfluß nimmt.

Während die Winterzeit im esoterischen Christentum die Zeit der weiblichen Mysterien (des Wasserelements) ist, ist der Frühling die Zeit der männlichen Mysterien (des Feuerelements). Die Tagundnachtgleiche ist der Zeitpunkt, zu dem die alchemistische und magische Vermischung von Wasser und Feuer stattfindet. Das Lebenswasser in uns (die erwach-

ten weiblichen Energien) wird in einen neuen Glanz getaucht (das Feuer der männlichen Energien), so daß es in
unseren individuellen Lebensumständen vollständiger zum
Ausdruck gebracht werden kann. Das ist die Zeit, in der die
Energien dafür freigesetzt werden, Gelegenheiten zu schaffen, das Geheimnis der Gegensätze, des Gleichgewichts von
männlichen und weiblichen Energien zu verstehen, so daß
sie irgendwann miteinander vereint werden können, um
neues Leben hervorzubringen. Geistig und körperlich ist es
eine Zeit großer schöpferischer Kraft.

In der westlichen Hemisphäre fangen die schöpferischen
Kräfte zu wachsen an. Es gibt einen neuen Ausbruch über-
schwenglicher Lebensenergie, die viele Gelegenheiten für
alle bereit hält, die sich auf seine Rhythmen und Kräfte einstimmen.

1. Es ist eine ausgezeichnete Zeit, um sein Leben neu zu
   ordnen.
2. Es ist eine ideale Zeit, um Altes zu verbrennen – das
   Verbrennen des Unrats –, so daß die neue Saat Platz
   zum Aufgehen und zum Hervorbringen neuer Schöp-
   fungsformen hat. Dies ist eine verborgene Bedeutung
   des Lehrsatzes Christi: »Füllt keinen neuen Wein in alte
   Häute.«
3. Es ist auch ein Zeit, in der der Schleier zwischen der materiellen und der spirituellen Welt am dünnsten ist. Das
   erleichtert uns die Möglichkeit, Zugang zu dynamischer
   geistiger Energie zu bekommen und sie für uns herab-
   zuflehen.
4. Diese Energie kann zur Beschleunigung unserer eigenen Initiation oder zur Schaffung von neuen Ausdrucks-
   mustern für sie während des ganzen Frühlings genutzt
   werden.
5. Es ist ein ausgezeichneter Zeitpunkt, um Energien zu er-
   bitten, die uns dabei helfen werden, in allen Lebensbereichen neue Dinge in Angriff zu nehmen.

6. Es ist eine Zeit, in der es leichter ist, den göttlichen Funken in uns zu entfachen.
7. Die inneren Tempel sind jetzt leichter zugänglich, so daß wir tiefer in die Geheimnisse des Lebens vordringen können.
8. Es ist eine überaus kraftvolle Zeit, in der die heilenden Energien des Feuers freigesetzt werden können.
9. Für den fortgeschrittenen Schüler ist es eine ideal Zeit, den Seelenleib (Ätherleib) zu formen, so daß er bewußt in der geistigen Welt funktionieren kann.
10. Es ist eine Zeit, um auf der materiellen Ebene der Erde neue Lehrer zu berufen.

Für den wahren Schüler der christlichen Mysterien ist der Frühling die Zeit, in der die Energie zur Verfügung steht, um die Einweihung anzugehen. Der einzelne muß lernen, die Steine seiner Persönlichkeit aus dem Weg zu räumen, die Begrenzungen zu spüren und aus sich herauszugehen – d.h., das innere Licht in die äußere Welt zu tragen. In dieser Jahreszeit kann sich der Mensch für den Pfad der Prüfungen öffnen und lernen, wie man Zugang zu der pulsierenden Kraft der Erde bekommt, um sich selbst und andere zu heilen. Es ist die ideal Zeit, um zu einem neuen Verständnis des dynamischen Prozesses des Heilens zu gelangen – von dem so viel im Leben von Jesus Christus veranschaulicht ist. Eine eingehendere Untersuchung der Heilungen durch Jesus Christus kann uns dabei helfen, das komplizierte Wechselspiel von Energien im Leben der Menschen besser zu durchschauen.

Es ist eine Zeit der bewußten Konzentration auf die Umwandlung der Energien. Es ist eine ideale Zeit, um die Willensstärke über die Persönlichkeit zu stellen. Es ist eine Zeit zum Ausgleichen der Gegensätze. Dieses Gleichgewicht ist nötig, um die Bedeutung des größten Symbols der Christus-Mysterien in seinem vollen Umfang erfassen zu können – ein Symbol, das mit dieser Jahreszeit in engem Zusammenhang steht. Es ist das Symbol des Heiligen Grals. Das Geheimnis des Grals ist kompliziert und hat viele Ebenen. Für die meisten, die sich mit den christlichen Mysterien beschäftigen, ist es zu Anfang die Segnung des Männlichen und des Weiblichen.

Die esoterische Bedeutung der Osterzeit

Wie wir bereits gesehen haben, wurden die christlichen Mysterien – der christliche Einweihungspfad – im Leben der Person Jesus Christus in Szene gesetzt. Dies wird noch deutlicher, wenn wir uns den Höhepunkt der historischen Ereignisse in dieser Jahreszeit im Zusammenhang mit diesem Wesen näher anschauen.

Der gesamte Einweihungspfad der Christus-Mysterien wird in der Osterzeit umrissen. Ostern ist immer noch der einzige heilige Feiertag, der durch den Stand der Sterne bestimmt wird. Es fällt immer auf den ersten Sonntag nach dem ersten Frühlingsvollmond – nach der Frühlingstagundnachtgleiche. Der esoterischen Tradition zufolge können nur die Eingeweihten der höchsten Stufe an den Mysterien und Energien der Tagundnachtgleiche selbst teilhaben. Für die meisten Menschen sowie für die Schüler und sogar für die fortgeschritteneren Schüler werden die himmlischen Energien der Tagundnachtgleiche zur Zeit es Vollmonds auf »reflektierte« Weise erlebt. (Alle, die sich mit Astrologie beschäftigen, werden anerkennen, daß der Mond das Licht der Sonne reflektiert, und deshalb zu der Zeit, in der Ostern begangen wird, von Bedeutung ist.)

In der Osterzeit herrschen ideale Bedingungen, um Zugang zu Energien zu bekommen, mit denen wir unser Leben umgestalten können. Es ist eine Zeit, die unter dem Einfluß des Erzengels Raphael steht – dem Hüter des Heiligen Grals. Seine Aufgabe ist es, uns in dieser Jahreszeit zu helfen, unsere Sinne zu öffnen, damit die Seele wahrlich sehen und erkennen kann, was der Mensch auf diesem Pfad zu tun hat.

Das Feiern des Osterfests kann uns bei unserem Aufstieg in unserer sich immer weiter nach oben windenden Entwicklungsspirale von Hilfe sein. Ostern ist eine Zeit großer Verherrlichung der Engel, in der wir engeren Kontakt zu den himmlischen Botschaftern bekommen können, um dadurch unserem eigenen Leben neue Impulse zu verleihen. Es ist eine Zeit, in der oft neue Lehrer zu ihren Aufgaben berufen werden und ihren Lebenssinn erkennen. Es ist eine Zeit, in der die esoterische Kraft von Musik und Blumen von den dafür Empfänglichen erkannt und gespürt werden kann.

Der Einweihungsweg der christlichen Mysterien wird durch die Ereignisse der Karwoche, wie wir sie nennen, aufgezeigt. Jedes Ereignis im Leben von Jesus Christus spiegelt ein Ereignis im Leben jedes Menschen wider, der versucht, sein Christus-Bewußtsein zu entfalten. Sie fanden auf der materiellen Ebene statt, damit wir sie besser erkennen konnten, aber sie dürfen nicht wörtlich genommen werden. Sie haben alle diese »geheime Bedeutung«. Es ist eine Zeit großer Freude, und nicht der Trauer!

Die Karwoche

Mittwoch
Das ist die Zeit des Verrats und der Selbstzerstörung des Judas. An diesem Tag empfiehlt es sich, über das Überwinden unserer niederen Instinkte und das Freimachen des Wegs für größeres Licht zu meditieren.

Gründonnerstag (Das letzte Abendmahl)
Der Tag des Mysteriums der Eucharistie – der höchsten Lehre des alchemistischen Umwandlungsprozesses. Eine gute Zeit, um über die Umwandlung der männlichen und weiblichen Energien in höhere Ausdrucksformen zu meditieren.

Gründonnerstag (Garten Gethsemane)

Das ist die Zeit, um uns auf ein »Treffen mit den Hütern der Schwelle« zu konzentrieren und darauf hinzuarbeiten, ist ein Vorgang, den der wahre Schüler der christlichen Mysterien oft wiederholen muß.

Karfreitag (Kreuzigung)

Die letzte Stufe der Initiation und die freudenreichste Zeit dieser Jahreszeit. An diesem Tag lernen wir, unser eigenes Kreuz zu tragen und zu verstehen, was es heißt, ganz allein für unser Leben verantwortlich zu sein. Wir geben das niedere Selbst für das Höhere Selbst auf.

Karsamstag

In den traditionelleren Mysterienkulten war dies der Tag für die Taufe, eine Handlung, durch die die stoffliche Energie des einzelnen verfeinert und erleuchtet wurde, und durch die ein vollkommen bewußter Einblick in die inneren spirituellen Ebenen der Natur gewonnen werden konnte. Die Schleier zwischen den Lebenden und den Toten, der materiellen und der spirituellen Welt sind auf immer zerrissen.

Ostersonntag (Auferstehung)

Die erhebendste Feier, eine Zeit der Verherrlichung dessen durch die Engel, der sich über sein niederes Selbst erhoben und die wahre Christus-Energie voll zum Ausdruck gebracht hat. Es ist die Zeit der vollkommenen und wahrhaftigen Kommunion mit den Engeln.

Die Christus-Energie, unter deren Einfluß die Erde in der Osterzeit steht, stellt Ansprüche an unser Verständnis. Sie erfordert Einsicht in die esoterischen Aspekte der christlichen Mysterien, um diese Zeit als Zeit der Freude sehen zu können. Für alle, die sich darauf einstimmen können, birgt diese Zeit die Möglichkeit, ihre Verständnisfähigkeit auf neue Höhen emporzuschwingen.

Vorbereitung auf die
christlichen Feuermysterien

Wie es für die Lehren und die Stufen der Entfaltung der weiblichen Mysterien um die Weihnachtszeit und die Wintersonnenwende eine Vorbereitungszeit (die Adventszeit) gab, so gibt es auch eine Zeit der Vorbereitung auf die männlichen Energien des Feuers im Rahmen der christlichen Mysterien. Es ist die Fastenzeit.

In der Fastenzeit wird jedem Menschen die Möglichkeit gegeben, sich auf die Lehren und Energien der zur Osterzeit stattfindenden Ereignisse einzustellen und vorzubereiten. Durch das Einstimmen auf die christlichen Mysterien und ihren Rhythmus wird jeder von uns diese Ereignisse auf ganz persönliche Weise erleben. Die sieben männlichen Mysterien werden meist in der Frühlingszeit von jedem auf die eine oder andere Weise erlebt.

Die Fastenzeit sollte in tiefer Meditation über die sich im Zusammenhang mit dem Ausdruck der inneren Feuer und ihrer bewußten Transmutation offenbarenden Mysterien verbracht werden. Von unserer Vorbereitung hängt es ab, in welchem Umfang wir zur vollständigen Entfachung und zum Ausdruck der inneren Feuer mit Prüfungen konfrontiert werden. Seit jeher war die Fastenzeit in den Mysterientempeln eine wichtige Zeit der Seelenvorbereitung vor dem durch die Frühlingstagundnachtgleiche ausgelösten Herabströmen der Energien auf die Erde. Die Fastenzeit hat viele mystische und andere Bedeutungen:

1. Sie beginnt 40 Tage vor Ostern; 40 Tage ist eine symbolische Periode, die für eine Zeit eingehender Vorbereitungen steht. Nach der Taufe von Jesus Christus ging er 40 Tage in die Wüste. Die Taufe war das letzte der weiblichen Mysterien. Als nächstes folgte der Ausdruck der Christus-Energie in die äußere Welt.

2. Die Fastenzeit ist eine Zeit der Vorbereitung auf hochgei-
   stige Unternehmungen, damit Energien freigesetzt werden, die eine Gelegenheit zum Lernen und zur Einweihung schaffen.

3. Alles, was ein Mensch in seinem Leben erreicht und bewirkt, hängt von seinen eigenen Bemühungen ab – es
   kann 40 Tage, 40 Jahre oder 40 Leben dauern.

4. In den alten Mysterientempeln war die Fastenzeit eine
   Zeit der Bewährung:
   – eine Zeit des In-die-Tiefen-der-Seele-Vordringens
   – eine Zeit großer Seelenbewertung
   – eine Zeit intensiver innerer Selbstprüfung

5. Die Aschermittwochszeremonie ist symbolisch für unsere
   Hingabe und Selbstlosigkeit, die nötig sind, um zu den
   tieferen Mysterien von Golgota vorzudringen. Die Asche
   versinnbildlicht unsere Unfähigkeit, nach den Idealen zu
   leben, die am Palmsonntag des Vorjahrs zum Leben erweckt wurden.

6. Traditionell war der Palmsonntag der Fastenzeit die Zeit
   der Öffnung für neue Ideale für das kommende Jahr und
   des Festes für alle, die uns für unsere geistigen Unternehmungen alles Gute wünschen.

7. In der jüdischen Tradition wurden in der Fastenzeit die
   alttestamentarischen Bücher Ijob und Jona als Anleitungen zur Einweihung und Vorbereitung gelesen.

Je nachdem, wie gut sich ein Mensch in dieser Zeit vorbereitet, kann er von den christlichen Mysterien erwarten, die
Energien auf einer von drei Stufen zu erleben. Diese Stufen
sind natürlich nicht streng getrennt, sondern es gibt flie-
ßende Übergänge. Deshalb ist es eher wahrscheinlich, daß
eine Person verschiedene Bereiche von jeder Stufe erfährt.
Die drei Energiestufen, die durch Einstimmung auf den
Frühling aktiviert werden, sind: *Läuterung, Erleuchtung und/
oder Meisterschaft.*

Läuterung (Der Schüler von Gethsemane)
Für den einzelnen, der sich den Christus-Energien in ihrem zyklischen Einfluß auf die Menschen öffnet, können die Arbeit und die Bemühungen in dieser Jahreszeit eine Verengung seines spirituellen Pfades bewirken. Möglicherweise wird er sich Situationen gegenübersehen, die seine Fähigkeit testen werden, seinen Glauben, seine Liebe, seine Reinheit und seine Stärke in verschiedenen Lebensbereichen zum Einsatz zu bringen. Möglicherweise wird er auf einen Pfad geführt, der ihn mit noch größerer Hingabe dienen läßt und ihm Gelegenheiten beschert, anderen auf vielfältige Weise zu dienen. Wenn dieser Pfad bewußt verfolgt wird, wird er schließlich zur bewußten Befreiung von dem physischen Körper führen – wann immer uns der Sinn danach steht. Darüber hinaus kann er bei uns den Wunsch nach Reinheit und Selbstlosigkeit verstärken.

Die Energie der Läuterung, die durch das Ritual im Garten Gethsemane symbolisiert wird, kann uns die Möglichkeit geben, unsere Lebensbedingungen zu verändern. Sie schafft Gelegenheiten, unsere niedere Natur zu läutern, und eröffnet uns eine umfassendere Vision von der Zukunft. Als Teil der spirituellen Kompensation der Anstrengungen und Prüfungen in dieser Zeit, ermöglicht die Energie der Läuterung uns auch, Techniken zum unmittelbaren Erfahren und Erkennen der Tatsachen anderer Ebenen des Lebens jenseits der physischen Erkenntnis zu entwickeln.

Erleuchtung (Der Schüler der Versuchung)
Auf dieser Stufe der Christus-Mysterien besitzt der Mensch meist eine Energie, die ihn weiter vorantreibt, aber auch sein Unterscheidungsvermögen und sein Gleichgewicht feineren Prüfungen unterzieht. Je weiter wir in unserer Entwicklung fortschreiten, desto feiner, kraftvoller und eindringlicher werden unsere täglichen Prüfungen. Durch Einstimmung auf die Energien des Frühlings schaffen wir uns Gelegenheiten, durch die uns die Bedeutung der Selbstlosigkeit bei die-

ser Ausbildung aufgeht. Wir müssen lernen, auf dem gera-
den, schmalen Pfad zu wandeln. Die spirituelle Kompensation auf dieser Stufe besteht in wirklicher und gut ent-
wickelter Hellsichtigkeit und Hellhörigkeit. Die Ausbildung
und Arbeit auf dieser Stufe konzentriert sich vor allem auf
die bewußte Aktivierung der Energiezentren. Damit beginnt
die Entwicklung einer Bewußtheit, daß wir uns der geistigen
Welt bei vollem, wachen Normalbewußtsein öffnen können.

Meisterschaft (Der Schüler der Kreuzigung)
Wer sich auf die christlichen Mysterien des Frühlings eingestimmt hat und in manchen Bereichen in seiner Entwicklung
bereits fortgeschritten ist, kann bereits mit den Lehrweishei-
ten der Kreuzigung konfrontiert werden. Auf dieser Stufe
kehren viele – abgeschreckt durch die Intensität, mit der sich
diese Erfahrung im Leben des einzelnen offenbart – wieder
um. Die Stärke, die bis zu diesem Punkt entwickelt wurde,
mag nicht ausreichend und mehr Arbeit auf anderen Ebenen noch nötig sein. Auf subtile Art dauern die Prüfungen
an. Die Qual dieses Ereignisses ist das Symbol für das mühe-
volle Lernen des Menschen, das innere Schlangenfeuer in
sich zu entfachen und zu kontrollieren. Viele werden tatsächlich in Situationen stecken, die den Zustand des Ans-
Kreuz-genagelt-Seins widerspiegeln, aber sie werden das
Aufrichten des Kreuzes nicht aushalten können. Die spirituelle Kompensation auf dieser Stufe der Einstimmung ist
die erweckte Fähigkeit, nach Belieben zwischen der materiellen und der geistigen Welt hin- und herzuwechseln. Die
Persönlichkeit ist mit dem Geist vereint.

Im Frühling empfiehlt es sich, bisweilen nach innen zu
schauen, damit wir beurteilen können, auf welche Weise unsere Einstimmung auf die jahreszeitlichen Rhythmen Situationen auf dem Einweihungspfad der christlichen Mysterien hervorbringt. Eine gelegentliche Bestandsaufnahme
und Einordnung unserer Lebensumstände in einen der drei

Bereiche hilft uns zu verstehen, was wir noch tun müssen und was die unterschwellige Bedeutung dieser Lebensumstände sind. Auch wenn die Einweihung durch die Heilige Schrift in Szene gesetzt wird, erfolgt sie in Wirklichkeit über die normalen Lebensumstände – mit den Menschen, mit denen wir am meisten zu tun haben. Sie erfolgt nicht in künstlich erzeugten Situationen. Das war die wichtige Lehre, die der Menschheit durch die Umsetzung der höheren Mysterien in einem ganz normalen Menschenleben offenbart werden sollte.

Die sieben männlichen Mysterien des esoterischen Christentums

Ursprünglich erfolgte die Einweihung in die Mysterien in sieben Stufen. In der Folge wurden diese bei den christlichen Mysterien auf 14 Stufen ausgedehnt. Diese teilten sich wiederum in sieben weibliche und sieben männliche Mysterien auf, von denen jedes mit den Energien in Verbindung steht, die bei bestimmten jahreszeitlichen Veränderungen auf der Erde aktiviert werden.

Die weiblichen Mysterien (Element Wasser) sind eng mit dem Winter und der Wintersonnenwende verbunden. Bei den weiblichen Mysterien stehen die Geburtszentren, das Herz und der Solarplexus im Vordergrund. Es sind die sanften Mysterien, die beim einzelnen die Kraft des Weiblich-Göttlichen zum Leben erwecken, die in jedem von uns steckt. Von den historischen Ereignisse im Leben von Jesus Christus sind es vor allem die Erfahrungen der Verkündigung und der Taufe, die in einem engen Zusammenhang mit den weiblichen Mysterien stehen.

Die männlichen Mysterien (Element Feuer) sind eng mit dem Frühling und der Frühlingstagundnachtgleiche verknüpft. Die Arbeit mit den männlichen Mysterien ist schwierig und erfordert die Entwicklung von Selbstdisziplin. Die männlichen Mysterien verlangen von uns, daß wir unsere inneren Kräfte in der äußeren Welt zum Ausdruck bringen – d. h., das Leben zu leben, das wir versuchen, Gestalt annehmen zu lassen. Der Mensch muß lernen, die kreativen Kräfte, die er in der Jahreszeit zuvor in sich aktiviert hat, jetzt im äußeren Leben umzusetzen. Der Mensch muß lernen, seinen eigenen Weg zu gehen und diesen schöpferischen Feuern mit entschlossenem und konzentriertem Willen Ausdruck zu verleihen.

Die Verklärung

Die Verklärung ist das Ereignis, das in der esoterischen christlichen Lehre die Brücke zwischen den weiblichen und männlichen Mysterien schlägt. Sie verbindet die Weihnachtsmysterien mit den Ostermysterien, das Männliche mit dem Weiblichen als gleich starke, aber entgegengensetze Energiepole im Menschen. In dieser Entwicklungsphase muß der Mensch lernen, beide Aspekte im selben Maße auszudrücken. Auf der höchsten Stufe kann sie die Hirnanhangsdrüse (Sitz des Stirnchakras und der weiblichen Energien) und die Zirbeldrüse (Sitz des Kronenchakras und der männlichen Energien) stimulieren. Wenn dies erreicht wird, wird unabhängig von Raum und Zeit ein bewußter Kontakt zu den großen spirituellen Meistern hergestellt. In den christlichen Mysterien erfolgte die Verklärung Christi, als Jesus den drei Jüngern, die in der Lage waren, ihr Bewußtsein weit genug zu erhöhen, um dessen gewahr zu werden, in seiner ganzen erzengelhaften Essenz erschien.

Der triumphale Einzug in Jerusalem

Er ist Teil des Pfades, der die Freuden verkörpert, die man auf dem Weg erlebt. Jerusalem war das Herzzentrum, in dem Christus sein Leben entfaltete (geboren zu einer Zeit, die wir mit den weiblichen Mysterien verbinden). Die Prozession ist ein Sinnbild für den Pfad des Einweihungskandidaten, der sein Leben erfolgreich umgestaltet. Sie stellt die äußere Anerkennung für alle dar, die ihre höheren, inneren Kräfte entfalten und nach außen wirken lassen. Dieses Ereignis hat eine äußere und innere Bedeutung. Es stellt eine Gelegenheit für alle dar, die von der göttlichen Hilfe profitiert haben, ihre Dankbarkeit und Anerkennung zu zeigen, und ist gleichzeitg ein Hinweis auf das Bevorstehen noch größerer Ereignisse – den Einzug in den Tempel des Lichts. Es ist auch der Moment des Beifalls und Lobs für alle, die ebenfalls diesen Grad der Entfaltung und des Ausdrucks der schöpferischen Kräfte erreicht haben. Die Eselin ist ein Symbol für die Seelenweisheit, und die Palmen sind ein Symbol für die siegreichen Errungenschaften.

Das Paschamahl
In der Heiligen Schrift wird das Paschamahl oder das »letzte Abendmahl« in den oberen Räumen des Hauses einer Anhängerin Jesu eingenommen. Es ist ein Symbol für die Eucharistiefeier oder die Feier der Polaritäten, die Abraham von Melchisedek und allen Menschen von Christus überliefert wurde. Dieser Brauch war in allen alten Mysterientraditionen üblich. Es ist die letzte und höchste Lehrweisheit im alchemistischen Umwandlungsprozeß. Nur diejenigen, die einen bestimmten Grad der Entfaltung erreicht hatten, saßen mit am Tisch und erlebten dieses Mysterium mit, das uns zeigt, wie die Lebensessenz so bewahrt werden kann, daß eine Lebenskraft entsteht, die aus dem Körper ausstrahlt und nach Belieben in Anspruch genommen werden kann. Es ist das Mysterium des Vermischens von Gegensätzen – die Gleichwertigkeit und das Gleichgewicht der männlichen und weiblichen Kräfte in allen Beziehungen. Die esoterische Tradition lehrt, daß Maria in einem Nebenraum ein ähnliches Fest mit zwölf weiblichen Eingeweihten feierte. An der Feier nahmen also sowohl Männer als auch Frauen teil, und wer teilnahm, dem wurde gelehrt, wie er die Kräfte der Meisterschaft in heilender und geistiger Erleuchtung zeigen konnte. Das Brot ist ein uraltes Symbol für das weibliche

Gotteselement (das Wassermysterium), und der Wein ist ein uraltes Symbol für die männliche Energie und damit für das Element Feuer. Brot und Wein, Brot und Salz, Kuchen und Bier, Manna, das Letzte Abendmal sind alles Teil der gleichen alten Tradition.

Der Garten Gethsemane

Im Garten Gethsemane fand für die drei fähigsten Apostel Petrus, Jakobus und Johannes die Demonstration der größten Kraft der Energieumwandlung statt. Doch es gelang ihnen nicht, wach zu bleiben, um Jesus Christus beizustehen. Sie waren also dieser Aufgabe immer noch nicht gewachsen. Zu lernen, zu der ausgeglichenen Kraft des »Abendmahlraums« Zugang zu bekommen, bedeutet für den spirituellen Schüler, daß er diese Kraft in seinem Leben anwenden muß, um sein niederes Selbst zu erhöhen. Christus hatte kein niederes Selbst, das es umzuwandeln galt, und er entschied sich deshalb dafür, die angesammelten niederen Energien der gesamten Menschheit umzuwandeln. Im Garten Gethsemane verlangsamte Christus seine eigenen Schwingungen so lange, bis sie ganz mit dem Schwingungsrhythmus der Erde in Einklang waren. Das war nötig, um sich vollständig den Energiebedingungen der gesamten Erde anzupassen. Mit dem »Aushauchen des Geistes« wurde Christus dann zu dem der Erde innewohnenden Logos, zu einem dauerhaften Teil des Energiemusters der Erde selbst, um die höheren Kräfte in allen und allem durch einen stärkeren Impuls erwecken zu können. Die drei Apostel sollten eigentlich daran teilhaben, aber sie waren der Aufgabe nicht gewachsen. Der Leitgedanke der männlichen Energien ist Selbstlosigkeit und Opferbereitschaft. Wahre spirituelle Hingabe muß sich der Seele irgendwann einmal unwiderruflich aufprägen. Bei den meisten spirituellen Schülern geschieht dies regelmäßig während ihres Entfaltungsprozesses. Wir alle erleben unseren »Garten Gethsemane« – das Gefühl des Alleingelassenseins, das Gefühl, die Last der Welt und alle damit verbundene Verantwortung auf den Schultern zu tragen. Wir müssen uns der Verantwortung stellen und letztlich sagen können: »Nicht mein Wille, sondern dein Wille geschehe.«

Die Versuchung
Die »Versuchung« stellt einen äußerst kritischen Punkt auf dem Pfad des spirituellen Schülers dar. Bis dahin hat der einzelne bereits ein gewisses Maß an Wissen und Macht erworben – das über das bei normalen Menschen übliche Maß hinausgeht. Das führt immer zu Versuchungen. Der Mensch muß zwischen den Langzeiteffekten und den unmittelbaren Auswirkungen unterscheiden – und die unmittelbaren Auswirkungen können alles in der gegenwärtigen Inkarnation Mögliche sein. Der Mensch kann der Versuchung unterliegen, die Energie zu mißbrauchen oder damit zu protzen, um sich wichtig zu machen. Die Versuchungen, die sich uns stellen, können verschieden stark sein und lassen sich meist einer der folgenden drei Kategorien zuordnen:

- Die Versuchungen des sterblichen Intellekts und der niederen Bedürfnisse (symbolisiert durch die Szene, als Jesus Christus vor den Hohepriester Hannas gebracht wird).
- Die Versuchung des weltlchen Ehrgeizes (dargestellt durch Jesus Christus, der zu dem Hohepriester Kajaphas geschickt wird).
- Die Schwäche und das Schwanken des Geistes, wenn es darum geht, für unser Leben und unsere Überzeugungen einzustehen, besonders wenn es unsere persönliche Position gefährden könnte (dargestellt durch Jesus Christus, als er vor Pilatus steht).

Das Geißeln und die Qualen stellen die symbolischen Schmerzen der geistigen Feuer beim Neugeborenwerden dar und die voll erweckten Energiezentren des Körpers, die von der Feuerschlange der Weisheit beim Aufsteigen zum Kopf berührt werden. Die Dornenkrone ist ein Symbol für

die Auswirkungen der zum Leben erweckten Schlange des
Feuers, wenn wir uns weigern, der Versuchung nachzugeben,
unsere Energien und Fähigkeiten unnötig zu mißbrauchen
oder zu vergeuden. Wenn die Feuerschlange (Kundalini-
Kraft) die Zirbeldrüse und die Hirnanhangsdrüse erreicht,
erreicht sie auch die Stirnhöhle und die Gehirnnerven und
öffnet damit den Geist für vollkommenes spirituelles Verständnis.

Das dreimalige Fallen während der Phase der »Versuchung« ist symbolisch für das moralische Versagen, dem
die Menschen auf ihrem Weg zu höherer Erleuchtung zum
Opfer fallen können:

• Der erste Fall ist bedingt durch die Last der Materie, die
  die geistige Welt verschleiert.
• Der zweite Fall ist bedingt durch unsere irdischen Wünsche und Begierden.
• Der dritte Fall ist bedingt durch unkontrollierte Phantasie
  und den Zauber, dem der undisziplinierte spirituelle Geist
  nachgibt.

Die Kreuzigung

An diesem Punkt der Entfaltung der inneren göttlichen
Kräfte verengt sich der Pfad. Viele kehren an diesem Punkt
um, weil sie nicht die innere Stärke haben, weiterzugehen.
Sie haben entweder den Eindruck, daß die Abkürzungen,
die sie genommen haben, sie nicht richtig vorbereitet haben
oder daß es mehr von ihnen erfordern wird, als sie momen-
tan geben können. Viele haben zugelassen, daß sie »ans
Kreuz genagelt wurden«, aber sie können die Schmerzen
nicht ertragen, die durch das Aufrichten des Kreuzes entstehen würden. Auf dieser Stufe muß der einzelne Mensch
seine innersten Seiten nach außen ins Licht kehren und sie
umwandeln.

Auf dieser Ebene wird man einer ständigen, feineren Prüfung unterzogen. Bei vielen Prüfungen geht es darum, eine

Wahl zu treffen im Sinne spiritueller Werte und die materiellen und persönlichen Werte hinter sich zu lassen. Der einzelne muß lernen, sich allen Mißverständnissen, Lächerlichkeiten und Verfolgungen – auch aus seiner nächsten Umgebung – unerschrocken entgegenzustellen. Das kann sogar bedeuten, daß von ihm die Bereitschaft verlangt wird, Ruhm und Reichtum aufzugeben.

Maria begleitete Jesus Christus auf Schritt und Tritt bis nach Golgata und hat deshalb ebenfalls diese Initiationsstufe erreicht, die für die Menschheit in der materiellen Wirklichkeit umgesetzt wurde. Als Jesus Christus am Kreuz hing, war er von drei Frauen umgeben, die ein Sinnbild für die weiblichen Eigenschaften sind, die die Vollendung ermöglichen. Auf dieser Stufe kann der Mensch nach Belieben zwischen den materiellen und geistigen Welten hin- und herwechseln. Der Mensch lernt die Lektion der bewußten Unsterblichkeit.

Die Auferstehung
Das letzte der sieben männlichen Mysterien des esoterischen Christentums wird an Ostern gefeiert – die Auferstehung Christi. Der Tod ist der letzte Feind und die letzte Furcht, die es zu überwinden gilt. Mit diesem Ereignis wird uns die bewußte Unsterblichkeit gelehrt – die Möglichkeit, uns bei vollem Bewußtsein sowohl in der materiellen als auch in der geistigen Welt zu bewegen. Manchmal wird diese Stufe auch die »Verzückungsstufe der Initiation« genannt.

Auf vielen Ebenen erleben wir viele Tode und viele Auferstehungen. Der ständig wechselnde Lauf der Jahreszeiten und der damit verbundene Wandel der Natur sind der beste Spiegel dafür. Wir sterben immer im Hinblick auf einen Teil von uns und werden in bezug auf einen anderen wiedergeboren. Viele Menschen empfinden Veränderungen als schwierig und schmerzhaft, aber das ist nur so lange so, solange wir uns gefühlsmäßig an das klammern, was nicht mehr förderlich für uns ist. Ein Teil der Aufgabe des spiri-

tuellen Schülers besteht darin, jeden Tag als eine neue Auferstehung zu sehen.

Die esoterische Tradition lehrt uns, daß wir auf der höchsten Stufe möglicherweise zwar immer noch weitere Leben
auf der Erde als Lehrer zubringen werden, dabei aber nie
mehr die Trennung des Bewußtseins zwischen inneren und
äußeren Ebenen des Lebens und zwischen Leben und Tod
spüren werden.

Die Aufgabe des Erzengels Raphael

Raphael ist der Wächter des Frühlings. Deshalb wird er
manchmal symbolhaft auch als Sonne oder wiederkehrende
Sonne dargestellt. Er ist der Engel des Glanzes, der Schönheit, der Heilung und des Lebens. Sein Name bedeutet wörtlich: »Gott hat geheilt.« Er lehrt die Kunst des Heilens und
deshalb ist sein Symbol auch oft der Äskulapstab. Er hilft
den Menschen, beim Heilungsprozeß eine Verbindung zwischen Herz und Verstand herzustellen.

Die ersten Informationen über Raphael gelangten ursprünglich über die chaldäische Tradition zu uns, aber auch
in den christlichen Schriften aus der Zeit nach der Bibelent-
stehung wird er als einer der drei großen Engel genannt. Im
alttestamentarischen Buch Tobit wird er als Gefährte und
Führer von Tobias, dem Sohn Tobits erwähnt. Am Ende ihrer
gemeinsamen Reise enthüllt er ihm , daß er einer der »sieben
heiligen Engel« ist, die dem Thron Gottes dienen.

Im Sohar ist davon die Rede, daß Raphael den Auftrag er-
hielt, die Erde zu heilen, und durch ihn die Erde zu einem
sicheren Wohnort für den Menschen wurde, den er ebenfalls
von Krankheiten heilt. Raphael ist auch der Engel der Wissenschaft und des Wissens, und er war der Lehrer von Isaak.
Einer Legende zufolge betete Salomon zu Gott, er möge ihm
beim Bau des Tempels helfen. Gott erhörte ihn und schenkte
ihm einen Zauberring, der der jüdischen Familie persönlich

von Raphael überbracht wurde. Der Ring, in den der fünfzackige Stern eingraviert war, besaß die Kraft, sich alle Dämonen untertan zu machen. Und durch die »Sklavenarbeit« dieser Dämonen gelang es Salomon schließlich, den Tempel fertigzustellen.

Im Fischezeitalter ist Raphael der Wächter und Hüter des heiligsten Symbols der christlichen Mysterien – des Heiligen Grals. Er wirkt darauf hin, die Suche nach dem Gral anzuregen, die Suche nach unserem wahren spirituellen Kern und nach der besten Form, ihn in diesem Leben auszudrücken.

Er verleiht den Menschen Mut und Anmut. Und zusammen mit einer Gruppe von Lichtwesen, den sog. Malachim, ist er der wichtigste Wunderwirker und -überbringer. Durch diese Wunder wird unser Leben bereichert. Seinem Einfluß und der Gruppe der Malachim ist es zu verdanken, daß unser ganz persönlicher Schutzengel zu uns kommt, und uns auf unserem Weg zu einem bewußteren Umgang mit unserer Evolution lehrt und führt.

Das Ritual der Frühlingstagundnachtgleiche

Das Ritual besteht aus einer Meditation, die dynamische Auswirkungen auf unser Leben hat, wenn sie zum oder um den Zeitpunkt der Frühlingstagundnachtgleiche durchgeführt wird. Es werden dabei Energien in unser Leben freigesetzt, die uns Gelegenheiten zur Veränderung und Bewegung bieten. Dadurch werden Entscheidungen und Wahlmöglichkeiten angeregt, die uns beim Wachsen helfen. Die Gelegenheiten werden sich bieten; ob du sie beim Schopfe packst oder nicht, bleibt deinem freien Willen überlassen.

Diese Meditation wird dich für ein Wechselspiel der Energien öffnen, die es dir ermöglichen, alles, was du über den Winter in deinem Innern genährt und entwickelt hast, jetzt allmählich im äußeren Leben zum Ausdruck zu bringen. Diese Meditation eröffnet neue Einsichten und stärkt die

Intuition. Sie kann darüber hinaus eine Prüfung deiner inneren Ziele und Wünsche von dir fordern. Sind sie wirklich das, was du in deinem Leben hervorbringen willst, oder befaßt du dich nur oberflächlich damit, weil es dir gerade Spaß macht? Die Energie des Frühlings, die durch diese Meditation aktiviert wird, wird dich mit dieser Frage konfrontieren. Das wichtigste ist, deinem Herz zu folgen. Tu genau das, von dem du tief in deinem Herzen spürst, daß es das Richtige ist – das, was du den ganzen Winter über in dir genährt hast.

Diese Frühlingsmeditation wird dir Kontakt mit neuen Menschen und neue Gelegenheiten eröffnen, damit du dich in allen Lebensbereichen weiter ausdehnen kannst. Du wirst dabei nur durch deine eigenen Haltungen und Sichtweisen eingeschränkt. Diese Meditation setzt die Energie der Einweihung frei – die Einweihung in neue Tätigkeiten, neue Menschen, neue Lerninhalte und neues spirituelles Wachstum und Entfaltung. Sie aktiviert in dir eine neue Wahrnehmung und neue Ausdrucksmöglichkeiten deiner inneren Kräfte, von denen du die ganze Zeit wußtest, daß sie in dir stecken. Das einzige, was du dazu brauchst, ist Glauben und den Mut, es durchzuziehen. Es heißt, uns würde nie eine Hoffnung, ein Wunsch oder ein Traum geschenkt, ohne daß uns gleichzeitig die Möglichkeit gegeben würde, ihn zu verwirklichen. Das einzige, was diese Möglichkeit zerschlagen kann, sind Kompromisse. Jetzt ist keine Zeit, Kompromisse zu schließen, sondern viel eher eine Zeit, um weiterzumachen mit dem, was wir bereits begonnen haben!

Vorbereitungen
Sorge dafür, daß du ungestört bleibst.

Am wirksamsten ist diese Meditation an den drei Tagen vor und direkt am Tag der Frühlingstagundnachtgleiche.

Wiederhole diese Meditation am Karfreitag, Ostersamstag und besonders bei Sonnenaufgang am Ostersonntag. (Wenn du das Bedürfnis hast, kannst du sie auch zu anderen Zeit-

punkten während der heiligen Zeit zwischen der Frühlingstagundnachtgleiche und Ostern wiederholen.) Im Frühling
mit frischen Blumen zu meditieren erhöht den Effekt der
Meditation.

Achte im Frühling aufmerksam auf die Ereignisse in deinem Leben – wie sie sich Tag um Tag und Woche um Woche
abspielen. Das wird dir helfen, die jahreszeitliche Kraft des
Frühlings zu verstehen, insbesondere in welcher Form er
seine Energie in deinen ganz persönlichen Lebensumständen zum Ausdruck bringt.

Meditation

Während du dich allmählich entspannst, beginnt dein Bewußtsein von der Umgebung, in der du dich gerade befin-
dest, langsam zu verschwimmen. Dunkelheit hüllt dich ein,
und du fühlst dich auf seltsame Weise geborgen. Während
du noch in die Dunkelheit starrst, beginnt sie sich zu lichten.
Du befindst dich auf einem schmalen Hügel, von dem man
auf einen ruhig dahinfließenden Fluß heruntersieht. Sein
Wasser ist schwarz und tief. Der Himmel über dir ist be-
deckt mit dunklen, grauen Wolkenwirbeln. Die Bäume und
Büsche sind kahl und grau. Am anderen Flußufer steht ein
alter Tempel – eine Ruine. Es ist Abenddämmerung, und die
Sonne geht hinter dir unter und nimmt das letzte Tageslicht
mit sich.

Du befindst dich auf einem Pfad, der zu dem dunklen
Fluß hinunterführt. Er ist rechts und links von Menschen ge-
säumt, die in Trauerbemalung und Trauerkleidung sind. Du
gehst schweigend zwischen ihnen hindurch, aber weißt
nicht so recht, wie oder ob du überhaupt auf ihre Traurigkeit
reagieren sollst.

Am Flußufer liegt ein kleines Boot. Darauf ist ein in
schwarze Tücher gehüllter Altar errichet, der dich eher an
einen offenen Sarkophag erinnert. Der Gedanke gefällt dir
nicht gerade besonders. Neben dem Bootssteg steht eine
große schwarzgekleidete Gestalt. Auf ihrer Brust ist das

Symbol eines goldenen Kelchs in einem blauen Kreis ab-
gebildet. Auf dem Boot selbst stehen drei schweigende, un-
bewegliche Kapuzengestalten neben dem offenen Sarkophag. Du steigst jetzt zu ihnen ins Boot und versuchst aus
ihren Gesichtern irgend etwas abzulesen, was Aufschluß
über die kommenden Ereignisse geben könnte. Schweigend
helfen sie dir, dich auf dem Alter hinzulegen. Daraufhin
wirst du bis zum Kinn mit einem schwarzen Seidentuch zu-
gedeckt. Auf das Seidentuch ist ein riesiger Phönix gestickt,
der sich aus dem Feuer und der Asche erhebt.

Das Boot wird vom Ufer abgestoßen, und auf ein Zu-
nicken des Bootsführers mit dem Kelchemblem zieht einer
der drei Kapuzengestalten unter seinem Umhang eine weiße
Rose und ein anderer ein großes Schwert hervor. Mit diesem
Schwert berührt er die Rose, die daraufhin feuerrot wird.
Das Schwert läßt er neben dem Boot ins Wasser gleiten. Das
Wasser fängt an zu brennen, und der ganze Fluß steht in
Flammen. Die Flammen umgeben das Boot – Wasser und
Feuer zusammen, und keines löscht das andere aus. Wenn
deine Geistführer sicher sind, daß du dir des Feuers um dich
herum voll bewußt bist, wird dir das schwarze Tuch über
den Kopf gezogen.

Und wieder ist da die Dunkelheit. Und du bist allein. Du
kannst nichts hören und nichts sehen. Du weißt, daß das
Feuer im Wasser brennt, aber du weißt nicht, wie das Boot
dadurch in Mitleidenschaft gezogen wird. Wird es das Boot
verbrennen? Wird es dich verbrennen? Du zwingst dich, tief
durchzuatmen und dich zu entspannen. Irgendwo im Hin-
terkopf weißt du, daß du jederzeit aufhören kannst, wenn
du willst, aber du weißt auch, daß die Reise irgendwann auf
jeden Fall gemacht werden muß. Wie immer liegt die Wahl
bei dir.

In deinem Geist hörst du die Worte: »Dein Wille geschehe«, und dann ist die Entscheidung gefallen. Alles ist
ganz still. Du bist deinen eigenen Gedanken überlassen – auf
dem heiligen Grund deines eigenen Lebens. Vor deinem gei-

stigen Auge beginnen sich die wichtigsten Ereignisse deines Lebens abzuspulen. Du läßt die Menschen und alles, was du in deinem Leben erlebt hast, an dir vorüberziehen. All die Veränderungen, die du durchgemacht hast, beginnen sich vor deinem geistigen Auge abzuzeichnen und zeigen dir, wie du zu der Person geworden sind, die du heute bist. Du erinnerst dich an all jene, denen du weh getan hast und an jene, die dir weh getan haben. Du siehst und fühlst die Liebe, die du gegeben hast, und die Liebe, die du verloren hast. Du siehst, wie dein Leben auf mannigfaltige Weise mit dem Leben anderer verwoben ist, von denen jeder etwas zu der Essenz der schöpferischen Kraft beigetragen hat, die du heute bist.

Du erinnerst dich an all die unvollendeten Aufgaben und an alles, was du immer noch einmal tun wolltest. Du siehst all die Illusionen, denen du dich in deinem Leben hingegeben hast, und all den Segen, den du empfangen hast. Du erinnerst dich an all die Fähigkeiten, die du in der Vergangenheit an den Tag gelegt hast und die du wieder neu zum Leben erwecken kannst. Du siehst die Träume, Hoffnungen und Wünsche vor dir, die du dir noch erfüllen mußt, und in dir wächst das Bewußtsein, daß es dafür nie zu spät ist! Gelegenheit dazu gibt es immer!

Mit einem leichten Aufprall strandet das Boot an einem Ufer. Du wirst dadurch aus deinen Träumereien gerissen. Du krümmst deinen Rücken und spürst, wie steif du durch das Liegen geworden bist. Du merkst, daß du ziemlich lange so dagelegen haben mußt. Langsam ziehst du dir das schwarze Tuch vom Kopf. Das Wasser des Flusses steht nicht mehr in Flammen. Es ist kurz vor Sonnenaufgang, und deine Geistführer sind verschwunden.

Du siehst, daß du auf der anderen Seite des Flusses angelangt bist. Wenn du den vor dir aufragenden Hügel hochschaust, kannst du die Umrisse des alten Tempels erkennen. Du stehst vom Altar auf und springst vom Boot an Land.

Du kletterst den Hang zu dem Tempel in der Ferne hinauf. Als du die Kuppe erreichst, siehst du den Tempel in
leuchtender Pracht vor dir stehen. Er ist keine Ruine mehr.
Die beiden Bäume, die rechts und links vom Eingang stehen,
sind üppig und grün. Du siehst dich um. Die ganze Erde um
dich herum grünt und blüht. Die Bäume und Büsche haben
ausgeschlagen.

Jetzt kriechen die ersten Sonnenstrahlen über den öst-
lichen Horizont. Im selben Moment öffnet sich das Tor des
Tempels weit und fordert dich zum Eintreten auf. Beim Altar
in der Mitte des Tempels stehen deine vier Geistführer, aber
sie sind jetzt nicht mehr schwarz gekleidet. Ihre Farbe ist die
der großen Lichtwesen, denn deine Führer sind die Erzengel
der Jahreszeiten – Michael mit dem flammenden Schwert,
Gabriel mit der weißen Rose, Uriel in strahlendem Weiß und
Raphael in der Mitte, der den großen Kelch des Lebens hoch
über sein Haupt hält.

Der Tempel ist erfüllt von der Musik der Harmonie und
des Lebens. Alle, die getrauert haben, sind jetzt in die leuchtenden Farben des Regenbogens gekleidet. Und während sie
ihr Lied erschallen lassen, geht die Sonne über dem Horizont auf. Ihr Licht erfüllt den Tempel und haucht allen neues
Feuer und Leben ein. Es berührt den Heiligen Gral und füllt
ihn, strahlt daraus auf die Erde hervor und spiegelt sich auf
ihr wieder.

Du schaust auf den Fluß hinunter und siehst, wie die
goldenen Sonnenstrahlen darauf tanzen und das Wasser in
einem neuen Feuer aus Licht, nicht aus Flammen, erstrahlen
lassen. Als du dich wieder dem Altar zuwendest, dreht sich
Raphael zu dir um und hält den goldenen Kelch in die
Höhe. Er erhebt seine Augen zum Himmel, und daraufhin
strömt Licht auf dich herab. Es wirbelt und tanzt in Spiralen
in und durch dich hindurch, und du bist erneuert. Du fühlst
dich wie neugeboren. Deine Aura strahlt in neuem Glanz,
und Du kannst sie in ihrer wirklichen Pracht sehen. Sie ist
erfüllt vom strahlenden Licht eines Kreuzes, das von dir wie

ein großer Stern am Himmel ausstrahlt, und alles in deinem Leben mit neuem Glanz erfüllen wird.

Du schließt die Augen in Dankbarkeit und stillem Gebet, und erhebst deine Gedanken und dein Herz durch den Gesang des inneren Tempels zu Gott. Wenn du die Augen öffnest, verschwindet um dich herum langsam der Tempel, aber du spürst seinen prägenden Eindruck noch lange in dir nachwirken. Seine Energien werden zunehmen wie die aufgehende Sonne, und dein Leben wird erfüllt sein von den schöpferischen Feuern Christi.

ZEHNTES KAPITEL

Das Ritual
der Sommersonnenwende

Die schönsten Erfahrungen, die wir machen können, sind die mysteriösen. Sie sind der Ursprung für jegliche Kunst und Wissenschaft. Wer solchen Empfindungen fremd gegenübersteht, wer nicht länger innehalten kann, um zu staunen und voller Ehrfurcht stillzustehen, der ist so gut wie tot; seine Augen sind verschlossen ...   (zitiert nach *Albert Einstein*)

Die Sommersonnenwende ist der Höhepunkt des Seelenjahres. Zu dieser Zeit des Jahres erreichen die Kräfte der Natur ihre höchste Intensität, und die Christus-Energie berührt Körper, Geist und Seele aller Lebewesen. Jetzt findet die Große Hochzeit statt, die Vereinigung des Männlichen und Weiblichen, um das heilige Kind in uns zu gebären.

Jetzt ist der Zeitpunkt gekommen, um eine Beziehung zwischen unserem Willen und der Christus-Kraft überall auf der Erde und mit allen, die sich darauf eingestimmt haben, herzustellen. Es ist die beste Zeit, um uns für die spirituelle Ekstase zu öffnen. Kontakt mit den Engeln kann in dieser

Zeit sehr leicht und auf fast innige Weise hergestellt werden. Wir brauchen allerdings größere Konzentration dafür, weil nun in der äußeren Welt große Aktivität herrscht, die uns ablenken kann. Gleichzeitig ist es jedoch eine Zeit, in der die feinstofflicheren Seinsebenen sich mit der physischen Ebene in Einklang befinden, und dadurch wird ein besserer Zugang zur Welt der höheren Wesen geschaffen.

Die höchsten und geheimsten Lehren der Christus-Mysterien sind in der Bergpredigt zu finden, wie wir schon früher besprochen haben. Den esoterischen Überlieferungen zufolge wurde sie zu dieser Jahreszeit gehalten.

Dieser Jahresabschnitt wird in den christlichen Mysterien auch mit der sog. »Himmelfahrt« assoziiert. Damit ist in diesem Fall jedoch nicht die Himmelfahrt Christi gemeint, der sich von der Erde in den Himmel erhebt, sondern die Ausdehnung und Aktivierung der vollen ätherischen Christus-Energie, die alle Wesen der Erde befähigt, eine Brücke zu den spirituellen Bereichen zu schlagen. Die esoterische Bedeutung des »Auffahrens« ist der Impuls der Freiheit, der das gesamte Energiesystem des darauf eingestimmten und ausgerichteten Menschen erfüllt. Abhängigkeiten werden dadurch aufgelöst, und es findet eine Vereinigung auf höheren spirituellen Ebenen statt. Von der Zeit der Himmelfahrt an erfüllte die Christus-Energie die Erde und erstreckte sich bis in die spirituellen Bereiche hinein, wodurch diese für alle Zeiten für die Menschheit zugänglich gemacht wurden. So erklärt sich die Bedeutung des Ausspruchs: »Ich bin im Vater, und er in mir und ich in dir.«

Durch die zu dieser Zeit wirksamen magnetischen Anziehungskräfte werden die Ebenen des Physischen, des Ätherischen, Astralen, Geistigen und Spirituellen drei Tage vor und nach dem Tag der Sommersonnenwende zur Vereinigung gebracht. Auch der physische und die feinstofflicheren Körper der Menschen werden zu dieser Zeit aufeinander abgestimmt. Wer mit diesen Energien arbeitet, kann nun einen neuen und stabileren Zustand des inneren Einklangs erreichen. So kann er sich für noch mehr Wachstum öffnen, während das nächste Seelenjahr sich zu entfalten beginnt.

Die Sommersonnenwende kann bei allen, die den Rhythmus der Jahreszeiten und der Christus-Mysterien in sich spüren, eine Zeit anbrechen lassen, in der viel erreicht werden kann:

1. Wir können in hohem Maße spirituelle Inspiration erfahren, und das bewußte, ätherische Schauen der inneren Ebenen kann deutlich beschleunigt werden.
2. Wir werden von mehr Stärke erfüllt, um das niedere Selbst zu überwinden.
3. Uns eröffnen sich mehr Möglichkeiten, uns mit anderen zusammenzutun, die sich ebenfalls mit den christlichen Mysterien beschäftigen.
4. Für uns ergeben sich Gelegenheiten, Harmonie und Einheit in verschiedenen Bereichen unseres Lebens zu schaffen.
5. Dem einzelnen kann sich der Weg offenbaren, der im kommenden Jahr zu einer »Erhöhung« seiner eigenen Fähigkeiten führen kann.
6. Es gibt verstärkt Gelegenheiten, mit dem Reich der Natur und mit den Wesen zu arbeiten und zu kommunzieren, die über die Natur auf die Menschen einwirken. In der Mittsommernacht der Sonnenwende ist das Werk der Naturgeister für ein weiteres Jahr vollendet. In dieser Zeit kann das »Reich der Naturgeister« von all denen geschaut werden, die dazu bereit sind.
7. In dieser Zeit werden Energien freigesetzt, die Gelegenheiten schaffen, um Vertrauen, Stärke und Hoffnung zu erfahren.
8. Alle Elemente der Erde und des physischen Körpers können jetzt in Übereinstimmung gebracht werden.
9. Die »heiligen Tage« (die drei Tage vor der Sommersonnenwende und der Tag der Sommersonnenwende selbst) sind eine kraftvolle Zeit für Reinigung und innere Aus-

richtung. Wir können sie nutzen, um den ätherischen Körper von schlechten Gewohnheiten und Gedankenformen zu reinigen, damit wir die gleichen Fehler nicht immer wieder begehen.

10. Unsere Begabungen und intuitiven Energien können sich nun erweitern und vertiefen.

11. Wir bekommen die Möglichkeit, mehr Energie in unsere Chakren einfließen zu lassen und diese Energie gezielter einzusetzen.

12. Die Sommersonnenwende ist der ideale Zeitpunkt, um die Gedanken zu erneuern und sich für die höchsten Ebenen zu öffnen, indem wir das Stirn- und das Kronenchakra miteinander verschmelzen lassen und damit auch die männlichen und weiblichen Kräfte. Das kann schließlich dazu führen, daß wir selbst zu einem Kanal für das Licht werden.

Über den Sommer herrscht Uriel. Er wird oft als der größte der Erzengel angesehen (in Körpergröße) und hat Augen, die durch die Ewigkeit schauen können. Manchmal wird er auch der Sternensohn genannt. Hier gibt es Verbindungen zu der Bezeichnung, unter der die frühen Eingeweihten der Christus-Mysterien bekannt waren. Mit der Jahreszeit des Sommers bringt Uriel Schönheit und die Kraft der Vision. Wer sich in dieser Jahreszeit der Ausstrahlung dieses Engels öffnet, kann die Lebensströme fühlen, die nun die gesamte Erde durchdringen.

Die esoterische Astrologie des Sommers

Krebs ist auch das Zeichen der Mutter im Tierkreis. Das bedeutet, daß durch dieses Zeichen die neuen Wasser des Lebens hervorgebracht werden. Im Sternzeichen Krebs wird eine neue Polarität geboren und ausgedrückt. Die beiden geschwungenen Zeichen, die das astrologische Symbol für

Krebs darstellen, drücken die Vereinigung des Männlichen und des Weiblichen zu einer neuen Form aus.

Ostern und die Frühlingstagundnachtgleiche lehren uns die Lehre von Tod und Wiedergeburt. Das Kreuz, Hauptsymbol für den Frühling, weist auf das Zusammenwirken der männlichen und weiblichen Energien in uns allen hin. Wenn wir lernen, diese beiden Pole wieder neu auszurichten und ins Gleichgewicht zu bringen, werden sie zu parallelen Säulen. So wird ein Tor geschaffen, durch das wir in den Bereich der inneren Mysterien von Wiedergeburt und neuen Ausdrucksformen eintreten können. Das Sternzeichen Zwillinge, mit dem der Frühling endet, wird durch zwei Säulen versinnbildlicht, die parallel zueinander stehen, nicht direkt nebeneinander. Wenn die Energien einmal ins Gleichgewicht gebracht worden sind, kann der Prozeß der Verschmelzung beginnen, der im darauffolgenden Tierkreiszeichen Krebs ausgedrückt wird.

Wenn die Sonne in das Sternzeichen Krebs eintritt, wird der Ausdruck des Weiblich-Göttlichen auf neue Art und in verschiedenen Intensitätsstufen gefördert. Das kann sich auf die Menschen, je nach ihrer bereits entwickelten Empfänglichkeit, verschieden auswirken. Die Unterschiede in der Intensität werden durch die drei Planeten verdeutlicht, die mit dem Sternzeichen Krebs in der esoterischen Astrologie in Zusammenhang gebracht werden. Diese drei Planeten beeinflussen uns alle auf einzigartige Weise, in dem sie den Anstoß zu neuen Prozessen der Energiemanifestation in unserem Leben geben. Gemeint sind hier die Prozesse von Erschaffung und Erneuerung. Außerdem werden durch die drei Planeten auch drei Ebenen angesprochen, durch die die Sommersonnenwende Einfluß auf unser Leben nehmen kann. Doch auch dies hängt wiederum davon ab, wie vollständig wir uns auf die veränderten Energien dieser Jahreszeit einstimmen können. Diese drei Ebenen können sich auf der körperlichen, seelischen oder spirituellen Ebene abspielen.

Der Mond, Herrscher des Sternzeichens Krebs, übt in dieser Jahreszeit einen körperlich spürbaren Einfluß auf uns alle aus. Die meisten Menschen reagieren auf die eine oder andere Weise auf diesen Mondeinfluß, z. B., indem sie neue körperliche Tätigkeiten aufnehmen. Der Mond ist ein Symbol für die physische Energie der Erschaffung.

Auch der Planet Jupiter und sein Einfluß auf uns wird verstärkt betont, wenn die Sonne in das Sternzeichen Krebs eintritt. Wie Jupiter spezifisch auf jeden Menschen einwirkt, kann aufgrund seiner Position im Geburtshoroskop festgestellt werden. Während dieser Jahreszeit können wir seinen Einfluß hingegen auf einer feineren Ebene spüren. Jeder, der schöpferisch oder künstlerisch tätig werden möchte oder es bereits ist, kann größere Inspiration erfahren, wenn er sich auf diese besonderen Energien einstimmt. Das ist der wichtigste Einfluß Jupiters beim Eintritt der Sonne in den Krebs. Jupiter hat Verbindungen zu dem Teil des Bewußtseins unserer Seele, der uns dabei hilft, zwischen der physischen und der spirituellen Ebene eine Brücke zu schlagen. Dadurch werden die Energien des Ätherkörpers verstärkt, und der einzelne erfährt eine Öffnung für weitreichendere Visionen und stärkere Inspiration. Je besser wir uns auf diese Schwingungen einstellen können, desto stärker werden wir die Auswirkungen spüren.

Der esoterische Herrscher über das Sternzeichen Krebs ist Neptun. Neptun ist der Planet der Initiation. Wir können uns also beim Eintritt der Sonne in dieses Zeichen auf die Ausstrahlung Neptuns und die Energien der Initiation einschwingen und sie anrufen. Alle Menschen können den Einfluß Neptuns spüren, obwohl wir uns dessen meistens nicht bewußt sind. Neptun ist der Planet der Erneuerung, und wer in der Lage ist, neu geboren zu werden, wird den Drang zur Initiation spüren können. Neptun steht in einem engen Verhältnis zum Meer, und viele Unterweisungen Christi fanden am See Genezareth statt. Der Fisch, Symbol Neptuns, war ebenfalls ein Sinnbild der Christus-Mysterien. Der Einfluß dieser drei Planeten und der Engelgruppen, die durch sie wirken, wurde in heute noch zugänglichen weltlichen und religiösen Schriften beschrieben. Auch in der Bibel wurden diese verborgenen Einflüsse erwähnt:

»Wenn jemand nicht aus Wasser (Mond im Krebs) und Geist (der Einfluß Jupiters auf die Menschheit durch das Sternzeichen Krebs) geboren wird, kann er nicht in das Reich Gottes (der Einfluß Neptuns auf die Menschheit durch das Zeichen Krebs) kommen« (Johannes 3, 5).

Die Erzengel, die zu diesen drei Planeten gehören, bewirken ebenfalls innere Einsichten. Gabriel ist der Erzengel des Mondes. Außerdem ist er der Herrscher über das Sternzeichen, das Krebs gegenüberliegt: Steinbock. Uriel ist der Herrscher über die Sommerzeit, aber es ist bekannt, daß er sich auch der Ausstrahlung von Jupiter bedient, um die Seelenqualität der Inspiration bei den Menschen zu fördern. Christus wird meistens mit Neptun, dem esoterischen Herrscher über das Sternzeichen Krebs, in Verbindung gebracht. Christus nutzt die Ausstrahlung Neptuns, um dem Weiblichen im Menschen zu größerem und reinerem Ausdruck zu verhelfen.

Krebs ist auch das Zeichen der Madonna, der Frau mit dem Mond unter den Füßen und einer Krone aus zwölf Sternen. Darüber hinaus ist Krebs auch das Zeichen des Gleichnisses vom verlorenen Sohn, von der Heimkehr, um neu geboren zu werden und den weiblichen Gottesaspekt auf neue Art und Weise zum Ausdruck zu bringen. Krebs ist das Zeichen der Geburt und das wichtigste weibliche Zeichen des Tierkreises.

Die Cherubim sind die Engel, die diesem Zeichen zugeordnet sind. Sie werden als Hüter der heiligen Orte auf Erden und der heiligen Wasser des Lebens angesehen. Diese heiligen Stätten nennt man »das Allerheiligste«, »die Bundeslade«, »den Heiligen Gral« usw. Außerdem hüten die Cherubim die heiligen Geheimnisse der sexuellen Kraft. Wir müssen lernen, diese heiligen Orte in uns selbst und in allen unseren äußerlichen Aktivitäten zu errichten, indem wir »reinen Herzens« werden. Diese Aufgabe fällt uns in dieser Jahreszeit am leichtesten. (Die Bergpredigt wurde gehalten, um die Menschen zu lehren, wie man rein wird, damit größere Inspiration in unser Leben einfließen kann.)

Während die Sonne weiter durch den Sommer wandert, ist es die Aufgabe aller Schüler der Christus-Mysterien, ihr inneres Gleichgewicht der Polaritäten aufrechtzuerhalten. Das können wir durch Eigenverantwortung und Sieg über uns selbst erreichen. Das ist die Jahreszeit, in der wir durch die höheren Wesen, deren Einfluß in unserem Leben nun spürbar wird, dazu befähigt werden, uns auf das Ritual der Großen Hochzeit im inneren Tempel der Seele vorzubereiten.

Die Aufgabe von Uriel

Uriel ist der Herrscher über den Sommer. Er wirkt darauf hin, die Christus-Energien auf der Erde zu verbreiten, und wird auch als Engel der Schönheit und der Vision bezeichnet. Uriel ist der größte der Engel und hat so klare Augen, daß er durch die Ewigkeit hindurchschauen kann. Der Name Uriel bedeutet »Gott ist Licht«.

Je nach Überlieferung verbindet man unterschiedliche Farben mit diesem hohen Wesen. Wenn man durch die Geister und Wesen der Natur mit ihm Kontakt aufnimmt, benutzt man traditionell Gelb und Schwarz. Von der höchsten Schwingung her gesehen sind die Farben von Uriels Ausstrahlung eine Kombination aus Kristallweiß und Ätherblau, und darin enthalten sind die silbrigen Sterne der Madonna. Während der Sommermonate hüllen diese Farben die Erde ein, besonders zur Zeit der Sommersonnenwende.

Durch den Kontakt mit Uriel eröffnet sich uns das Reich der Naturgeister, und wir können sie sehen. Das beginnt gewöhnlich damit, daß wir zunächst schimmernde Lichter und dann schwach umrissene Formen sehen. Dann wird langsam der Blick auf die Engel freigegeben. Durch die Arbeit mit Uriel können wir lernen, in die Ätherwelt hineinzusehen, und zwar bei vollem Bewußtsein.

Es gibt eine Überlieferung, die Uriel als den Lehrer des Propheten Esras bezeichnet. Uriel weckte in ihm die Gabe des spirituellen Sehens, und dadurch konnte er Christus von Angesicht zu Angesicht schauen und Weissagungen aussprechen.

Wie Michael wird auch Uriel oft mit dem flammenden Schwert in Verbindung gebracht. Wenn man Uriel anrief, konnte man dieses Flammenschwert zum Erscheinen bringen. Es ist das Schwert der Unterscheidung und des Verständnisses der spirituellen Gesetze. In den alten Schriften und Legenden vom Gral war dieses Schwert gleichbedeutend mit der Lanze oder dem Speer, mit dem Christi Blut am Kreuz vergossen wurde. Wer sich entschlossen hat, in seinem Leben den Einweihungspfad zu gehen, kann während der Sommermonate mit Uriel arbeiten und dadurch die spirituelle Kraft verstehen lernen, die durch das Schwert ausgedrückt wird. Das Schwert ist auch ein Symbol für die göttliche Kraft, die der ganzen Schöpfung Leben einhaucht. Darüber hinaus verkörpert es die Macht, die das Ego während seiner verschiedenen Inkarnationen erworben hat. Wenn es durch Arbeit und Einstimmung auf die jahreszeitlichen Zyklen der Christus-Energie erweckt wird, kann es zum Heilen und Segnen benutzt werden, aber nur so lange, wie der Wille besteht, niemandem damit eine Wunde zuzufügen, selbst wenn das bedeutet, daß man selbst verwundet wird. Was wir verletzen, müssen wir heilen, und was wir töten, müssen wir wieder zum Leben erwecken.

Uriel war einst als »das Feuer Gottes« bekannt, und in manchen alten Schriften wird diesem Wesen der alchemistische Umwandlungsprozeß zugeschrieben. Jeder, der sich mit der Natur, den Naturgeistern und den alchemistischen Prozessen des Lebens beschäftigt, sollte unbedingt über Uriel meditieren und dieses hohe Wesen um Hilfe anrufen.

Uriel herrscht über die Sommerzeit, in der die Kräfte der Natur ihren Höhepunkt erreichen und dann beginnen, wieder abzunehmen, damit ein neuer Kreislauf anfangen kann. Das ist der alchemistische Umwandlungsprozeß: Geburt, Tod und Wiedergeburt. Durch Uriels Hilfe werden wir in die Lage versetzt, das Wirken dieser Gesetze in unserem eigenen Leben zu erkennen, damit wir uns tatsächlich in der Form verwandeln können, die für uns am besten ist.

Das Ritual der Sommersonnenwende

Diese kraftvolle Meditation besitzt großes Potential, um in unserem Leben ein Ernten der Früchte unserer Bemühungen in Gang zu setzen, das auf vielen Ebenen neues Leben hervorbringt. Es wird dabei eine Energie erzeugt, die uns zum Nachforschen anregt, wie wir entstanden sind. Möglicherweise ist es auch eine Prüfung unserer Fähigkeit, den Willen Gottes an die erste Stelle in unserem Leben zu setzen. Während der Sommermonate wird sich mehr und mehr ein Verständnis dafür einstellen, daß es tatsächlich einen Grund dafür geben muß, daß wir existieren und wo wir stehen, auch wenn wir keine Einzelheiten wissen.

Dieses Ritual ist eine Übung, die unsere intuitiven Fähigkeiten stärkt. In den nächsten Monaten wird dir klar werden, welche Wirkung du auf andere Menschen hast. Oft wird dir gesagt werden, daß etwas an dir »anders« ist, obwohl sie nicht genau sagen können, was es ist. Das hat mit der neuen Energie zu tun, die jetzt in deiner Aura entsteht.

Idealismus, Hingabe und einer höheren Berufung zu folgen sind Qualitäten, die in deinem Leben eine immer größere Rolle spielen. Es kann sein, daß du in deinem Leben mit der Scheinheiligkeit anderer Leute konfrontiert oder selbst daraufhin geprüft wirst. Bei deinen alltäglichen Aktivitäten wird etwas Druck von dir genommen werden.

Intuition, Inspiration, Fruchtbarkeit, Mitgefühl und er-
weiterte Vision werden im Laufe des Sommers erwachen
und wachsen. Du wirst dich mit anderen stärker verbunden
fühlen, und es ist nicht ungewöhnlich, daß Menschen aus
deiner Vergangenheit wieder in dein Leben treten, um dir zu
zeigen, wie sehr du dich verändert hast.

Deine Träume werden klarer und intensiver. Oft tauchen
in den Träumen Informationen über vergangene Leben auf,
die für deinen weiteren Weg bedeutsam sein können. In deinen Träumen werden dir immer häufiger kleine Einblicke in
das gewährt, was das Höhere dir bringen kann.

Vorbereitungen
Sorge dafür, daß du nicht gestört wirst.

Führe diese Meditation drei Tage vor und in der Nacht
der Sommersonnenwende durch. Sie kann während des
Sommers regelmäßig wiederholt werden.

Halte Kuchen und Bier, Wein und Brot oder eine andere
Kombination der Eucharistie-Gaben bereit als Anteil der
physischen Welt an der Zeremonie und als Erdung der
spirituellen Energien, die du in dieser Meditation anrufst.

Das ist eine kraftvolle Übung für Gruppen oder auch
für die Meditation zu zweit mit einem Partner des anderen
Geschlechts (suche dir jemanden aus, zu dem du eine gute
Beziehung hast).

Sei dir der Feierlichkeit der Zeremonie bewußt. Du
nimmst an einer Feier für neues Leben teil – für eine Wiedergeburt.

Wenn du das Ritual im Freien durchführst, ist es noch
wirkungsvoller, denn die Sommersonnenwende ist der all-
jährliche Höhepunkt im Zyklus der Naturkräfte. Fast jedes
Jahr ist um diese Zeit Voll- oder Neumond. Richte es so
ein, daß du dieses Ritual dann abhalten kannst, um optimale
Ergebnisse zu erhalten.

Meditation

Entspanne dich, und atme die frische Luft der Sommernacht tief ein. Während du innerlich losläßt, fallen deine Augen langsam zu. Spüre, wie der Sommer dich warm umarmt, dich beruhigt und dich nährt. Stell dir vor, wie du in den sommerlichen Nachthimmel emporgehoben und sanft auf den Gipfel eines hohen Berges getragen wirst, der dir inzwischen bekannt vorkommt. Du läßt dich vorsichtig vor dem schönen Tempel dort absetzen und hast ein Gefühl, als würdest du heimkommen. Es ist wie eine Familienfeier oder eine Hochzeit, zu der alle wieder zusammenkommen.

Während du vor dem Eingang zum Tempel stehst, fällt dir auf, daß die Bäume zu beiden Seiten noch dichtes grünes Laub tragen. Im letzten Jahr sind sie deutlich gewachsen, und du kannst sehen, an welchen Stellen die Äste vielleicht später zurückgeschnitten werden müssen. Diese Gedanken schießen dir nur kurz durch den Kopf und vergehen gleich wieder, wenn du zu dem tiefblau und purpur leuchtenden Nachthimmel aufsiehst.

Nur ein Sternbild ist zu sehen, und einer der Sterne darin leuchtet besonders hell. Obwohl du diese Konstellation nicht kennst, weißt du innerlich, daß es sich bei dem hell leuchtenden Stern um Sirius handeln muß. Bei den Ägyptern war er ein Symbol für die Vereinigung von Isis und Osiris.

Das Tor zum inneren Tempel öffnet sich, und du richtest deine Aufmerksamkeit wieder auf das, was direkt vor dir passiert. Beim Durchschreiten des Tors fällt dir auf, daß der Tempel jetzt größer scheint als beim letzten Mal. Voll Erstaunen bemerkst du, daß du ein weißes Gewand trägst, dessen Saum über und über mit grünen Efeu- und Weinblättern bestickt ist. Es wird an der Taille von einer silbernen Kordel zusammengehalten, auf deren Schnalle das Symbol für das Sternzeichen Krebs eingraviert ist.

Ein wunderbares Wesen aus Feuer und Licht tritt dir entgegen. Seine Augen ruhen liebevoll auf dir, und es nennt dich beim Namen. Voller Ehrfurcht erkennst du Uriel. Der

Engel tritt hinter dich und legt einen Umhang aus tiefblauer Seide um deine Schultern.

Du gehst weiter in den Tempel hinein und schaust dich um. In der Decke ist ein Fenster in Form eines Kreuzes mit gleich langen Balken eingelassen, das die Öffnung des Tempels zum Himmel hin bildet. Aus der Ferne kannst du den hellen Stern von vorhin hereinscheinen sehen. Das Licht wirft einen Schatten in Form des Kreuzes auf den Fußboden des Tempels.

Im Tempel sitzen lange Reihen von Männern und Frauen aller Altersstufen und Rassen. Es sind die Meister der alten Weisheiten. Dahinter sitzen all diejenigen, die sich wie du auf dem Weg der Selbsterkenntnis befinden. Uriel tritt vor und weist dir mit einer einzigen Handbewegung deinen Platz an.

Nachdem du dich hingesetzt hast, richtest du deine Aufmerksamkeit auf den Altar in der Mitte des Tempels. Davor steht der Hohepriester. Er ist in eine einfache blaue Robe gekleidet, und sein Haar ist von silbernen Strähnen durchzogen. Du hörst, wie er leise deinen Namen sagt und seinen Blick auf dich richtet – er begrüßt dich, so, wie er es mit all den anderen bereits getan hat. Seine Augen halten deinen Blick fest. Sie sind älter als die Zeit und erfüllt von einer Mischung aus Stolz, Schmerz, Liebe und Verzweiflung. Es ist Melchisedek, der Prinz des Friedens.

Er wendet sich wieder dem Altar zu, ergreift den goldenen Kelch und hält ihn hoch über den Kopf. Er singt ein Wort in einer dir unbekannten Sprache, das jedoch dein Herz anrührt. In allen vier Himmelsrichtungen erscheinen große Lichtsäulen. Im Osten erhebt sich eine Säule aus Blau und Gold, die sich in die Gestalt des Erzengels Raphael verwandelt. Im Westen ragt eine smaragdgrün schimmernde Säule empor, die zur Gestalt des Erzengels Gabriel wird. Im Süden erhebt sich eine Säule aus leuchtend rotem Feuer und verwandelt sich in den Erzengel Michael. Und im Norden wächst eine Säule aus glitzerndem und schimmerndem kristallweißen Licht in den Himmel, aus der schließlich der Erzengel Uriel hervortritt.

Ein Ton beginnt sich im Tempel auszubreiten. Licht strömt von dem Stern über den Köpfen der Anwesenden ein und segnet den Kelch. Ein Windstoß fährt durch den Tempel, und du hast dich nie zuvor lebendiger gefühlt als in diesem Augenblick. Du wußtest nicht, daß der Himmel einen Klang besitzt, doch jetzt bist du von diesem Lied völlig erfüllt. Auch der Tempel ist erfüllt von diesem mächtigen Klang, und du gibst dich ihm ganz hin, wirst in ihn hineingezogen und von ihm mit neuer Lebenskraft erfüllt.

Und dann ist Stille. Während du dir der Tempelzeremonie wieder bewußt wirst, siehst du dich in deiner Ätherform vor dem Hohepriester stehen. Dann tritt deine andere Hälfte aus dir heraus. In jedem Mann gibt es eine weibliche und in jeder Frau eine männliche Gestalt. Sie existieren in jedem von uns.

Uriel tritt vor, und Melchisedek tritt zur Seite. Du schaust zu, wie Uriel die Hand deines weiblichen Selbst nimmt und sie in die Hand deines männlichen Selbst legt. Uriel nimmt die beiden Hände in die seinen und haucht darauf, wodurch sie für alle Ewigkeit miteinander vereint werden. Die beiden Gestalten scheinen miteinander zu verschmelzen – vermischen sich, verändern die Gestalt und wirbeln durcheinander –, bis dort schließlich eine einzige Gestalt steht, die die Wesen der beiden Geschlechter vereint. In dem Licht, das sie umgibt, erkennst du schwach das Symbol des Sternzeichens Krebs. Ein Schauder durchläuft dich, und du kannst die verschmolzene Essenz der beiden noch einmal in dir spüren.

Melchisedek tritt vor und gießt Wein in den goldenen Kelch. Für alle Anwesenden bricht er das Brot über dem Altar. Es wird herumgereicht, und während du es schmeckst, wirst du von der Gewißheit erfüllt, daß es dir niemals mehr an liebevoller Führung mangeln wird. Und während der Wein gesegnet und herumgereicht wird, füllt sein Geschmack deinen Geist mit dem Gedanken, daß es in der Liebe keine Glaubensunterschiede gibt!

Dies ist ein Teil der heiligen Mysterien, die du bis jetzt nur wie durch einen Schleier gesehen hast. Du spürst eine sanfte Berührung an deiner Schulter. Es ist Zeit zu gehen. Für den Rest der Mysterien bist du noch nicht bereit. Uriel führt dich zum Ausgang, und du siehst erneut die beiden Bäume, die ihn einrahmen und wie zwei Säulen in den Himmel ragen. Du bist von einem Gefühl tiefen Friedens erfüllt.

Uriel tritt vor, umarmt dich und küßt dich sanft auf den Kopf. Der Kuß löst in dir ein Gefühl höchster Freude aus. Sachte machst du eine Geste aus deinem Herzen und deinem Geist heraus und wagst es, dieses wunderbare Wesen zu berühren, denn du spürst eine neue Kraft in dir. Einen Moment lang ist das Gefühl fast zu intensiv und kaum auszuhalten, aber für ein paar Sekunden bist du eins mit diesem großen Lichtwesen, und du weißt, daß dein Leben von nun an nicht mehr dasselbe sein wird. Das Tor zum inneren Tempel schließt sich jetzt, aber du weißt, daß du nicht ausgeschlossen bist. Das Erlebte wird für immer ein Teil aller Bereiche deines Lebens sein, wenn es dir gelingt, es in deinem Leben zu verwirklichen.

NACHWORT

Die Wahl des modernen
christlichen Gnostikers

Ich liebe alle, die mich lieben; und wer mich suchet, wird
mich finden.   *Buch der Psalmen*

Im Mittelalter kam es nicht selten vor, daß die christlichen
Gnostiker als Ketzer bezeichnet, gefangengenommen oder
sogar umgebracht wurden. Keine abweichende Auslegung
des theologischen Christentums war von der Kirche aus,
aber auch nach Meinung des gemeinen Volkes erlaubt. Die
Menschheit hat seit jener Zeit große Veränderungen durchgemacht, und obwohl es auch heute noch Menschen gibt, die
an der wörtlichen Auslegung der Schriften festhalten, empfinden viele ihr Wissen über den göttlichen Einfluß in der
Welt als zu beschränkt.
    Jesus Christus lehrte, daß es für die Entfaltung und Mani-
festation der göttlichen Energie in unserem Leben wichtig
ist, daß wir Eigenverantwortung entwickeln und selbst die
Dinge in die Hand nehmen. Auch blinder Glaube ist biswei-

len angebracht, aber nur, wenn er sich aus einer wahren Kraft heraus entwickelt hat und nicht nur ein überkommener Begriff ist, der den einzelnen an einen Glauben bindet, der bestenfalls unvoreingenommen ist. Es ist die Rolle der modernen christlichen Gnostik, uns die Bedeutung der persönlichen Erfahrung und des Wissens um den göttlichen Einfluß in unserem Leben zu erschließen.

Den Menschen stehen viele Wahlmöglichkeiten offen. Wie und wofür wir uns entscheiden, ist ausschlaggebend für unser Wachstum und das Umfeld und die Erfahrungen, die uns erwarten. Das alles ist Teil unseres »freien Willens«, und wenn wir das nicht wahrhaben wollen, heißt das, daß wir die göttlichen Energien in der Welt leugnen. Jeder muß, je nach seinen Bedürfnissen, seine eigene Wahl treffen. So lernen wir. So wachsen wir. Und so schreiten wir auf der Entwicklungsspirale voran.

Das Christentum war ursprünglich als Mysterienschule gedacht. Der alten Tradition zufolge umfaßte der Einweihungsprozeß sieben Stufen. In christlichen Begriffen ausgedrückt waren dies:

1. *Die Geburt* – Erweckung des Herzchakras, Kontrolle des Ego und des physischen Körpers.
2. *Die Taufe* – Erweckung und Entfaltung des Halschakras, Entwicklung des schöpferischen Willens und Kontrolle über den Astralkörper.
3. *Die Verklärung* – Der ganze Körper mit all seinen Energiezentren wird erweckt und mit neuem Licht durchflutet; die Kopfchakren öffnen sich für neue spirituelle Einsicht und Bewußtheit.
4. *Die große Selbstverleugnung* – Leiden, Kreuzigung und Auferstehung, unser Leiden und die Überwindung unseres Karma.
5. *Die Himmelfahrt* – Der Eingeweihte wird in die höheren Mysterien eingeweiht und öffnet sich für das volle Bewußtsein aller Ebenen zu allen Zeiten.

6. *Der Herr und Meister* – Einer, der große Gruppen von Menschen bei ihren sprituellen Studien betreut, der Wissen besitzt, das über die irdische Esoterik hinausgeht.

7. *Die Einweihung in die Christus-Energie* – Der Eingeweihte ist in der Lage, die Gesetze des Sonnensystems zu verstehen und zu nutzen; er wird selbst zu einem »Sonnengott« (in den alten Mythen sind die Geschichten über die Sonnengötter und die Söhne Gottes identisch).

Diese sieben Stufen wurden mißbraucht, und deshalb löste sie Jesus Christus in die 14 Einweihungsstufen auf, die wir bereits weiter vorne eingehender behandelt haben. Die Stufen, die ursprünglich nur die Einweihungen in die »Geburt« und die »Taufe« waren, wurden erweitert, verfeinert und so abgewandelt, daß dadurch das weibliche Element ins Spiel gebracht und so ein Gleichgewicht hergestellt wurde. Ohne die volle Entwicklung der weiblichen Kräfte konnte niemand die höheren Einweihungen erhalten.

Von den sieben oben aufgeführten Einweihungsstufen sind die ersten beiden eng mit den weiblichen Mysterien verknüpft. (Innerhalb der Christus-Mysterien wurden sie in sieben Stufen aufgeschlüsselt, um den Menschen ihre Bedeutung und ihre Funktion näherzubringen.) Die nächsten beiden Einweihungsstufen stehen in enger Verbindung zu den männlichen Mysterien. (Innerhalb der Christus-Mysterien wurden sie in sieben Stufen aufgeschlüsselt, um den Menschen zu helfen, sie besser zu verstehen und zu nutzen.)

Die fünfte Einweihungsstufe ist die Himmelfahrt, die spirituelle Erhöhung der Energie durch Verschmelzung der männlichen und weiblichen Kräfte. Für den Esoteriker ist es von ganz besonderer Bedeutung, daß diese Verschmelzung gerade auf der fünften Stufe stattfindet. Fünf ist die Zahl des Mikrokosmos, der Menschheit, die alle göttlichen Kräfte des Universums widerspiegelt. Wir werden erst dann zum wahren Mikrokosmos des Universums, wenn es uns gelingt, die männlichen und weiblichen Kräfte in uns ins Gleichgewicht zu bringen und miteinander zu verschmelzen.

Es ist immer sicherer, die Möglichkeiten, die sich uns bieten, nicht wahrzunehmen. Es ist einfacher, uns von jemand anderem sagen zu lassen, was die Bedeutung einer Lehre ist. Wir brauchen Führung, aber es kommt dann auch immer einmal der Punkt, wo wir anfangen müssen, die Sache selbst in die Hand zu nehmen und uns dazu der Quelle der Wahrheit in uns zu bedienen. Wir müssen versuchen, unsere eigenen Erfahrungen mit der göttlichen Energie zu machen.

Die Christus-Mysterien wurden auf einem historischen Hintergrund in Szene gesetzt, um der Menschheit den Pfad der Einweihung aufzuzeigen, insbesondere für diejenigen unter uns, die gewillt sind, die Mühen und die Energie dafür aufzubringen. Das ist keinesfalls eine Flucht aus der Wirklichkeit des Lebens, sondern vielmehr eine intensivere Anteilnahme daran. Den traditionellen Lehren zufolge gibt es sieben Bereiche des Dienens, in denen sich der Mensch in der Welt betätigen kann und gleichzeitig die Mysterien nicht preisgeben muß, die sie uns eröffnen:

1. *Politik* – Obwohl die Politik häufig als höchst »unspirituelles« Betätigungsgsfeld angesehen wird, muß man sich in der Politik die Mühe machen, eine umfassendere Vision des Lebens auf der Erde zu vertreten, d.h., eine kosmischere Ausrichtung des Lebens zu verwirklichen.
2. *Erziehung* – Das ist das Sich-selbst-Verstehen und anderen dabei helfen, dasselbe zu tun. Es ist das Erlernen von neuen Wegen, durch die wir zur inneren Erleuchtung gelangen können.
3. *Philosophie und Kommunikation* – Damit ist das Folgen des Triebs gemeint, die verborgene Weisheit in allen Phänomenen zu entdecken und Wege zu finden, durch diese Weisheit einen Bezug zu anderen herzustellen.
4. *Kunst* – Das ist der Lernprozeß, Töne, Farben und andere Harmonien als Mittel zur Öffnung und Herstellung einer

Verbindung zwischen den physischen Sinnen und dem intuitiven Teil unseres Wesenskerns zu erzeugen.

5. *Wissenschaft* – Das ist der Lebensvorgang der Suche nach den Gesetzen und Prinzipien hinter den physischen Phänomenen und Erscheinungen und der Prozeß der Bemühung, Bedingungen in unserem Leben zu schaffen, die das Voranschreiten und die Entwicklung des einzelnen fördern.

6. *Religion* – Das ist der Lernprozeß, uns mit den göttlichen Aspekten des Lebens um uns herum in Beziehung zu setzen und intensiveren und schöpferischen Kontakt zu ihnen aufzubauen.

7. *Wirtschaft und Finanzen* – Auch diese Aktivitäten würden nur wenige als spirituell bezeichnen. Doch tatsächlich kommt darin der Prozeß des Teilens und der Organisation der richtigen Verteilung von Energie und Materie zum Ausdruck. Geld ist auch eine Manifestation von Energie.

Ein Kind benutzt im Laufe seiner Schulzeit viele Bücher. Alle sind wichtig. Der christliche Gnostiker erkennt alle Bereiche des Lebens als bedeutungsvoll an. Alles hat eine »verborgene« Seite – sogar unsere traditionellen Religionen und die von uns gewählte Lebensart und Lebensführung. In allem spiegelt sich auf aufschlußreiche Weise unser spirituelles Wachstum wider. Oft wird behauptet, man wisse nie wirklich, wo man sich auf dem spirituellen Pfad gerade befinde, bis man sich dem spirituellen Leben vollkommen verschrieben habe. Erst dann wird der Grad der Jüngerschaft enthüllt.

Wir müssen lernen, dort zu beginnen, wo wir gerade stehen. Wir haben die Wahl, die Dinge als das zu sehen, was sie nach außen hin zu sein scheinen, oder anzuerkennen, daß sich dahinter vielleicht noch eine tiefere Bedeutung verbergen könnte. Alle Lehren, alle Erfahrungen sind wertvoll. Manche sind leichter zu durchschauen als andere, aber alle haben einen Sinn. Wahrheit bleibt Wahrheit, ob sie nun im Koran oder in der Bibel steht oder im Rahmen unserer eigenen Lebenserfahrungen zum Vorschein kommt. Es gibt keine christliche Wahrheit oder eine Hindu-Wahrheit oder eine jüdische Wahrheit. Die Wahrheit erschließt sich uns durch persönliches Seelenwissen und Erfahrung. Sie berührt alle Lebensbereiche. Wenn wir Menschen uns nur auf die Wahrnehmung des Oberflächlichen beschränken, verschließen wir uns für den Gottesaspekt in uns selbst. Hier setzt der christliche Gnostiker an und versucht die dabei auftauchenden Schwierigkeiten durch seine Wissenschaft zu überwinden. Dion Fortune drückt es folgendermaßen aus: »Esoterik ist mehr als eine Wissenschaft, die man objektiv verfolgen könnte. Sie bietet uns eine Lebensphilosophie, die auf Erfahrung beruht, und es ist dieser philosophische oder gar religiöse Aspekt, der die meisten anzieht, die sich in ihrem Leben intensiv mit Esoterik beschäftigen. ... Der Suchende ist nicht länger von blindem Glauben abhängig. Er hat eine persönliche Erfahrung gemacht, und aus dieser Erfahrung heraus formuliert er einen religiösen Glauben. Innerhalb dieses Glaubens strebt er danach, sich an der Arbeit zu beteiligen, die normalerweise Heiligen und Engeln als den Botschaftern und Dienern Gottes vorbehalten ist.«

Ein Leben, das uns einschränkt, ist kein Leben. Ein Gott, der nach Religion, Rasse usw. trennt, ist kein Gott. Die Wahrheit ist überall. Das Geschenk Gottes an die Menschheit besteht in der Freiheit, mit der wir sie suchen können. Die Suche führt uns auf den Weg des Lichts. Das ist das Ziel des Gnostikers. Und das ist das Ziel des Esoterikers – weniger im Verborgenen zu arbeiten. Die Wahrheit und das Licht in jeder Form und mit Liebe zu enthüllen ist eine edles Werk. Sich mit der esoterischen Seite des Christentums zu befassen ist eine edles Lebensziel.

Quellen und weiterführende Lektüre zum geschichtlichen Hintergrund der Bibel

Die folgenden Schriftsteller und Verfasser, die zum Teil Zeitgenossen der Evangelienschreiber waren und zum Teil kurz danach gelebt und gewirkt haben, liefern uns ein wichtiges Zeugnis und viel aufschlußreiche Information über die Gültigkeit und Echtheit der Evangelien auf ihrem historischen Hintergrund:

Ignatius von Antiochia

Irenäus von Lyon, auch »Vater der katholischen Dogmatik« genannt (Hauptwerk: »Entlarvung und Widerlegung der angeblichen Gnosis«)

Klemens von Alexandria

Hippolyt

Origenes

Justin der Märtyrer (versuchte als einer der ersten eine Verbindung der christlichen Offenbarungslehre und der griechischen Philosophie)

Josephus Flavius (»Jüdischer Krieg« und »Über das hohe Alter des jüdischen Volkes«)

Talmus-Texte (100–500 n. Chr)

Plinius der Jüngere (»Korrespondenz mit Trajan über die Behandlung der Christen«)

P. Cornelius Tacitus (Annalen)

Seutonius

Tertullian (gilt auch als Schöpfer der lateinischen Kirchen-
   sprache)
Markian
Basilius der Große
Lucilius
Celsus
Die Schriftrollen vom Toten Meer
Muratorische Fragmente

Quellen und weiterführende Lektüre zur Mystik des kosmischen Christus

Viele Mystiker und Schriftensammlungen befassen sich mit dem kosmischen Christus. Die meisten beziehen sich auf Christus als dem Liebes-Weisheitsaspekt Gottes, aber in Wirklichkeit sind sie ein und dasselbe. In der Bibel wird häufig auf den kosmischen Christus angespielt. Diese Stellen setzen eine Kosmologie der Mystik voraus, über die heute häufig hinweggegangen wird oder der man sich gar nicht mehr bewußt ist. Alle Geschichten und Hinweise auf die Engel in der Bibel spielen sich auf dem Hintergrund einer Kosmologie des Universums ab, die weit über die historische Theologie der Heiligen Schrift hinausgeht. Die Bibel ist zwar eines der größten Werke über die Engelskunde, die den Menschen heute zur Verfügung steht, aber Hinweise auf die Engel und Bezeichnungen wie »Glorie«, »Wolken«, »Herr« und »Teufel« können nur dann richtig verstanden werden, wenn man sich darüber klar ist, daß darin noch eine viel größere, aber eben verborgene mystische Kosmologie innerhalb der christlichen Lehre zum Ausdruck kommt. Es folgen einige Verweise auf Bibelstellen, in denen sich das Konzept des kosmischen Christus als Inbegriff der göttlichen Liebes- und Weisheitskraft des Universums widerspiegelt:

Ijob 28,12
Sprüche 1,20–33
Das Buch der Weisheit
Jesus Sirach 24
Jeremia 23,23–24
Jesaja 11
1 Korinther 1,30
Philliper 2,1–24
2 Petrus 1,4
Römer 8,14–39
Epheser 1,3–14
1 Johannes 1–18
Offenbarung
Kolosser 1,15–20

»Erwirb dir Weisheit, erwirb dir Einsicht, vergiß sie nicht, weich nicht ab von meinen Worten! Laß nicht von ihr, und sie wird dich behüten, liebe sie, und sie wird dich beschützen.«   Sprüche 4,5–6

Im folgenden wollen wir eine Reihe von christlichen Mystikern und Gnostikern sowie einige andere Verfasser aufführen, die über die Jahre in ihren Werken auf die umfassenderer Kosmologie und Bedeutung der in der Heiligen Schrift festgehaltene Ereignisse der traditionellen christlichen Theologie eingegangen sind:

Justin der Märtyrer (versuchte als einer der ersten eine Verbindung zwischen der christlichen Offenbarungslehre mit der griechischen Philosophie)
Klemens von Alexandria
Philo
Plinius der Jüngere
Josephus Flavius
Basilius der Große
Gregor von Nyssa
Athanasios
Hildegard von Bingen

Jakob Böhme
Franz von Assissi
Thomas von Aquin
Meister Eckhart
Teilhard de Chardin
Juan de Dios

Literatur

Andrews, Ted: *The Magical Name*. St. Paul: Llewellyn Publications, 1991.

Bailey, Alice: *Esoterische Astrologie. Bd. 3: Eine Abhandlung über die 7 Strahlen*. Lucis Trust/Edis, 1988.

Besant, Annie: *Esoteric Christianity*. Illinois: Theosophical Publishing, 1966.

Besant, Annie: *Der Pfad der Jüngerschaft*. Satteldorf: Adyar, 1980.

Bolen, Jean Shinoda: *Göttinnen in jeder Frau. Psychologie einer neuen Weiblichkeit*. Basel: Sphinx, 1993.

Burman, Edward: *The Templars: Knights of God*. London: Thorsens Publishing, 1986.

Burt, Kathleen: *Archetypes of the Zodiac*. St. Paul: Llewellyn Publications, 1988.

Campbell, Joseph und Moyers, Bill: *Die Kraft der Mythen*. München: Artemis, 1989.

Campbell, Joseph und Moyers, Bill: *Die Mitte ist überall. Die Sprache von Mythos, Religion und Kunst*. München: Kösel, 1992.

Canon Law Society: *Code of Canon Law*. London: Collins Publishing, 1983.

Charlesworth, James: *Jesus within Judaism*. New York: Doubleday.

Cooper, J. C.: *Illustriertes Lexikon der traditionellen Symbole*. Drei Lilien, 1993.

Cox, Michael: *Handbook of Christian Mysticism*. Great Britain: Crucible Publishing, 1983.

Dart, John: *The Jesus of Heresy and History*. San Francisco: Harper and Row, 1988.

De Coppens, Peter Roche: *The Nature and Use of Ritual.* St. Paul: Llewellyn Publications, 1985.

Davidson, Gustaf: *A Dictionnary of Angels.* New York: The Free Press, 1967.

Delaforge, Gaetan: *The Templar Tradition in the Age of Aquarius.* Vermont: Threshold Books, 1987.

Die Bibel. *Altes und Neues Testament.* Einheitsübersetzung. Freiburg: Herder, 1993.

Emerson, Ralph Waldo: *Die Natur.* Stuttgart: Reclam, 1990.

Fortune, Dion: *Aspects of Occultism.* New York: Weiser Publications, 1979.

Fortune, Dion: *Handbuch für Suchende.* (Auszüge aus »Practical Occultism in Daily Life« und »Sane Occultism«). Neuwied: Smaragd, 1992.

Fortune, Dion: *Practical Occultism in Daily Life.* Northamptonshire: Aquarian Press, 1981.

Fortune, Dion: *Sane Occultism.* Northamptonshire: Aquarian Press, 1979.

Fortune, Dion: *The Esoteric Orders and Their Work.* Northamptonshire: Aquarian Press, 1982.

Fortune, Dion: *The Training and Work of an Initiate.* Northamptonshire: Aquarian Press, 1981.

Fox, Emmet: *Die Bergpredigt.* Frick, 1988.

Fox, Matthew: *Vision vom Kosmischen Christus. Aufbruch ins 3. Jahrtausend.* Stuttgart: Kreuz, 1991.

Foy, Felician: *1984 Catholic Almanac.* Indiana: Sunday Visitor, 1984.

Frazer, James G.: *Folklore in the Old Testament.* New York: Avenel Books, 1988.

Furst, Jeffrey: *The Story of Jesus.* New York: Berkeley Books, 1971.

Graham, Lloyd: *Deceptions and Myths of the Bible.* New York: Bell Publishing, 1979.

Graves, Kersey: *The World's Sixteen Crucified Saviors.* New York: Truth Seeker Company, 1960.

Hall, Manly P.: *The Mystical Christ.* Los Angeles: Philosophical Research Society, 1951.

Hall, Manly P.: *The Twelve World Teachers.* Los Angeles: Philosophical Research Society, 1965.

Hall, Manly P.: *Man – Grand Symbol of the Mysteries.* Los Angeles: Philosophical Research Society, 1972.

Hall, Manly P.: *The Secret Teachings of all Ages.* Los Angeles: Philosophical Research Society, 1977.

Hall, Manly P.: *Lectures on Ancient Philosophy.* Los Angeles: Philosophical Research Society, 1984.

Harding, M. Ester: *Frauen-Mysterien: einst und jetzt.* Berlin: Pro media Literaturvertrieb, 1982.

Hartley, Christine: *The Western Mystery Tradition.* Northamptonshire: Aquarian Press, 986.

Heindel, Max: *Die Weltanschauung der Rosenkreuzer oder magisches Christentum.* Darmstadt: Rosenkreuzer-Gemeinschaft, 1991.

Heindel, Max: *Alte und moderne Einweihung.* Darmstadt: Rosenkreuzer-Gemeinschaft, Nachdruck 1978.

Heline, Corinne: *New Age Bible Interpretation, Vol. IV–VII.* California: New Age Press, 1961.

Heline, Corinne: *Mythology and the Bible.* California: New Age Press, 1972.

Heline, Corinne: *Questions and Answers on the Bible.* California: New Age Press.

Heline, Corinne: *The Blessed Virgin Mary: Her Life and Mission.* California: New Age Press, 1986.

Heline, Theodore: *The Dead Sea Scrolls.* California: New Age Bible Press, 1980.

Hick, John: *Philosophy of Religion.* New Jersey: Prentice-Hall, 1973.

Hodson, Geoffrey: *The Hidden Wisdom of the Bible, Vol. 1–4.* Theosophical Research, 1980.

Hoeller, Stephen: *Der Gnostische Jung und die Reden an die Toten.* Calw: Schatzkammer-Verlag, 1987.

Jeffers, Joseph: *Yahweh – Yesterday, Today and Tomorrow.* New York: Vantage Press, 1974.

Jombart, Emilie: *Catechism of the Vows.* New York: Benzinger Brothers, 1945.

Jung, Carl G.: *Psychologie und Alchemie, Gesammelte Werke, Band 12.* Solothurn: Walter Verlag, 1994.

Jung, Carl G.: *Zur Psyche westlicher und östlicher Religion. Gesammelte Werke, Band 11.* Solothurn: Walter Verlag, 1992.

Keats, John: *Werke und Briefe.* Stuttgart: Reclam, 1995.

Kissener, Hermann: *Die Schriftrollen vom Toten Meer.* (Nach Studien von Corinne Heline). Hammelburg: Drei Eichen, 1983.

Kittler, Glenn: *Edgar Cayce on the Dead Sea Scrolls.* New York: Warner Books, 1971.

Knight, Gareth: *The Rose Cross and the Goddess.* New York: Destiny Books, 1985.

Knight, Gareth: *Experience of the Inner Worlds.* London: Helios Books, 1975.

Lamsa, George M. (Hrsg.): *The Holy Bible From Ancient Eastern Manuscripts.* Tennessee: Holman Bible Publishing, 1981.

Lamsa, George: *Idioms in the Bible Explained and a Key to the Original Gospels.* San Francisco: Harper and Row, 1985.

Leadbeater, C. W.: *Science of the Sacraments.* India: Theosophical Publishing, 1980.

Leadbeater, C. W.: *Ancient Mystic Rites.* Illinois: Theosophical Publishing, 1986.

Levi: *Das Wassermann-Evangelium von Jesus dem Christus.* Banzhaf, Hajo (Hrsg.). München: Hugendubel, 1993.

Lewis, H. Spencer: *Das mystische Leben Jesu.* Baden-Baden: AMORC, 1981.

Lewis, H. Spencer: *Die geheimen Lehren Jesu.* Baden-Baden: AMORC, 1987.

Lofthus, Myrna: *A Spiritual Approach to Astrology: A Complete Textbook of Astrology.* Nevada: CRCS Publishing, 1983.

McCafferty, Ellen Conroy: *The Astrological Key to Biblical Symbolism.* New York: Weiser Publications, 1975.

McDermott, Robert A.: *The Essential Rudolph Steiner.* New York: Harper and Row, 1984.

Meyer, Marvin (Hrsg.): *The Ancient Mysteries: A Sourcebook.* San Francisco: Harper and Row, 1987.

Moltmann-Wendel, Elisabeth: *Ein eigener Mensch werden. Frauen und Jesus.* Gütersloh: Gütersloher Verlagshandlung, 1991.

Moran, Gabriel: *The Theology of Revelation.* New York: Herder and Herder, 1966.

Oken, Alan: *Astrologie der Seele.* Tabula Smaragdina, 1993.

Parrinder, Geoffrey: *Sexualität in den Religionen der Welt.* Solothurn: Walter Verlag, 1991.

Pine-Coffin, R. S.: *Confessions of St. Augustin.* New York: Dorset Press, 1961.

Platt, Rutherford H. (Hrsg.): *The Lost Books of the Bible.* New York: Bell Publishing, 1979.

Platt, Rutherford H.: *Forgotten Books of Eden.* New York: Bell Publishing, 1980.

Prophet, Elizabeth Clare: *The Lost Years of Jesus.* California: Summit Press, 1984.

Schonfield, Hugh J.: *The Original New Testament.* San Francisco: Harper and Row, 1985.

Schuré, Edouard: *Die Großen Eingeweihten. Geheimlehren der Religion.* München: Scherz/Barth, 1983.

Schuré, Edouard: *From Sphinx to Christ.* San Francisco: Harper and Row, 1982.

Steiner, Rudolf: *Das Ereignis der Christus-Erscheinung in der ätherischen Welt.* Dornach: Rudolf Steiner Verlag, 1992.

Steiner, Rudolf: *Das Miterleben des Jahreslaufes in vier kosmischen Imaginationen.* Dornach: Rudolf Steiner Verlag, 1989.

Steiner, Rudolf: *Der Jahreskreislauf als Atmungsvorgang der Erde und die vier großen Festeszeiten.* Dornach: Rudolf Steiner Verlag, 1994.

Steiner, Rudolf: *Die Welt des Geistes und ihr Hereinragen in das physische Dasein.* Dornach: Rudolf Steiner Verlag, 1991.

Steiner, Rudolf: *Geistige Hierarchien und ihre Widerspiegelung in der physischen Welt.* Dornach: Rudolf Steiner Verlag, 1991.

Steiner, Rudolf: *Kosmogenie. Gesamtausgabe B.* Dornach: Rudolf Steiner Verlag.

Stewart, R. J.: *The Underwold Initiation.* Northamptonshire: Aquarius Press, 1985.

Stone, Merlin: *Ancient Mirrors of Womenhood.* Boston: Beacon Press, 1979.

Székely, Edmond Bordeaux: *Das Friedensevangelium der Essener.* (4 Bände). Südergellersen: Verlag Bruno Martin, 1987/88.

Tacitus, P. Cornelius: *Annalen. Lateinisch und deutsch.* Heller, Erich (Hrsg.). München: Artemis & Winkler, 1992.

Taylor, Thomas: *Iamblichus on the Mysteries.* San Diego: Wizard's Bookshelf, 1984.

Walker, Williston: *A History of the Christian Church.* New York: Charles Scribner's Sons, 1985.

Yolen, Jane: *Favorite Folklores from Around the World.* New York: Pantheon Books, 1986.

Bitte beachten Sie auch die folgenden Seiten

Verlag Hermann Bauer · Freiburg im Breisgau

Ted Andrews

Die Aura sehen und lesen

208 Seiten mit 60 Abbildungen, kartoniert
ISBN 3-7626-0477-0

Ted Andrews macht Schluß mit okkulten Vorstellungen über die Aura und entschleiert den Mythos um das als paranormal geltende Phänomen des Aurasehens. Er bewegt sich jedoch nicht im Bereich metaphysischer Spekulationen, sondern geht ganz pragmatisch vor.

»Jeder kann die Aura sehen und lesen«, behauptet Ted Andrews ganz selbstverständlich. Die für ihn entscheidende Frage lautet: »Wie macht man das?« Die Aura zu sehen, sie zu interpretieren und anhand ihrer Farben Aussagen zu machen über den physischen Gesundheitszustand.

Wenn Sie lernen, die Aura zu sehen und zu lesen, erweitern Sie die ungeheuren Gaben, die in Ihrem Inneren verborgen liegen. Sie öffnen sich damit das Fenster zu neuen Welten des Geistes und der Seele. Sie werden sich der subtilen Energiefelder um Sie herum mehr bewußt.

Verlag Hermann Bauer · Freiburg im Breisgau

Verlag Hermann Bauer · Freiburg im Breisgau

Silvia Wallimann

Mit Engeln beten

346 Seiten mit 2 Farbtafeln und 2 Zeichnungen, gebunden
ISBN 3-7626-0390-1

Auch in diesem Buch übermittelt die Autorin faszinierende Botschaften aus Wirklichkeitsbereichen, die nur besonders sensitiven Menschen zugänglich sind. Wiederum sind die eigentlichen Buchautoren Intelligenzen aus hohen Bewußtseinsebenen, die noch weitergehend als bisher überweltliche Geistige Gesetze enthüllen und der bedrohten Menschheit Hilfe anbieten.

Von diesen Intelligenzen stammt auch die große Zahl von Gebeten und Aufrufen, die in diesem Buch zusammengestellt sind.

Verlag Hermann Bauer · Freiburg im Breisgau

Verlag Hermann Bauer · Freiburg im Breisgau

Trudi Thali

Das Vaterunser als Chakra-Meditation

176 Seiten mit 8 Farbtafeln, gebunden
ISBN 3-7626-0452-5

In diesem Buch geht es um die Synthese zwischen dem höchsten Gebet der christlichen Welt und den Energiezentren des menschlichen Körpers, wie sie uns aus dem Wissen des Ostens zugänglich gemacht worden sind.

Einzigartig und neu ist die Weise, in der die Autorin die Verbindung zwischen den sieben Chakras und den sieben Sätzen des Vaterunsers herstellt. Die altvertrauten Worte des Vaterunsers sind Mantras, kraftgeladene Worte oder Sätze, in denen die Schwingungskraft eines reinen Gedankens enthalten ist. Sie schwingen im Einklang mit dem Göttlichen und vermögen dadurch, heilbringende Energiefelder zu erzeugen, die Lichtenergie aus der kosmischen Ebene anziehen.

Das kraftvollste aller uns bekannten Gebete erscheint in Trudi Thalis Werk in einem ganz neuen Licht: Meditation als Weg, der uns mit der höchsten Kraftquelle verbindet, die sozusagen körperlich und seelisch aufzubauen vermag.

Verlag Hermann Bauer · Freiburg im Breisgau

Verlag Hermann Bauer · Freiburg im Breisgau

Barbara Marciniak

Boten des Neuen Morgens
Lehren von den Plejaden

312 Seiten, kartoniert
ISBN 3-7626-0487-8

Dieses einzigartige Buch, das seit seinem Erscheinen Furore machte und zu einem leichten Kultbuch wurde, ist eine Sammlung medial empfangener, höchst aktueller Texte. Als Urheber zeichnet eine Gruppe von Wesenheiten aus dem Sternbild der Plejaden, das in der spirituellen Überlieferung vieler Völker als Heimat göttlicher Wesen gilt. Sie schildern die Geschichte unseres Planeten aus einem sehr ungewöhnlichen Blickwinkel, wobei viele von uns liebgewordene Vorstellungen von Religion und Kultur radikal in Frage gestellt werden.

Aufrüttelnd, provozierend, aber nie ohne Humor übermitteln sie die Schlüssellehren für die Wendezeit.

Verlag Hermann Bauer · Freiburg im Breisgau